AF733794

Antike – Recht – Geschichte

Wiener Studien zu Geschichte, Recht und Gesellschaft
Viennese Studies in History, Law, and Society
Herausgegeben von Nikolaus Benke

Band/Vol. 4

PETER LANG
Frankfurt am Main · Berlin · Bern · Bruxelles · New York · Oxford · Wien

Nikolaus Benke/Franz-Stefan Meissel (Hg.)

Antike – Recht – Geschichte

Symposion zu Ehren von Peter E. Pieler

unter Mitwirkung von
Birgit Forgó-Feldner
Elisabeth Kossarz
Lucian M. Röthlisberger
Philipp Scheibelreiter

PETER LANG
Internationaler Verlag der Wissenschaften

Bibliografische Information der Deutschen Nationalbibliothek
Die Deutsche Nationalbibliothek verzeichnet diese Publikation in der Deutschen Nationalbibliografie; detaillierte bibliografische Daten sind im Internet über <http://www.d-nb.de> abrufbar.

Der Umschlag wurde unter Verwendung einer Zeichnung von Veronika Dirnhofer gestaltet.

Gedruckt mit Unterstützung des Bundesministeriums für Wissenschaft und Forschung in Wien.

Gedruckt auf alterungsbeständigem, säurefreiem Papier.

ISSN 1432-7422
ISBN 978-3-631-58427-9

© Peter Lang GmbH
Internationaler Verlag der Wissenschaften
Frankfurt am Main 2009
Alle Rechte vorbehalten.

Das Werk einschließlich aller seiner Teile ist urheberrechtlich geschützt. Jede Verwertung außerhalb der engen Grenzen des Urheberrechtsgesetzes ist ohne Zustimmung des Verlages unzulässig und strafbar. Das gilt insbesondere für Vervielfältigungen, Übersetzungen, Mikroverfilmungen und die Einspeicherung und Verarbeitung in elektronischen Systemen.

www.peterlang.de

© F. Mancosu, SIHDA-Tagung 2008, Fribourg/CH

Vorwort

Die Freunde und Schüler von Peter E. Pieler haben aus Anlass seines 65. Geburtstages am 14. und 15. Dezember 2006 im Wiener Juridicum das Symposion „Antike-Recht-Geschichte“ veranstaltet. Als Herausgeber dieses Bandes, der das Symposion dokumentiert, möchten wir in unserem Namen wie im Namen aller, die am Symposion mitgewirkt haben, Peter Pieler diesen Band als Zeichen wissenschaftlicher Wertschätzung und kollegialer Dankbarkeit überreichen.

Dabei gilt unser Dank zunächst dem Wissenschafter Peter Pieler. Sein Wissen – ja mehr als Wissen, seine *sapientia* –, haben wir in vielfacher Weise als Quelle und Ansporn unserer eigenen wissenschaftlichen Arbeit erleben dürfen.

Wissenschaft und Universität sind Peter Pieler immer im höchsten Maße ernst gewesen – eine Leidenschaft, eine Liebe, für die er sich das höchste Engagement, ja Hingabe abverlangt. Manches an der neuen Universität macht ihm diese Hingabe nicht leicht. Aber es ist einmal mehr ein Beweis für seine Leidenschaft, dass er sich nicht zurückzieht, sondern Probleme stets angeht. Nicht nur Erfahrung und Einsicht braucht es hier, sondern auch *virtus*, um optimistisch zu bleiben und jene solidarisch zu stützen, denen das Akademische ehrlich am Herzen liegt.

Sapientia und *virtus* zeichnen Peter Pieler als *praeceptor iuris* vieler akademischer Schülerinnen und Schüler aus. Dazu gehört eine eigene Leidenschaft, dazu gehört eine eigene Kultur – eine Kultur der *amicitia*. Neugierde allein genügt nicht. Lebendiger wissenschaftlicher Diskurs braucht die Qualität der *amicitia* – Freundlichkeit, Geduld, Gelassenheit, Toleranz, auch Flexibilität, wenn sich die Fragen und Linien der Gesprächspartnerinnen und -partner ändern. Nicht genug, auch Fleiß und Verantwortungsbewusstsein braucht es, denn wer einen intensiven wissenschaftlichen Diskurs führen will, muss bereit sein, sich auf Arbeit und auf weitere Fragen des Lebens einzulassen.

Eine hohe Kultur der *sapientia* als Wissenschafter und Vertreter des Akademischen mit einer hohen Kultur der *amicitia* zu verbinden, ist ein Balanceakt, der nicht leicht gelingt. Peter E. Pieler ist er in beispielhafter Weise gelungen.

Wien, im Juli 2008

Nikolaus Benke

Franz-Stefan Meissel

Inhaltsverzeichnis

Peter E. Pieler und die Wiener Tradition der Antiken Rechtsgeschichte

Franz-Stefan Meissel, Wien

I. Dass ein **Symposion** die einzig adäquate Form sein kann, Peter E. PIELER als Forscher von internationalem Rang zu feiern, versteht jeder, der ihn besser kennt. PIELER gehört ganz sicher nicht zur Kategorie der Stubengelehrten, die den Kontakt mit anderen meiden, sondern zu jenen Professoren, die im Hörsaal, im Seminar oder auch in einer kleineren Runde mit Kollegen und Freunden aufleben. Wissenschaft ist für einen kontaktfreudigen und umfassend neugierigen Menschen wie ihn ein lebhafter Prozess des Dialogs geblieben,[1] ein dialektisch zu führender Nachdenkprozess, der stets eines menschlichen Gegenübers bedarf.

Aus diesem Grund gehört er nicht nur zu den analytischen Beobachtern,[2] sondern zu den begeisterten Teilnehmern von internationalen Kongressen: Sofern er nicht ohnedies selbst vorträgt, nimmt er jedenfalls mit Verve und Esprit an der Diskussion teil, um druckreife Koreferate zu halten. Dabei kommt ihm seine phänomenale Kenntnis der Primärquellen der Antike, aus der er spontan und scheinbar mühelos schöpfen kann, ebenso zugute wie seine brillante rhetorische Begabung.

Bereits vor fünf Jahren konnten wir bei einem ähnlichen Anlass drei seiner langjährigen Freunde, Prof. Spyros TROIANOS, den wir zu den Ehrendoktoren unserer

---

1 In diesem Zusammenhang sind auch die zT sehr umfangreichen Rezensionen Peter E. PIELERs anzuführen, etwa jene zu Dieter SIMON, Untersuchungen zum justinianischen Zivilprozeß (1969), in: Gnomon 44 (1972), S. 176-185; Hans Erich TROJE, Graeca leguntur. Die Aneignung des byzantinischen Rechts und die Entstehung eines humanistischen Corpus iuris civilis in der Jurisprudenz des 16. Jahrhunderts (1971), in: ZRG-RA 91 (1974), S. 513-528; Michael WURM, Apokeryxis, Abdicatio und Exheredatio (1972), in: Gnomon 48 (1976), S. 170-176; Dieter SIMON, Fontes minores, Bd. 1 (1976), in: ZRG-RA 94 (1977), S. 480-489; Dieter SIMON, Zyprische Prozeßprogramme (1973), in: Jahrbuch der Österreichischen Byzantinistik 28 (1979), S. 370-374; Dieter SIMON, Fontes minores, Bd. 2 (1977), Bd. 3 (1979) in: ZRG-RA 106 (1989), S. 678-693; SCHELTEMA, Edition der Basiliken, Abschlußbesprechung, in: ZRG-RA 106 (1989), S. 672-678; H. KÖPSTEIN/F. WINKELMANN, Studien zum 7. Jahrhundert in Byzanz (1976), in: Jahrbuch der Österreichischen Byzantinistik 37 (1987), S. 372-377; Fausto GORIA, Tradizione Romana e innovazioni bizantine nel diritto privato dell'Ecloga privata aucta (1980), in: ZRG-RA 107 (1990), S. 645-650; Spyros TROIANOS, Der „Poinalios" des Eklogadion (1980), in: ZRG-RA 108 (1991), S. 540-544; Dieter SIMON, Fontes minores, Bd. 4, Forschungen zur byzantinischen Rechtsgeschichte (1981), in: ZRG-RA 108 (1991), S. 531-539; VAN DER WAL/LOKIN/STOLTE, Subseciva Groningana I (1984), in: ZRG-RA 108 (1991), S. 593-598; LOKIN/VAN DER Wal, Historiae iuris graeco romani delineatio (1985), in: TR 57 (1991), S. 147-150; Walter SELB/Hubert KAUFHOLD, Das Syrisch-Römische Rechtsbuch, 3 Bände (2002), in: Byzantinische Zeitschrift 98 (2005), S. 145-149.

2 Peter E. PIELER, Empirische Kongreßtypologie – Ein Versuch, in: Dieter Simon (Hg.), Rechtshistorisches Journal, Bd. 3 (1984), S. 189-195.

Alma Mater zählen dürfen, Prof. Gerhard THÜR, der die Kommission für Antike Rechtsgeschichte der Österreichischen Akademie der Wissenschaften leitet, zu deren Mitgliedern unser Jubilar gehört, und *last not least* den führenden Byzantinisten Andreas SCHMINCK aus Frankfurt/Main zu Vorträgen gewinnen.[3] Damals (im Dezember 2001) stand, passend zum damaligen Amt des Studiendekans und zum besonderen Engagement Peter E. PIELERs in der Fachdidaktik, der Rechtsunterricht im Vordergrund. Als Motto diente das bei Cicero entlehnte (freilich abgewandelte) „*Dignitatem docere habet*", dieses Mal (2006) ist es „Antike-Recht-Geschichte".

II. **„Antike-Recht-Geschichte"**: Der Titel unseres Symposions evoziert das WENGERsche Programm der Antiken Rechtsgeschichte, legt sich aber nicht auf dieses fest. Und das aus gutem Grund: Peter E. PIELER hat immer wieder betont, wie sehr ihm die Antike Rechtsgeschichte, die neben dem Römischen Recht unsere Institutsbezeichnung schmückt, am Herzen liegt und wie stolz er darauf ist, eine Lehrkanzel innezuhaben, bei der Leopold WENGER zu seinen Vorgängern zählt.

Das Konzept der Antiken Rechtsgeschichte hat Leopold WENGER[4] im Oktober 1904 bei Antritt seiner Professur hier in Wien („Römische und Antike Rechtsgeschichte") erstmals prominent vorgestellt.[5] Der damals gerade dreißig-jährige Gelehrte, der später Professor in Heidelberg und München sowie Präsident der Bayrischen Akademie der Wissenschaften[6] werden sollte, entfaltete ein ambitiöses Programm universalhistorischen Zuschnitts: WENGER wandte sich gegen eine isolierte Betrachtung des römischen Rechts und sprach sich dafür aus, die antike Welt des Mittelmeerraumes als historisch-kulturelle Einheit zu sehen.[7] Neben der Beschäftigung mit dem römischen Recht sollten auch das griechische Recht, aber auch die verschiedenen orientalischen Rechte vergleichend betrieben werden. Im Bereich des Römischen Rechts seien neben den Quellen des Corpus iuris verstärkt literarische, epigraphische und vor allem papyrologische Quellen zu studieren und dabei neben dem bis dahin die Forschung so dominierenden Privatrecht auch das Strafrecht und das Öffentliche Recht einzubeziehen. Das WENGERsche Projekt machte in der internationalen Romanistik Furore und belebte unzweifelhaft die Forschung im 20. Jahrhundert.

---

3 Die damals gehaltenen Vorträge von Gerhard THÜR und Spyros TROIANOS sind nun auch in diesem Band vereint.

4 Gerhard THÜR, Leopold Wenger – Ein Leben für die Antike Rechtsgeschichte, in: Gerhard Thür (Hg.), Gedächtnis des 50. Todesjahres Leopold Wengers (2006), S. 1-4 m.w.N.

5 Leopold WENGER, Römische und antike Rechtsgeschichte (1905).

6 Dieter NÖRR, Leopold Wenger und die Bayerische Akademie der Wissenschaften, in: Gerhard Thür (Hg.), Gedächtnis des 50. Todesjahres Leopold Wengers (2006), S. 9-15.

7 Evelyn HÖBENREICH, Der „Königsgedanke", in: Gerhard Thür (Hg.), Gedächtnis des 50. Todesjahres Leopold Wengers (2006), S. 17-32.

WENGER wollte sein Konzept der Antiken Rechtsgeschichte allerdings auch im juristischen Unterricht verwirklichen und damit die pandektistisch orientierte Lehre des Römischen Rechts ersetzen. Diese Idee, statt juristischer Propädeutik Antike Rechtsgeschichte schlechthin zu unterrichten, hat sich freilich nicht wirklich durchsetzen können. Schon Ludwig MITTEIS, WENGERs Lehrer in der juristischen Papyrologie, hat sie mit guten Gründen abgelehnt.[8] Walter SELB, der für unser Institut so lange prägend war, begriff die Antike Rechtsgeschichte denn auch als eine bloße Chiffre, als „loses Band für unser Interesse an der Rechtsgeschichte der Völker des Mittelmeerraumes, … keine einheitliche Idee steht dahinter, lediglich eine Tradition rechtshistorischer Forschung“.[9]

Auch für Peter E. PIELER war es immer klar, dass das WENGERsche Konzept *cum grano salis* zu nehmen sei, als ein Leitbild, das primär im Bereich der rechtshistorischen Forschung zu verwirklichen ist, und nicht im Pflichtunterricht. So bildet es auch keinen Widerspruch, dass er, der als Wissenschafter die universalen Ansprüche des WENGERschen Konzepts wie kaum ein anderer umzusetzen imstande ist, im Unterricht durchaus eine an der Systematik des geltenden Rechts ausgerichtete Didaktik[10] forciert, welche das Römische Recht als spezifisch juristische und nicht so sehr als altertumsgeschichtliche Disziplin kultiviert.

Was aber die Wissenschaft anbelangt, so gelten andere Maßstäbe: Da ist es für PIELER selbstverständlich, dass er nicht nur als Jurist, sondern als weit über das Normalmaß eines humanistisch gebildeten Menschen hinaus belesener, historisch und philologisch geschulter Forscher agiert; als jemand, der trotz bodenständiger Zusatzausbildung im „Handelsakademischen“ geprägt ist durch ganz andere Qualifikationen: etwa durch den jugendlichen Unterricht im Sanskrit[11], durch das Studium der Neogräzistik und Byzantinistik, sowie nicht zuletzt durch seine weitgestreuten Interessen an Literatur, Philosophie, Theologie und Geschichte.[12]

---

8 Zum WENGER-MITTEIS-Verhältnis ausführlich Evelyn HÖBENREICH, A propos „Antike Rechtsgeschichte“: Einige Bemerkungen zur Polemik zwischen Ludwig Mitteis und Leopold Wenger, ZRG-RA 109 (1992), S. 547-562.

9 Walter SELB, Antike Rechte im Mittelmeerraum (1993), S. 50.

10 Dies gilt natürlich besonders für seinen Unterricht im Rahmen der Einführung in die Rechtswissenschaften und ihre Methoden, in der er seit Jahren Grundzüge des geltenden Privatrechts unterrichtet; vgl Peter E. PIELER, Privatrecht. Einführung in die Rechtswissenschaften und ihre Methoden Teil II (Skriptum, 11. Aufl. 2007); Heinz KREJCI/Peter E. PIELER/Richard POTZ/Bernhard RASCHAUER, Jus in Wien (2. Aufl. 2004).

11 „Pieler spürt, wie sehr die Alten/Seine Seel’ im Banne halten/Er entwickelt unterdessen/auch exotische Int’ressen/Sogar Sanskrit wird zum Thriller/Für den Mittelschüler Pieler“ (aus der humoristischen Hommage von Heinz KREJCI, Peter Pieler zum Geburtstag [2002], S. 24).

12 Privat kommt dann noch die Liebe zur Gartenkunst und zu den lukullischen Genüssen hinzu, die von ihm auch kulturhistorisch reflektiert werden; vgl dazu Peter E. PIELER, Der Garten als Kulturgut in der Antike und im Mittelalter, in: Gerte Reichelt (Hg.), Historische Gärten. Schutz und Pflege als Rechtsfrage (2000), S. 7-11; sowie Peter E. PIELER, Vorwort, in: Nikolaus Forgó (Hg.), Wenn’s Recht viniert (2004).

III. Dementsprechend weitgestreut ist auch das **wissenschaftliche Oeuvre PIELERs**, das im Folgenden nur kursorisch gestreift werden kann.

Im **Römischen Recht** selbst lässt sich ein Schwerpunkt im Bereich der Gerichtsorganisation der Kaiserzeit festmachen, der neben der 1981 abgeschlossenen Habilitationsschrift „Studien zur Gerichtsorganisation des Imperium Romanum" auch der umfangreiche Beitrag zur Gerichtsbarkeit im Reallexikon für Antike und Christentum gewidmet ist.[13] Praxisnahen Fragestellungen, in denen Verbindungslinien hin zu historisch-literarischen und papyrologischen Quellen gezogen werden, gehen die Aufsätze zum römischen Vergaberecht[14] und zur Zinszahlungspflicht bei der offenen Verwahrung von Geld[15] nach.

Herausragendes internationales Renommee genießt PIELER bekanntermaßen als **Byzantinist**. Berühmt wurde er vor allem mit seiner „Byzantinischen Rechtsliteratur", die neue Maßstäbe setzte und 1994 erweitert und verbessert in einer griechischen Ausgabe erschien.[16]

Die vielfältigen byzantinistischen Beiträge zu würdigen gibt es hier bedeutend qualifiziertere Personen: Hervorheben möchte ich aber doch den Aufsatz zu „Recht, Gesellschaft und Staat im Byzantinischen Roman der Palaiologenzeit"[17], die Studie „Entstehung und Wandel rechtlicher Traditionen in Byzanz"[18] und den Beitrag zur Festschrift seines verehrten Lehrers Herbert HUNGER „Kodifikation als Mittel der Politik im frühen Byzanz".[19]

Naturgemäß für einen Forscher seines Zuschnitts steht Justinian und die justinianische Zeit immer wieder im Blickpunkt. Den realen Bedingungen einer Um-

---

13 Peter E. PIELER, Gerichtsbarkeit, in: Reallexikon für Antike und Christentum (1977), S. 359-491.

14 Peter E. PIELER, Römisches Vergaberecht, in: Festschrift für Heinz Krejci, Zum Recht der Wirtschaft, Bd. 2 (2001), S. 1479-1495.

15 Peter E. PIELER, Offene Verwahrung fremden Geldes und Zinsenzahlung. Römisches Reichsrecht und Ägyptische Papyri, in: Festschrift für Rudolf Welser (2004), S. 797-807.

16 Peter E. PIELER, „Rechtsliteratur", in: Herbert Hunger, Die hochsprachliche profane Literatur der Byzantiner, Byzantinisches Handbuch II (1978), S. 343-480; 2. verbesserte Auflage in Neugriechisch: Νομικὴ φιλολογία, in: H. Hunger, Βυζαντινὴ λογοτεχνία, Bd. 3 (1994), S. 183-379. Vgl auch Peter E. PIELER, Spätantike Rechtsliteratur, in: Engels/Hofmann (Hg.), Neues Handbuch der Literaturwissenschaft, Bd. 4: Spätantike (1997), S. 565-600, sowie Peter E. PIELER, Zur Hermeneutik der byzantinischen Rechtstexte, in: Martin Avenarius (Hg.), Hermeneutik der Quellentexte des Römischen Rechts (2008) S. 355-380.

17 Recht, Gesellschaft und Staat im Byzantinischen Roman der Palaiologenzeit, in: Jahrbuch der österreichischen Byzantinistik, Bd. 20 (1971), S. 189-221; vgl auch Peter E. PIELER, Gerichtsszenen im Roman der Palaiologenzeit, in: Actes du XIVe Congrès International des Etudes Byzantines (1971), S. 233-238.

18 Peter E. PIELER, Entstehung und Wandel rechtlicher Traditionen in Byzanz, in: Wolfgang Finkentscher/Herbert Franke/Oskar Köhler (Hg.), Entstehung und Wandel rechtlicher Traditionen (1980), S. 669-722.

19 Peter E. PIELER, Kodifikation als Mittel der Politik im frühen Byzanz, in: BYZANTIOS, Festschrift für Herbert Hunger (1984), S. 247-260.

setzung dessen Gesetzgebungswerkes etwa galt der Vortrag auf dem Rechtshistorikertag in Regensburg, der unter dem Titel „Die justinianische Kodifikation in der juristischen Praxis des 6. Jahrhunderts“ erschienen ist.[20] Besonderes Augenmerk gilt mehrfach den *nomoi georgikoi*[21], aber auch dem Patriarchatsregister von Konstantinopel[22], an dessen Herausgabe und Kommentierung PIELER mitarbeitet.[23]

Sensibel zeigt sich PIELER für die besondere Bedeutung theologischer Aspekte für die byzantinische Verfassung, wofür etwa seine Deutung der *collatio legum mosaicarum et romanarum*[24] und sein Beitrag über das Alte Testament im Rechtsdenken der Byzantiner[25] Zeugnis ablegen.[26]

---

20 Peter E. PIELER, Die Justinianische Kodifikation in der juristischen Praxis des 6. Jahrhunderts, in: Salvatore Puliatti (Hg.), Legislazione, Cultura Giuridica, Prassi dell'imperio d'oriente in età giustinianea tra passato e futuro (2000), S. 211-227.

21 Peter E. PIELER, Die Bauführung auf fremden Grund nach § 21 Νόμοι γεωργικοί, in: Gedächtnisschrift Oikonomides (in Druck); Peter E. PIELER, Neue Überlegungen zum byzantinischen „Bauerngesetz“, in: Festschrift für Bruno Huwiler (2007), S. 489-497.

22 Peter E. PIELER, Die Entscheidungen des Patriarchalgerichts von Konstantinopel in zivilrechtlichen Streitfällen und das System der Quellen des byzantinischen Rechts, in: Österreichische Landesreferate zum VIII. Internationalen Kongreß für Rechtsvergleichung in Pescara (1970), S. 7-16.

23 Herbert HUNGER/Otto KRESTEN (Hg.), Das Register des Patriarchats von Konstantinopel, 1. Teil (1981); Herbert HUNGER/Otto KRESTEN/Ewald KISLINGER/Carolina CUPANE (Hg.), Das Register des Patriarchats von Konstantinopel, 2. Teil (1995); Johannes KODER/Martin HINTERBERGER/Otto KRESTEN (Hg.), Das Register des Patriarchats von Konstantinopel, 3. Teil (2001).

24 Peter E. PIELER, Lex Christiana, in: Dieter Simon (Hg.), Akten des 26. Deutschen Rechtshistorikertages (1987), S. 485-503.

25 Peter E. PIELER, Η Παλαιά Διαθήκη στή νομική σκέψη τών Βυζαντινών, in: Βυζαντιναί μελέται, Bd. 4 (1992), S. 3-17; Peter E. PIELER, Das Alte Testament im Rechtsdenken der Byzantiner, in: Analecta Atheniensia ad ius byzantinum spectantia (Forschungen zur byzantinischen Rechtsgeschichte) (1997), S. 81-113.

26 Vgl zur byzantinischen Verfassungsgeschichte weiters Peter E. PIELER, Zum Problem der byzantinischen Verfassung, in: Jahrbuch der österreichischen Byzantinistik, Bd. 19 (1970), S. 51-58; Peter E. PIELER, Verfassung und Rechtsgrundlagen des byzantinischen Staates, in: Jahrbuch der österreichischen Byzantinistik, Bd. 31 (1981), S. 213-231; Peter E. PIELER, Ἀνακάθαρσις τῶν παλαιῶν νόμων und Makedonische Renaissance, in: Subseciva Groningana, Bd. 3 (1989), S. 61-77; Peter E. PIELER, Συμβολή τού Κωνσταντίνου Πορφυρογέννητου στή νομική φιλολογία, 2. internationales byzantinisches Symposion in Delphi (1989), S. 79-86; Peter E. PIELER, Erwägungen zur Novelle Justin II. über die „Wahl“ der Provinzstatthalter, in: Subseciva Groningana. Studies in Roman and Byzantine Law, Bd. 4 (1990), S. 177-193; Peter E. PIELER, Johannes Zonaras als Kanonist, in: N. Oikonomides, Τό Βυζάντιο κατά τόν 12° αιώνα (1991), S. 601-620; Das Testament des Theodoros Kerameas, in: Werner Seibt (Hg.), Geschichte und Kultur der Palaiologenzeit (1994), S. 177-181; Peter E. PIELER, Konstantin Armenopulos im Umfeld der geistigen und politischen Strömungen seiner Zeit, in: Österreichisches Archiv für Recht und Religion 50 (2003), S. 336-347; Peter E. PIELER, Η αποκήρυξη τού γιού στό Αρχαίο Ελληνικό και Ρωμαικό δίκαιο, in: Συμβολές στήν έρευνα του αρχαίου ελληνικού καί ελληνιστικού δικαίου, Bd. 2 (1994), S. 87-103; Peter E. PIELER, Die byzantinischen Rechtstexte, in: Martin Avenarius (Hg.), Hermeneutik der Quellentexte des

Die alte Kirche und ihre Geschichte bilden ein weiteres Arbeitsgebiet, welches auch durch Pielers Tätigkeit in der Internationalen Kommission für Vergleichende Kirchengeschichte Anregungen erfahren hat. Als Beispiel seiner **kirchenrechtshistorischen Arbeiten** sei der Vortrag zur „Rechtsgestalt der Kirche in den ersten drei Jahrhunderten" genannt.[27]

Ein Themenbereich, bei dem ich nicht zuletzt durch zahllose Gespräche und Diskussionen sehr viel von Peter E. PIELER gelernt habe, stellt die **Wissenschaftsgeschichte** dar. Publizistisch hat dieses Forschungsinteresse PIELERs etwa in seiner Mitarbeit an der Ringvorlesung im Gedenkjahr 1988 und im Buch Nationalsozialismus und Recht Niederschlag gefunden, in dem er in engagierter Form der Stellung des römischen Rechts im nationalsozialistischen Staat nachgegangen ist.[28]

Schließlich darf die **Völkerrechtsgeschichte** nicht unerwähnt bleiben, die Peter E. PIELER vielfach bereichert hat[29], zuletzt etwa in seiner Analyse des Friedensvertrags von 562 zwischen Byzanz und Persien[30], und in der er auch in den letzten Jahren eine Reihe von Dissertationen betreut hat.[31]

Dass diese weitgestreuten Interessen immer wieder Anknüpfungspunkt für verantwortungsvolle Tätigkeiten in der **Wissenschaftsverwaltung** waren, ist gut nachvollziehbar. Dementsprechend dankbar wurde auf PIELERs Expertise, sein Verhandlungsgeschick und seine Begabung zur *concordantia discordantium* zurückgegriffen: Als Beispiele dafür nenne ich nur seine mittlerweile schon fast legendäre Amtszeit (1994 bis 2000) als Dekan der Rechtswissenschaftlichen Fakultät der Universität Wien, an die sich dann noch sechs Jahre Tätigkeit als Studiendekan bzw. Studienprogramm-

---

Römischen Rechts (2008), S. 355-380.

27 Peter E. PIELER, Die Rechtsgestalt der Kirche in den ersten drei Jahrhunderten (Publikation in Vorbereitung).

28 Peter E. PIELER, Das Römische Recht im nationalsozialistischen Staat, in: Ulrike Davy et alii (Hg.), Nationalsozialismus und Recht (1990), S. 427-444.

29 Siehe etwa Peter E. PIELER, Ein völkerrechtlicher Vertrag zwischen Sonnen- und Mondbewohnern, Österreichische Zeitschrift für öffentliches Recht 20 (1970), S. 401-403; Peter E. PIELER, L'aspect politique et juridique de l'adoption de Chosroès proposée par les Perses à Justin, in: Revue Internationale des Droits de l'Antiquité (1972), S. 399-433.

30 Peter E. PIELER, Der Friedensvertrag von 562 zwischen Byzanz und Persien, in: Festschrift für Herbert Hausmaninger (2006), S. 231-243.

31 Kathrin SCHMIDT, Friedenssicherung durch Vertragsschluss in der Antike (Juristische Dissertation Wien 2000; 2002 unter dem Titel „Friede durch Vertrag" publiziert); Markus GERHOLD, Völker- und staatsrechtliche Studien zu den römisch-karthagischen Beziehungen zwischen 241 v. Chr. und 149 v. Chr. (Juristische Dissertation Wien 2001; publiziert 2002 unter dem Titel „Rom und Karthago zwischen Krieg und Frieden"); Philipp SCHEIBELREITER, Untersuchungen zur vertragsrechtlichen Struktur des delisch-attischen Seebundes (Juristische Dissertation Wien 2005; die Publikation steht 2008 als Band 21 der Reihe „Akten Griechischer und Hellenistischer Rechtsgeschichte" unter dem Titel „Untersuchungen zur vertragsrechtlichen Struktur des delisch-attischen Seebundes" unmittelbar bevor); vgl. auch Clemens GEELHAAR, Die lex de provinciis praetoris (Juristische Dissertation Wien 2005).

leiter anschlossen[32] sowie seine Funktion als Vorsitzender des Fachbeirates des Max-Planck-Instituts für Europäische Rechtsgeschichte in Frankfurt/Main.

IV. In unserem Symposion können all diese Interessen nur ansatzweise und exemplarisch widergespiegelt werden. Auch erschien es von vornherein unmöglich, all jene Kolleginnen und Kollegen zu Wort kommen zu lassen, die unserem Jubilar freundschaftlich verbunden sind.

Und doch haben wir ein Programm vor uns, das in jeder Hinsicht beeindruckend und spannend zu werden verspricht. Die Reihe der hochkarätigen Vortragenden und ihre Themen zeigen, auf welche Resonanz die Idee der antiken Rechtsgeschichte im weiteren Sinn auch heute im internationalen Rahmen bei einer höchst qualifizierten jungen Forschergeneration stößt.

Ganz herzlich bedanken möchten wir uns daher bei all unseren Gästen dafür, dass Sie so spontan und bereitwillig zugesagt haben, an diesem Symposion zu Ehren von Peter E. PIELER mitzuwirken. Die Beiträge nun in gebundener Form dem Jubilar und der Fachwelt zu präsentieren, erfüllt uns mit besonderer Freude.

---

32 Nimmt man hier noch seine Tätigkeit als Mitglied des Senats der Universität Wien, als Vorsitzender der Studienkommission (1984-1990) und zahlreicher anderer Kommissionen ins Kalkül, so wird deutlich, dass PIELER über zwei Dezennien lang die Geschicke der größten juristischen Fakultät im deutschsprachigen Raum ganz maßgeblich mitgestaltet hat.

Gustav Ernst Heimbach und das Authenticum Bemerkungen zur Editionsgeschichte der Novellen-Vulgata*

Martin Avenarius, Köln

I. Einführung

In seiner Habilitationsschrift „Graeca leguntur" hat Hans-Erich TROJE überzeugend dargelegt, daß hinsichtlich der Editionsgeschichte der justinianischen Texte erheblicher Forschungsbedarf besteht.[1] Diese Feststellung trifft auch heute noch zu. Für die Novellen gilt sie aus mehreren Gründen. Sie nehmen eine überlieferungsgeschichtliche Sonderstellung ein, die darauf zurückgeht, daß sie in komplexer Weise durch hauptsächlich drei Traditionen erhalten sind, nämlich durch die Sammlung der 168 griechischen Novellen, durch die Epitome Iuliani[2] sowie durch das sog. Authenticum.[3] Auf diese Spaltung in mehrere überlieferungsgeschichtliche Traditionen ist es zurückzuführen, daß die Novellen – anders als andere Texte des Corpus iuris – im Verlaufe ihrer Wirkungsgeschichte in sehr unterschiedlicher Gestalt auftraten und wahrgenommen wurden.

Eine dieser Erscheinungsformen verkörpert also das Authenticum. Entstanden als Unterrichtsschrift der *antecessores*,[4] wurde es zu einem bedeutenden Referenztext

---

* Es ist mir eine Ehre, diesen Beitrag Herrn o. Univ.-Prof. Dr. Peter E. PIELER widmen zu dürfen. In seiner Vorlesung „Byzantinische Rechtsgeschichte" bin ich im Wintersemester 1989/90 erstmals an die Entstehungs- und Überlieferungsgeschichte der Novellen herangeführt worden.

Die Nachweise müssen sich auf eine Auswahl des einschlägigen Schrifttums beschränken. Abgekürzt werden zitiert: M. CONRAT, Geschichte (= M. CONRAT [Cohn], Geschichte der Quellen und Literatur des römischen Rechts im früheren Mittelalter, Bd. 1 [1891]); H. LANGE, Römisches Recht (= H. LANGE, Römisches Recht im Mittelalter, Bd. 1: Die Glossatoren [1997]); H. E. TROJE, Graeca leguntur (= H. E. TROJE, Graeca leguntur. Die Aneignung des byzantinischen Rechts und die Entstehung eines humanistischen Corpus iuris civilis in der Jurisprudenz des 16. Jahrhunderts [1971]).

1 H. E. TROJE, Graeca leguntur, z. B. S. 71.

2 Vgl. dazu jetzt grundlegend W. KAISER, Die Epitome Iuliani. Beiträge zum römischen Recht im frühen Mittelalter und zum byzantinischen Rechtsunterricht (2004).

3 P. PIELER, Rechtsliteratur, in: H. HUNGER, Die hochsprachliche profane Literatur der Byzantiner, Bd. 2 (1978), S. 341-480 (410 f.); F. WIEACKER, Römische Rechtsgeschichte, Bd. 2 (2006), S. 323 f. Für weitere Überlieferungstraditionen vgl. A. STEINWENTER, Art. Novellae, in: RE 33. Hb. (1936), Sp. 1162-1171 (1169 f.). Hinzuweisen ist besonders auf die Collectio Ambrosiana; vgl. Sp. TROIANOS, Die Collectio Ambrosiana, in: Fontes minores 2 (1977), S. 30-48 sowie die Rezension von P. PIELER, in: ZRG-RA 106 (1989), S. 678-693. Diese Sammlung enthält jedenfalls teilweise getreuer überlieferten Text als die Coll. CLXVIII Novv. Vgl. nun W. KAISER, Authentizität und Geltung spätantiker Kaisergesetze. Studien zu den Sacra privilegia concilii Vizaceni (2007), S. 372.

4 H. J. SCHELTEMA, L'enseignement de droit des antécesseurs (1970), S. 47 ff.; P. PIELER, Rechtsliteratur (Fn. 3), S. 410.

des Römischen Rechts im westlichen Mittelalter.[5] Nachdem in Italien bis zum 11. Jahrhundert die Epitome Iuliani für die Novellen Justinians gestanden hatte, trat anschließend das Authenticum ans Licht, kam in der Bologneser Rechtsschule in Gebrauch und gewann bald die Oberhand.[6]

Das Authenticum entstand auf Grundlage justinianischer Novellen und enthält damit letztlich römisch-byzantinisches Recht.[7] Es weist allerdings die Besonderheit auf, daß von den insgesamt 134 enthaltenen Novellen die in lateinischer Sprache erschienenen im Original und die doppelsprachigen in der lateinischen Version enthalten sind.[8] Die ursprünglich griechischen, deren Zahl bei weitem überwiegt, sind in das Lateinische übersetzt. Die Übersetzungen sind von sehr unterschiedlicher Qualität, was seinen Grund darin hat, daß sie überlieferungsgeschichtlich teilweise auf eine Kata-poda-Übertragung zurückgehen.[9] Auch anderweitige sprachliche und sachliche Mängel kennzeichnen den Text.[10] Diese besonderen Eigenschaften des Authenticum haben den Editoren seit jeher Schwierigkeiten bereitet. Die mehrstufige Entwicklung des Textes fordert im übrigen zur Auseinandersetzung mit der Frage nach dem Editionsziel auf. Denn einerseits können die lateinischen Novellentexte als Erkenntnisquelle für ein byzantinisches Original wahrgenommen werden, andererseits aber als das Authenticum selbst, also als ein Rechtstext des westlichen Mittelalters mit einer spezifischen Rezeptionsgeschichte.[11]

II. Heimbachs Beitrag

Die erste kritische Ausgabe des Authenticum geht auf Gustav Ernst HEIMBACH (1810-1851) zurück.[12] Dieser jüngere der beiden Heimbach-Brüder war 1830 bekannt

5 M. CONRAT, Geschichte, S. 132-137; G. SCHERILLO, Art. Authenticum, in: Novissimo Digesto Italiano, Bd. 1/2 (1958), Sp. 1551-1553 (1551).

6 H. LANGE, Römisches Recht, S. 84; vgl. P. KRÜGER, Geschichte der Quellen und Litteratur des Römischen Rechts, 2. Aufl. (1912), S. 402 und 433; E. CORTESE, Il diritto nella storia medievale, Bd. 1: L'alto medioevo (1995, Ndr. 1996), S. 374.

7 O. F. ROBINSON, The Sources of Roman Law (1997), S. 60 rechnet die Novellen überhaupt eher zur byzantinischen als zur römischen Rechtsgeschichte.

8 P. WEIMAR, Art. Corpus iuris civilis, in: Lexikon des Mittelalters, Bd. 3 (1986), Sp. 270-277 (272 f.).

9 Vgl. H. J. SCHELTEMA, L'enseignement de droit des antécesseurs (Fn. 4), S. 54.

10 H. LANGE, Römisches Recht, S. 82; vgl. A. STEINWENTER, Art. Novellae (Fn. 3), Sp. 1167 f.

11 Vgl. noch B. WINDSCHEID/Th. KIPP, Lehrbuch des Pandektenrechts, Bd. 1, 9. Aufl. (1906), S. 11 Fn. 6 mit Nachweisen für das pandektenwissenschaftliche Schrifttum.

12 Zur Biographie vgl. TEICHMANN, Art. Heimbach: Gustav Ernst, in: ADB Bd. 11 (1880), S. 327; R. v. STINTZING/E. LANDSBERG, Geschichte der Deutschen Rechtswissenschaft, 3. Abt., 2. Hb. (1910), S. 482 f. mit Noten; F. J. ANDRÉS, Art. G. E. Heimbach, in: R. Domingo (Hg.), Juristas Universales, Bd. 3 (2004), S. 237-240 (238).

geworden durch seine Ausgabe des anonymen Liber de actionibus[13] und hatte 1830-1834 auf weiten Reisen europäische Bibliotheken aufgesucht, vor allem in Frankreich und Italien. Als Früchte von HEIMBACHs Forschungsreisen erschienen 1838 und 1840 die beiden Bände seiner Anekdota mit Beiträgen zur Geschichte des byzantinischen Rechts; der erste Teil enthält im wesentlichen die Novellenepitome des σχολαστικός Athanasios aus Emesa.[14] Wichtige Beiträge zur Bearbeitung des byzantinischen Rechts leistete Heimbach auch durch seine maßgebliche Mitarbeit an der Basilikenausgabe seines Bruders Karl Wilhelm Ernst[15] sowie durch die Ausgabe der Hexabiblos des Konstantin Harmenopulos im Jahre 1851.[16]

Der Geschichte des Novellentextes hatte HEIMBACH seine Leipziger Antrittsvorlesung (1844) gewidmet.[17] Er hatte sogar eine Edition des griechischen Novellentextes vorbereitet, die allerdings nicht zur Publikation gelangte. Im Bereich des ursprünglich byzantinischen Rechts ist die Authenticum-Ausgabe daher das bedeutendste Werk HEIMBACHs geblieben.[18] Er verstarb, erst vierzigjährig, im Jahre 1851, in dem der zweite Band seiner Edition erschien.

Bei seinen Forschungen zur Überlieferung der Novellen mußte HEIMBACH von den Vorarbeiten mehrerer Zeitgenossen ausgehen. Der Berliner Jurist und Rechtshistoriker Friedrich August BIENER (1787-1861) hatte im Jahre 1824 die seinerzeit maßgebende Monographie über die Geschichte der Novellen vorgelegt,[19] Johann BECK[20] und der Philologe Eduard OSENBRÜGGEN[21] die jüngsten Editionen. Die Schwierigkeit der Aufgabe, die Menge des einzubeziehenden Materials sowie der Planungsbedarf, der sich mit Rücksicht auf den mit der Forschung in ausländischen

13 Observationum juris Graeco-Romani: liber primus, anonymi librum de actionibus (...) edidit (...) E. HEIMBACH (...) Lipsiae 1830.

14 ΑΝΕΚΔΟΤΑ Tomus I. Athanasii Scholastici Emiseni de Novellis Constitutionibus Imperatorum Iustiniani Iustinique commentarium (...) edidit (...) G. E. HEIMBACH (...), Lipsiae 1838.

15 Basilicorum libri LX. post Annibali Fabroti curas ope Codd. Mss. a Gustavo Ernesto Heimbachio aliisque collatorum integriores cum scholiis edidit, editor denuo recensuit, deperditos restituit, translationem latinam et adnotationem criticam adiecit D. Carolus Guilielmus Ernestus Heimbach, Lipsiae 1833 ff.

16 Const. Harmenopuli Manuale Legum sive Hexabiblos cum appendicibus et legibus agrariis (...) recensuit (...) G. E. HEIMBACH, Lipsiae 1851.

17 De origine et fatis corporis, quod CLXVIII. novellis constitutionibus constat, scripsit (...) G. E. HEIMBACH, Lipsiae 1844.

18 Für weitere romanistische Schriften Heimbachs vgl. R. V. STINTZING/E. LANDSBERG, Geschichte der Deutschen Rechtswissenschaft, 3. Abt., 2. Hb. (1910), S. 482 f.

19 F. A. BIENER, Geschichte der Novellen Justinian's (1824). Über BIENER vgl. MUTHER, Art. Biener: Friedrich August, in: ADB Bd. 2 (1875), S. 626 f.

20 Über Johann Ludwig Wilhelm BECK (1786-1869) vgl. WHISTLING, Art. Beck: Johann Ludwig Wilhelm, in: ADB Bd. 2 (1875), S. 215 f.

21 Über Eduard OSENBRÜGGEN (1809-1879) vgl. R. LOENING, Art. Osenbrüggen: Eduard, in: ADB Bd. 24, (1887) S. 463-468; J. VORTMANN, Art. Osenbrüggen, Eduard, in: NDB Bd. 19 (1999), S. 607 f.

Bibliotheken verbundenen Aufwand ergab, ließen HEIMBACH seine Arbeit an der Novellenüberlieferung von Anfang an in ständigem Austausch mit anderen, erfahrenen Gelehrten betreiben. So unterbreitete er BIENER vor der Abreise nach Italien seine Absicht, soweit es ihm seine eingeschränkten Mittel erlaubten,[22] in den Bibliotheken die wichtigen Handschriften zu den byzantinischen Rechtstexten zu erschließen. Dabei erklärte HEIMBACH, daß er besonders BIENERs und SAVIGNYs einschlägige Schriften heranziehen werde.[23] Mit der Erforschung der Quellen des Römischen Rechts im Mittelalter (Lex Romana Visigothorum) einschließlich des lateinischen Novellentextes (Epitome Iuliani) auf Grundlage der handschriftlichen Überlieferung war bereits Heimbachs Leipziger Lehrer HÄNEL hervorgetreten. Diese Ausrichtung des wissenschaftlichen Interesses hatte sich auf seinen Schüler weitervererbt. Während seiner Forschungsreisen berichtete Heimbach daher besonders HÄNEL über seine Erkenntnisse und Entdeckungen. So konnte HEIMBACH, als er im Oktober 1833 im Domarchiv von Pistoia arbeitete, über seine Arbeiten an der dort verwahrten Authenticum-Handschrift[24] berichten. Er sah sich noch nicht in der Lage, das gesamte Manuskript durchzuarbeiten, konnte aber bereits beschreiben, inwiefern die Handschrift von großer Bedeutung für die Textüberlieferung sei:

> „In den Glossen stimmt es sehr mit dem M<anu>s<cript> in Wien[25] (...) Daß ich alle Xtravaganten darin bereits verglichen, können Sie mir wohl zutrauen. (...) Höchst wichtig sind die Variationen in den Ueberschriften und den Zuschriften; interessanter auch die Entdeckung, daß der lateinische Text der Novellen sich an die griechischen Novellen weit enger, weit genauer anschließt, als die bisher bekannte Vulgata und eine Menge

---

22 „... da ich, wie Sie wissen, selbst nicht vermögend bin"; Brief HEIMBACHs an Biener, Leipzig den 22. Septb. 1831 (UB Leipzig, Nachlaß 222, 29,2).

23 „Ihre Geschichte der Novellen, Ihre Aufsätze über die Basilica und von Savignÿ's sollen meine treuen (...) Begleiter auf der Reise seÿn"; HEIMBACH an Biener, Leipzig den 22. Septb. 1831 (UB Leipzig, Nachlaß 222, 29,2).

24 Es handelt sich um den Cod. Pistoriensis 131; dazu G. E. HEIMBACH, Authenticum. Novellarum constitutionum Iustiniani versio vulgata, Bd. 1 (1851), Prolegomena, S. XXIII-XXV; Corpus iuris civilis. Volumen tertium. Novellae recognovit R. SCHOELL opus Schoellii morte interceptum absolvit G. KROLL, 4. Aufl. (1912), Praefatio, S. XV (Signatur „103"); P. WEIMAR, Die legistische Literatur und die Methode des Rechtsunterrichts der Glossatorenzeit, in: Ius commune 2 (1969), S. 43-83 (65).

25 Unter den vielen Handschriften des lateinischen Novellentextes existieren mehrere „Wiener" Manuskripte. Gemeint ist hier der für die Überlieferung zentrale Cod. Vindobonensis Lat. 2130; vgl. F. C. V. SAVIGNY, Beytrag zur Geschichte des lateinischen Novellentextes, in: ZGR 2 (1816), S. 100-136 (109 f.) (= Vermischte Schriften, Bd. 3 [1850], S. 95-121 [106 f.]); F. A. BIENER, Geschichte der Novellen (Fn. 19), S. 574 ff.; G. DOLEZALEK, Verzeichnis der Handschriften zum römischen Recht bis 1600, Bd. 2 (1972), s.v. Wien ÖNB 2130; Th. V. DYDYŃSKI, Beiträge zur handschriftlichen Überlieferung der Justinianischen Rechtsquellen, Bd. 1: Institutionen, Heft 1 (1891), S. 91, Nr. 251.

> Irrthümer darin verbessert, ja mitunter ganz neue passus giebt, welche im griechischen stehen, nicht in der Vulgata (ich vergleiche noch Contius 1571. Lugduni). Je wichtiger diese Quelle des 13. Jahrh<underts> ist, desto mehr dauert es mich, sie nicht ausnutzen zu können. Meine Zeit ist zu sehr eingetheilt; doch werde ich thun, was ich kann."[26]

Im Hinblick auf die lateinische Novellen-Überlieferung konnte HEIMBACH im Januar 1834 HÄNEL berichten, er habe die Münchner[27] und die Wiener Handschrift vollständig durchgearbeitet. Nach Abschluß seiner Studien am Manuskript von Pistoia hielt HEIMBACH an der Bedeutung dieser zuvor vergleichsweise wenig beachteten Handschrift fest:

> „Für die Vulgata vergleiche ich das Münchner und Wiener M<anu>s<cript> vollständig; das fast nicht gekannte aber treffliche Pistojenser M<anu>s<cript> habe ich in allen Extravaganten, lateinischen Novellen, Unterschriften verglichen."[28]

An BIENER sandte HEIMBACH dann im Mai 1834 einen ausführlicheren Bericht über seine Arbeiten. Hier konnte HEIMBACH auch auf eine Erweiterung der Quellenlage durch eine eigene „Entdeckung" hinweisen:

> „Für die lateinischen Novellen und die Vulgata, habe ich die Münchner Handschrift völlig verglichen; auch mit der Wiener werde ich im Laufe des folgenden Monats zu Stande kommen. Außerdem ist es mir gelungen in Closter-Neuburg beÿ Wien eine sehr seltsame und mit der berühmten Wiener H<andschrift> sehr viel Aehnlichkeit habende Nov<ellen> Handschrift[29] zu entdecken und für die Extrav<aganten>, lateinischen Novellen und Subscr<iptionen> zu benutzen. Daß sie bedeutend ist, ergiebt (...) auch ihr Reichthum an Extravaganten. (...) Da sie aber nach meinen Untersuchungen keine Abschrift derselben, sondern eine von ihr unabhängige Copie einer ältern Handschrift, die auch d<er> Wiener zugrunde gelegen haben mag, wirklich ist, so scheint mir ihre Benutzung um so wichtiger, je weniger wir den ächten liber authent<icorum> vor

---

26 HEIMBACH an Hänel, Pistoja, den 8. October 1833 (UB Leipzig, Korrespondenz G. Hänel).

27 Cod. Monacensis Lat. 3509; vgl. G. E. HEIMBACH, Authenticum, Bd. 1 (Fn. 24), Prolegomena, S. LVI-LXI; SCHÖLL/KROLL, Novellae (Fn. 24), Praefatio, S. XVI; G. DOLEZALEK, Verzeichnis (Fn. 25), Bd. 2 (1972), s.v. München Clm 3509.

28 HEIMBACH an Hänel, Venedig, den 26. Januar 1834 (UB Leipzig, Korrespondenz G. Hänel).

29 Es handelt sich offenbar um den Cod. Claustroneoburgensis 642, der Heimbach und Zachariae noch zur Verfügung stand. Vgl. G. E. HEIMBACH, Authenticum (Fn. 24), Bd. 1, Prolegomena, S. LXX; G. DOLEZALEK, Verzeichnis (Fn. 25), Bd. 1 (1972), s.v. Klosterneuburg 642.

> uns haben. (...) Auf diese Hülfsmittel gestützt, will ich eine neue Ausgabe dieses Rechtsbuchs unternehmen. Die Schwierigkeit der Aufgabe liegt zu Tage; doch ist es mir gelungen, bereits an vielen Stellen die Vulgata zu corrigiren und ich darf hoffen, wenn mir Ihre gütige Beÿhülfe nicht versagt wird, einen bessern Text derselben nach den anerkannt besten Handschriften zu liefern.“[30]

Besonders wichtig wurde für HEIMBACHs Authenticum-Projekt aber der Einfluß Friedrich Carl VON SAVIGNYs. Dafür gaben mehrere Gründe den Ausschlag. SAVIGNY hatte sich mit der Geschichte der Novellen und ihrer Überlieferung schon zuvor intensiv auseinandergesetzt. Die Anfänge seiner Beschäftigung mit diesem Gegenstand gehen noch auf die Anregung durch seinen Marburger Lehrer Philipp Friedrich WEIS (1766-1808) zurück, einen der spezifisch historisch orientierten Vertreter der eleganten Jurisprudenz.[31] Dieser hatte geplant, eine Litterärgeschichte der Novellen zu schreiben, war dann aber vor dem Abschluß dieses Projekts verstorben, so daß dasselbe ein Torso blieb.[32] SAVIGNY selbst hatte einen Aufsatz zur Geschichte des lateinischen Novellentextes geschrieben,[33] und die Aufmerksamkeit der Forschung auf die wichtigsten Überlieferungszeugnisse für das Authenticum, nämlich die Wiener und die Münchner Handschrift, gelenkt.[34]

---

30 HEIMBACH an Biener, Wien den 28. Maÿ 1834 (UB Leipzig, Nachlaß 222, 29,2).

31 Vgl. É. LABOULAYE, Essai sur la vie et les doctrines de Frédéric Charles de Savigny (1842), S. 17 f.

32 Vgl. Ph. F. WEIS, Historiae novellarum literariae particula prima periodum antehaloandrinam complexa, Marburgi 1800. Für Savignys diesbezügliche Anerkennung gegenüber Weis vgl. A. STOLL, Friedrich Karl v. Savigny. Ein Bild seines Lebens mit einer Sammlung seiner Briefe, Bd. 1 (1927), S. 319, Anm. 1. Die Beschäftigung beider Gelehrter mit der Novellenüberlieferung wird wiederholt thematisiert in den Briefen Savignys an Weis; vgl. W. FELGENTRAEGER, Briefe F. C. von Savignys an P. F. Weis (1804-1807), in: ZRG-RA 48 (1928), S. 114-169.

Der Zusammenhang der Forschungspläne Weis' und Savignys erweist sich auch darin, daß das Konzept einer Literargeschichte am Anfang der Arbeiten an der „Geschichte des Römischen Rechts im Mittelalter“ gestanden hatte. Dies belegt der Verlagsvertrag vom 26.1.1813 über die erste Auflage, in dem das Werk noch „Literargeschichte des Römischen Rechts“ genannt wurde (UB Marburg, Ms. 925/9, Bl. 8-11). SAVIGNY nimmt auf die Entwicklung und Veränderung des Konzepts auch in einem Brief an Creuzer vom 5.3.1814 Bezug: „Sie wissen, dass ich schon lange an einer Literärgeschichte des R<ömischen> R<echts> arbeite, diese schwillt mir immer mehr an, und wird von selbst immer mehr zu einer eigentlichen Rechtsgeschichte des Mittelalters“; abgedruckt bei L. ENNECCERUS, Friedrich Carl v. Savigny und die Richtung der neueren Rechtswissenschaft (1879), S. 66-68 (67).

Vgl. nun meinen Beitrag Tradition, Vorverständnis und Wirkungsgeschichte der Quellen. Vom Einfluß der geisteswissenschaftlichen Hermeneutik auf das romanistische Verstehen, in: M. AVENARIUS (Hg.), Hermeneutik der Quellentexte des Römischen Rechts (2008), S. 9-29 (13 f.).

33 Es handelt sich um SAVIGNYs Aufsatz „Beytrag zur Geschichte des lateinischen Novellentextes“ (Fn. 25), S. 100 ff. (= Verm. Schriften, Bd. 3, S. 95 ff.).

34 Die Erschließung des Cod. Vindob. Lat. 2130 für die Forschung war eine Frucht von Savignys Wien-Aufenthalt von Dezember 1806 bis Juli 1807 gewesen. Der Aufenthalt war keineswegs, wie

Besonders bedeutend für HEIMBACHs Arbeiten war SAVIGNY auch insoweit geworden, als er der Wegbereiter für die Erforschung der Geschichte des Römischen Rechts im Mittelalter war. In seinem historischen Hauptwerk hatte SAVIGNY den Begriff einer Rechtsgeschichte des Mittelalters überhaupt erst geschaffen.[35] Im Rahmen der Auseinandersetzung mit den römischen Rechtsquellen, die den Glossatoren zur Verfügung standen, war Savigny ausführlich auf die Pandekten als Herzstück des justinianischen Kodifikationswerks eingegangen, während Codex und Institutionen deutlich kürzer erörtert wurden. Den Novellen, also speziell Authenticum und Epitome Iuliani, war wiederum eingehendere Behandlung zuteil geworden.[36] In diesem Zusammenhang hatte SAVIGNY auch die Debatte um die „Echtheit" des Authenticum referiert.[37] Er war überzeugt davon, daß aus dem Authenticum mittelbar auf justinianisches Recht zu schließen sei, und wünschte daher eine kritische Ausgabe.[38]

SAVIGNY öffnete den Blick auf die spezifische Eigenart des mittelalterlichen lateinischen Novellentextes, der „gewissermaßen als ein selbstständiges Werk angesehen werden kann".[39] Bei ihm brach sich nämlich das Bewußtsein Bahn, daß die mittelalterlichen Erscheinungsformen der alten Texte nicht nur als Zeugnisse für die antiken Originale wahrzunehmen sind, sondern über eine eigene Werkindividualität verfügen, die mit Rücksicht auf die Wirkungsgeschichte spezifische Beachtung verdient. Im Rahmen der heterogenen Überlieferungstradition der Novellen hatte dieser Gedanke besondere Relevanz: Es bedeutet einen Unterschied, ob man die alten Fassungen der Novellen-Vulgata in erster Linie als Schlüssel zur Erforschung

---

DENNELER meint, unergiebig; Karl Friedrich von Savigny (1985), S. 37. Eine weitere Frucht des Aufenthalts ist die Entdeckung der Brachylogos-Handschrift, wodurch Weis noch kurz vor seinem Tode seine Meinung vom Alter des Brachylogos bestätigt finden konnte; vgl. A. STOLL, Friedrich Karl v. Savigny (Fn. 32), Bd. 1 (1927), S. 318 f., Anm. 3. Die gängige Vorstellung, Savigny habe diese Handschriften „entdeckt", berücksichtigt nicht genug, daß die Handschriften keineswegs „verschwunden" gewesen waren; sie waren von der Forschung lediglich nicht beachtet worden. Zu diesem Umstand und seinen Zusammenhängen vgl. nun meinen Beitrag: Das „gaiozentrische" Bild vom Recht der klassischen Zeit. Überlegungen zu Vorverständnis, zirkulärem Verstehen und Überlieferungszufall sowie ihrer Bedeutung für die Historisierung der Gaius-Institutionen, in: M. AVENARIUS (Hg.), Hermeneutik der Quellentexte des Römischen Rechts (2008), S. 97-131.

35 Vgl. F. C. V. SAVIGNY, Geschichte des Römischen Rechts im Mittelalter, Bd. 1, 2. Aufl. (1834), S. IX. G. DILCHER, Zur Einführung: Romanistische Mediävistik, in: Juristische Schulung 1966, S. 387-392 (390).

36 F. C. V. SAVIGNY, Geschichte des Römischen Rechts (Fn. 35), Bd. 3, S. 420-536.

37 F. C. V. SAVIGNY, Geschichte des Römischen Rechts (Fn. 35), Bd. 3, S. 490 ff.

38 Vgl. F. C. V. SAVIGNY, Beytrag zur Geschichte des lateinischen Novellentextes (Fn. 25), S. 100 f. (= Verm. Schriften, Bd. 3, S. 96 f.).

39 F. C. V. SAVIGNY, Beytrag zur Geschichte des lateinischen Novellentextes (Fn. 25), S. 102 (= Verm. Schriften, Bd. 3, S. 98).

der byzantinischen Novellen des 6. Jahrhunderts sieht oder als mittelalterlichen Textbestand mit eigener Entstehungs- und Wirkungsgeschichte.

HEIMBACHs Kontaktaufnahme mit SAVIGNY geht offenbar auf den Februar des Jahres 1833 zurück, als HEIMBACH von Rom aus einiges über die Basiliken gesammelte Material an SAVIGNY schickte und dabei von seiner Absicht berichtete, seinen Italienaufenthalt zu verlängern, um noch an verschiedenen Orten Forschungen über Justinians griechische Novellen betreiben zu können.[40] Im März 1838 übersandte er SAVIGNY dann mit Rücksicht auf dessen Arbeiten zur Geschichte des Römischen Rechts im Mittelalter ein Exemplar seiner Anekdota.[41] Das Verhältnis des jungen Forschers zu dem herausragenden Meister der rechtshistorischen Forschung war stets durch respektvolle Verehrung gekennzeichnet. Es litt immerhin vorübergehend, als SAVIGNY durch HEIMBACH in eine heftige Kontroverse über die handschriftliche Überlieferung des ps.-ulpianischen Regelwerks verwickelt wurde.[42] Dies lag aber schon einige Zeit zurück, als HEIMBACH die Authenticum-Ausgabe in Angriff nahm.

Daß HEIMBACH in diesem Zusammenhang wiederum den Kontakt zu SAVIGNY suchte, hatte noch einen praktischen Grund. Für eine Kollation der einschlägigen Handschriften und die Vorbereitung einer kritischen Edition bedurfte HEIMBACH aller verfügbaren Textzeugnisse und Hilfsmittel. HEIMBACH selbst hatte Exzerpte gesammelt und von HÄNEL und SAVIGNY deren Auszüge sowie von SCHRADER umfangreiches Material zur Verfügung gestellt bekommen.[43] Er bedurfte

40 Brief HEIMBACHs an Savigny vom 26.2.1833 (UB Marburg, Ms. 925/1121).

41 Brief HEIMBACHs an Savigny vom 19.3.1838 (UB Marburg, Ms. 925/1122).

42 SAVIGNY war für die Identität des Cod. Vat. Reg. Lat. 1128 mit dem der DUTILLET-Ausgabe zugrundeliegenden Manuskript eingetreten und hatte diesen Standpunkt in seinen Aufsätzen Ueber das Vaticanische Manuscript des Ulpian, in: Civilistisches Magazin 4 (1813), S. 375-388 (= Verm. Schriften, Bd. 3, S. 28-56) und Ueber die handschriftliche Grundlage des Ulpian, in: ZGR 9 (1838), S. 157-173 (= Verm. Schriften, Bd. 3, S. 57-75) entwickelt. HEIMBACH, der 1834 erstmals über die Ulpiani Fragmenta publiziert hatte (s. Fn. 89), unterzog in seiner Rezension des letztgenannten Aufsatzes Savignys Standpunkt einer grundlegenden Kritik; Hallische Jahrbücher für deutsche Wissenschaft und Kunst 1838, Sp. 1961-1966, 1969-1984 und 1990-1992. SAVIGNY, der sich durch Heimbach unangemessen angegangen fühlte, reagierte mit einem Brief (Berlin, 24.8.1838), in dem er schon vor dem Abdruck des HEIMBACH-Aufsatzes dessen Argumente auseinandernahm (bei A. STOLL, Friedrich Karl v. SAVIGNY [Fn. 32], Bd. 2 [1929], S. 509; vgl. auch aaO., S. 374). Während Savignys Standpunkt durch spätere Forschungen bestätigt wurde, hielt HEIMBACH im wesentlichen an seiner Ansicht fest; vgl. seinen Beitrag: Was haben die Quellen des Römischen Rechts durch die kritischen Bestrebungen der neueren Juristen gewonnen? Erster Artikel. IV. Ulpian's Fragmente, in: Leipziger Repertorium der deutschen und ausländischen Literatur 1 (1843), S. 93-108. Zu der Kontroverse näher M. AVENARIUS, Der pseudo-ulpianische liber singularis regularum (2005), S. 45 f.

43 Vgl. den Brief HEIMBACHs an Savigny vom 22.12.1847: „... das freundliche Anerbieten, was mir Ew. Excellenz unter dem 4. Dezbr. zu machen geruhten, entweder nach Berlin selbst zu kommen, oder durch einen gehörig von mir instruirten Gelehrten Ew. Excellenz Sammlungen zu dem bewußten Zwecke zu benutzen, hat sich für den Augenblick durch Schrader's Güte erledigt,

aber darüber hinaus der einschlägigen Literatur, vor allem der älteren Druckausgaben. Aufgrund der vielschichtigen Überlieferungsgrundlage hatte sich der Text in der Abfolge des Erscheinens dieser Editionen erst schrittweise vervollständigt. Die Einbeziehung der älteren Ausgaben entsprach denn auch einer Forderung SAVIGNYs.[44] Nun waren die seltenen Drucke der Humanisten in Leipzig nicht vollständig vorhanden. Nachdem HEIMBACH die Bücher auch in der Göttinger Bibliothek nicht ausnahmslos hatte finden können, hatte HUGO ihn an SAVIGNY verwiesen. Diesen bat HEIMBACH am 27.10.1843 um Zusendung bestimmter Literatur, die BIENER in seiner „Geschichte der Novellen Justinian's" zitiert hatte, „zu einem litterarischen Unternehmen, welches schon seit einiger Zeit meine ganze Thätigkeit in Anspruch genommen hat".[45] SAVIGNYs Bibliothek enthielt überaus reiches Schrifttum und darunter, wie HEIMBACH aus BIENERs Monographie wußte, viele der alten Novellendrucke.[46] SAVIGNY erklärte sich bereit, seine Exemplare zur Verfügung zu stellen. Er verschickte seine Bücher sogar und war bereit, sie für lange Zeit, in einzelnen Fällen für mehr als ein Jahr, zu entleihen. Sein Briefwechsel mit

---

dem ich eine vollständige Mitteilung seiner vielfaltigen Sammlungen für das Authentikum verdanke" (UB Marburg, Ms. 925/1131).

Bei der raschen Folge der Ausgaben traten, wie nicht anders zu erwarten, Konkurrenzsituationen ein. So geriet Heimbach aus Rücksicht auf die Editionsprojekte seines Bruders in die unangenehme Lage, Beck seine Exzerpte aus den Coislinschen Basilikenhandschriften (Nr. 151, 152; B. de Montfaucon, Bibliotheca Bibliothecarum, Bd. 1 [1739], Bibl. Coisliniana S. 216) vorenthalten zu müssen; vgl. die Briefe HEIMBACHs an Biener vom 23. Juni 1831 und vom 22. September 1831 (UB Leipzig, Nachlaß 222, 29,2).

44 F. C. v. SAVIGNY, Beytrag zur Geschichte des lateinischen Novellentextes (Fn. 25), S. 100 (= Verm. Schriften, Bd. 3, S. 96).

45 „Diese meine Bitte um Ew. Excellenz gnädigen Beystand, ist nur durch die sich immer mehr und mehr herausstellende Unmöglichkeit veranlaßt worden, den Vulgattext ohne genaue und andauernde Berücksichtigung dieser Hülfsmittel vollständig durchzuarbeiten." (HEIMBACH an Savigny, Leipzig den 27. Oct. 1843; UB Marburg, 925/1123).

46 Den reichen Bestand an alten Novellenausgaben in Savignys Bibliothek belegen die Bestandsangaben bei F. A. BIENER, Geschichte der Novellen (Fn. 19), S. 322 ff. Über Savignys Bibliothek vgl. im übrigen H. P. WEBER, Die Bibliothek des Juristen Friedrich Carl von Savigny (1971); M. v. SAVIGNY, Art. Savigny-Bibliothek, in: Handbuch der historischen Buchbestände in Deutschland, Bd. 3. Nordrhein-Westfalen A-I (1992), S. 150 f.; vgl. noch O. MOTTE, Savigny et la France (1983), S. 32 f.; É. LABOULAYE, Essai (Fn. 31), S. 75. Über die frühzeitige, planmäßige Zusammenstellung der Bibliothek durch Savigny vgl. W. FELGENTRAEGER, Briefe F. C. von Savignys an P. F. Weis (Fn. 32), S. 125. Ein erheblicher Teil der älteren Drucke und Handschriften aus Savignys Sammlung ging in die Bestände der königlichen Bibliothek in Berlin über. Vgl. das Verzeichnis der von dem verewigten Herrn Staatsminister Carl Friedrich von Savigny mittelst Legats vom 26. Mai 1852 der Königlichen Bibliothek zu Berlin vermachten Werke (1865). Im übrigen gelangte Savignys Privatbibliothek an die Universitätsbibliothek Bonn, allerdings nicht vollständig. Auskunft über weitere ursprünglich vorhanden gewesene Titel gibt ein dem Ankauf zugrundegelegter systematischer „Catalog der Bibliothek des Königlichen Geheimen Staats- und Justizministers Herrn von Savignÿ Excellenz" (UB Bonn, ohne Signatur; vgl. WEBER, aaO., S. 34-37). Heute fehlt insbesondere der größte Teil des Dissertationenbestandes.

HEIMBACH bezieht sich anschließend regelmäßig auf entliehene oder zu entleihende Bücher. In einer Zeit, in der eine institutionalisierte Fernleihe unbekannt war, ersparte SAVIGNYs uneigennütziges Entgegenkommen HEIMBACH manche Postkutschenreise.[47] Wegen der besonderen Bedeutung SAVIGNYs für das Werk bat HEIMBACH, die Edition seinem Förderer widmen zu dürfen, und SAVIGNY erklärte sich damit erfreut einverstanden.[48]

Nach jahrelanger Arbeit kamen HEIMBACHs Novellenkollationen zu Beginn der vierziger Jahre langsam zum Abschluß,[49] und im Sommer 1846 konnte HEIMBACH SAVIGNY einen ersten Teil der Authenticum-Ausgabe schicken.[50]

1. Heimbachs zentrale Arbeitsvorstellungen

In dem schon genannten Brief vom 27.10.1843 hatte HEIMBACH erstmals gegenüber SAVIGNY die Absicht erklärt, den Vulgattext mit Hilfe einiger älterer Drucke vollständig durchzuarbeiten und sich für die Erschließung des lateinischen Novellentextes nicht auf die handschriftliche Überlieferung zu beschränken. Hier verrät sich ein wissenschaftsgeschichtliches Interesse, das zur Aufklärung der Textgeschichte beizutragen verspricht. HEIMBACH meinte, nur auf diesem von ihm beschrittenen Wege sei die Art und Weise zu erklären, wie sich der den bisherigen Ausgaben jeweils zugrundeliegende Text nach und nach entwickelt habe. Nachdem HEIMBACH einen ersten Teil des Anmerkungsapparates fertiggestellt hatte, schrieb er am 26.2.1844 an SAVIGNY über bestimmte editorische Probleme sowie seine Arbeitsvorstellung von der Überlieferung des Textes. Bereits hier zeigen sich grundlegende Annahmen und methodische Prinzipien HEIMBACHs:

> „Die Ausarbeitung der Bemerkungen ist bis jetzt ohngefähr zum Drittheil vorgeschritten; die meiste Mühe macht dabeÿ die Reproduction des griechischen Textes aus der Vulgata (denn daß dieser völlig verschieden war von dem in der Samml<ung> der 168., ergiebt sich sehr deutlich) ingleichen die Erklärung der falschen Uebertragungen in der Vulgata und

---

47 Savigny hatte auch anderen Gelehrten freimütig die Nutzung seiner Bücherbestände gestattet; vgl. WEBER, Bibliothek (Fn. 46), S. 24-26. Davon hatte z. B. auch schon BIENER profitiert, der sich in der Vorrede zu seiner Geschichte der Novellen (Fn. 19, S. V) dafür bedankte.

48 Brief HEIMBACHs an Savigny vom 28.8.1845 sowie Antwortentwurf SAVIGNYs vom 26. Sept. 1845 auf demselben Brief (UB Marburg Ms. 925/1126).

49 HEIMBACH an Hänel, Leipzig, den 21. Aug. 1841 (UB Leipzig, Korrespondenz G. Hänel).

50 Der Teil umfaßte offenbar die Widmung an Savigny, die an denselben gerichtete Vorrede sowie 24 Druckbögen des Editionsteils (entspricht der Authenticum-Ausgabe Bd. 1, S. 1-384). Das dem gebundenen Gesamtwerk voranstehende Titelblatt sowie die umfangreichen Prolegomena erschienen erst später.

> wahrscheinlichen Mißverständnissen des Uebersetzers, wobeÿ sich herausstellt, daß sie gewißlich auf falscher Auffassung der Wortbedeutung, ferner auf irrthümlicher Versetzung ganzer Zeilen, endlich auf irrthümlicher Satz-abtheilung beruhen. Ein Phänomen ergiebt sich als unzweifelhaft, nehmlich daß alle unsre bekannten Kopien, ingleichen die ältern Handschriften sich auf Eine Urhandschrift zurückführen lassen, wenn Siglen von der Glosse großentheils falsch verstanden worden sind. Von dieser Urhandschrift giebt die von Ew. Excellenz entdeckte Wiener Handschrift ein Abbild, welches indeß nicht durchgängig treu ist, da in derselben eine Reihe von Lücken zu Tage kommen, welche die von Ew. Exc<ellenz> ebenfalls entdeckte Münchner H<andschrift> und die Kloster-Neuburger richtig ausfüllen, andern Theils in diesen letzten H<andschriften> vielfach bessere Lesarten zu Tage kommen, welche nicht auf Coniectur beruhen können, da sie aus Mißverständnis des Griechischen entstanden sind. Ich habe demnach es zur Aufgabe der Textesconstitution gemacht, diese Urhandschrift, aus welcher die übrigen geflossen sind, mit ihren Fehlern wiederzugeben, und in den Anmerkungen zu entwickeln versucht, eines theils, wie diese Leseart aus dem Griechischen entstehen konnte, andern Theils, wie sie in der Glossatorenrecension behandelt worden ist.“[51]

Hier zeigen sich schon in der Vorbereitung der Edition zwei wichtige Punkte: Zunächst einmal bekennt sich HEIMBACH zu der Arbeitsvorstellung von einer geschlossenen, also auf eine Urhandschrift zurückgehenden Überlieferung.[52] Diese bildete die Voraussetzung dafür, um die maßgeblich auf LACHMANN zurückgehende stemmatische Methode, die ursprünglich für antike Texte entwickelt worden war, auch auf mittelalterliche Texte anzuwenden. Auch für diese suchte man also nach einem überlieferungsgeschichtlichen Ausgangspunkt, einem wiederherzustellenden „Archetypus“.

Außerdem nimmt HEIMBACH für die aus dem Griechischen übersetzten Novellen zu dem Ziel der Edition eines teilweise sinnentstellend fehlerhaften Textes Stellung. Er mußte sich nämlich mit dem Umstand auseinandersetzen, daß der Übersetzer der griechischen Novellen in das Lateinische von einem anderen Text als dem der Sammlung der 168 Novellen ausging und er den Text außerdem teilweise offenbar nicht gut verstanden oder es beim Kata poda belassen hatte.[53] Hier entschied HEIMBACH, daß es auf die Wiederherstellung des Originals mit seinen Fehlern ankommen müsse. Die „besseren Lesarten“ waren für HEIMBACH gerade

---

51 UB Marburg, Ms. 925/1125; Hervorhebung im Original.

52 Vgl. ferner A. BRINZ, Lehrbuch der Pandekten, Bd. 1, 3. Aufl. (1884), S. 23.

53 Vgl. F. J. ANDRÉS, Art. Gustav Ernst Heimbach (Fn. 12), S. 239. Für die Erforschung dieser Fälle vgl. D. HOLWERDA, Fouten in het Authenticum, in: R. FEENSTRA/J. H. A. LOKIN/N. VAN DER WAL (Hg.), Flores Legum H. J. Scheltema oblati (1971), S. 115-119.

die, die aus „Mißverständnis des Griechischen“ entstanden sind und eben dadurch ihre Ursprünglichkeit offenbaren.

2. Die Einstellung zu früheren Bemühungen um den Text

Das kennzeichnete auch HEIMBACHs Standpunkt mit Rücksicht auf die Bemühungen früherer Bearbeiter um eine Rekonstruktion des Textes. Zunächst einmal kam es HEIMBACH nämlich nicht auf den Text der Bologneser Rezension an. Die Glossatoren hatten sich um eine Bereinigung des Vulgattextes bemüht. Sie waren nämlich überwiegend[54] davon ausgegangen, daß das Authenticum eine amtliche Sammlung des byzantinischen Rechts, eine offizielle Version der Novellen für die Anwendung in Italien gewesen sei.[55] Aufgrund des vermuteten offiziellen Charakters wurde der Text als Authenticum oder liber Authenticorum bezeichnet.[56] Damit ging die Vorstellung einher, daß der offizielle Text in einem bestimmten, korrekten Originalwortlaut wiederhergestellt werden könne.[57] Mit diesem Ziel wurde der überlieferte Text des Authenticum wie die anderen Teile des Corpus iuris rezensiert und dabei zahlreiche Mängel ausgebessert.[58] Insbesondere wurden Gräzismen beseitigt.

Die Humanisten mußten dann bereits zwischen einerseits den handschriftlichen Zeugnissen der alten lateinischen Übersetzung aus dem 6. Jahrhundert und deren Entwicklungsstufen mit ihren jeweiligen Mängeln, sprachlichen Eigenarten und Gräzismen, und andererseits der durch die Glossatoren bereinigten Fassung derselben unterscheiden. Der überarbeitete lateinische Novellentext wurde nun öfters als versio vulgata bezeichnet. Die erste Druckausgabe erschien 1476.[59] Gregor HALOANDER legte 1531 eine (unvollständige) Ausgabe aufgrund der Sammlung der 168 Novellen vor, in der griechischer Text und lateinische Fassung in separaten Teilen abgedruckt waren, und löste sich von der lateinischen Überlieferung im Interesse einer lesbaren Textfassung.[60] Demgegenüber versuchte der humanistische

---

54 Irnerius hatte dies jedenfalls zeitweise bezweifelt; vgl. F. C. v. SAVIGNY, Geschichte des Römischen Rechts im Mittelalter (Fn. 35), Bd. 3, S. 491 ff.

55 Vgl. L. WENGER, Die Quellen des römischen Rechts (1953), S. 670 mit Nachweisen.

56 Vgl. statt aller L. WENGER, Quellen (Fn. 55), S. 670.

57 H. LANGE, Römisches Recht, S. 83.

58 H. LANGE, Römisches Recht, S. 84.

59 Vgl. F. A. BIENER, Geschichte der Novellen (Fn. 19), S. 322.

60 Νεαρῶν Ἰουστινιανοῦ βασιλέως, τῶν ἐν τῷ νῦν εὑρισκομένων, καὶ ὡς εὑρίσκονται, βιβλίον (...) Novellarum constitutionum Dn. Iustiniani principis, quae exstant, et ut exstant, volumen (...) Gregorio Haloandro interprete (...) Norembergae 1531. Vgl. R. STINTZING, Geschichte der Deutschen Rechtswissenschaft, Bd. 1 (1880), S. 197-199; DERS. (Hg.), Georg

Byzantinist Antoine LE CONTE[61] 1559 erstmals, in Orientierung am griechischen Novellen-Text gegenüber der Bologneser Fassung die alte gräzisierende Übersetzung wiederherzustellen. Auch bei LE CONTE entstand also, wenn auch aus anderen Gründen als bei HALOANDER, ein lateinischer Novellentext, der sich von demjenigen, den die Glossatoren benutzt hatten, erheblich unterschied. Dieser blieb dann allerdings in der Fassung der Ausgabe von 1571 für die nachfolgenden Jahrhunderte im wesentlichen maßgebend.[62] Für HEIMBACH bildete er ein wichtiges Arbeitsinstrument.

3. Grundsätze der Editionsarbeit Heimbachs

Die im Hochmittelalter entwickelte Vorstellung vom Authenticum als ursprünglich offizieller Novellensammlung war in der Neuzeit überwiegend aufgegeben worden; nur wenige Gelehrte vertraten noch diesen Standpunkt.[63] Auch Heimbach ging nicht von einem anfänglich offiziellen Text aus und widersprach damit einer wichtigen Grundannahme der Glossatoren.[64] Er bekannte sich zu der Absicht, hinter die Textfassung der norditalienischen Juristen zurückzugelangen, aber auf einem anderen Wege als dem, den die Humanisten beschritten hatten. Eine ausführliche Darstellung der Editionsgrundsätze entwickelte HEIMBACH in der seiner Authenticum-Ausgabe vorangestellten, an den Dedikanden SAVIGNY gerichteten Vorrede.[65] Bei der Erörterung geht er zunächst auf seine Bemühungen um die

---

Tanners Briefe an Bonifacius und Basilius Amerbach 1554-1567. Ein Beitrag zur Geschichte der Novellen-Editionen (1879), S. 3.

61 Über LE CONTE (Antonius Contius, 1517-1686) vgl. E. HOLTHÖFER, Art. Le Conte (Contius), Antoine, in: M. STOLLEIS (Hg.), Juristen. Ein biographisches Lexikon (1995), S. 372 f.

62 Vgl. SCHÖLL/KROLL, Novellae (Fn. 24), Praefatio S. XVI sowie H. E. TROJE, Graeca leguntur, S. 68 f.

63 Sie wurde von dem Byzantinisten K. E. ZACHARIAE 1882 wieder aufgenommen; Zur Geschichte des Authenticum und der Epitome Novellarum des Antecessor Julianus (1882), in: K. E. ZACHARIAE VON LINGENTHAL, Kleine Schriften zur römischen und byzantinischen Rechtsgeschichte, Bd. 2 (1973), S. 117-127 (119); zur Zustimmung neigen O. KARLOWA, Römische Rechtsgeschichte Bd. 1 (1885), S. 1021 und jetzt E. CORTESE, Il diritto nella storia medievale (Fn. 6), S. 107. Vgl. WENGER, Quellen (Fn. 55), S. 670 sowie A. M. BARTOLETTI COLOMBO, Introduzione, in: Legum Iustiniani Imperatoris Vocabularium. Novellae. Pars latina, I. G. Archi moderante curavit A. M. Bartoletti Colombo, Tomus I (1975), S. VII-XVIII (XII) mit weiteren Nachweisen.

64 F. J. ANDRÉS, Art. Gustav Ernst Heimbach (Fn. 12), S. 238 f.

65 G. E. HEIMBACH, Authenticum, Bd. 1 (Fn. 24), Praefatio, S. V-XII. In seinem Dankschreiben vom 27.8.1846 erklärte sich SAVIGNY „mit den in der Zueignung ausgesprochenen kritischen Grundsätzen ... vollkommen einverstanden“ (Briefabschrift durch A. Stoll; UB Marburg Ms. 925/1127). Allgemeines Lob der Heimbach-Ausgabe von seiten SAVIGNYs noch in der Vorbemerkung des Neuabdrucks der Abhandlung „Beitrag zur Geschichte des lateinischen Novellentextes“ (Fn. 25).

Herleitung des vermuteten Ursprungstextes aus der handschriftlichen Überlieferung ein:

> „Bei den einzelnen, genau zu untersuchenden Worten des Textes war nicht der Bologneser Rezension zu folgen, die die der Glossatoren war, sondern die zu lesenden Spuren waren die jener ältesten Lesart, deren Beispiele hauptsächlich in der Wiener, der Münchner,[66] der Berliner,[67] der Klosterneuburger Handschrift[68] und der von Pistoia[69] Ausdruck gefunden haben, weil besonders aus den Lücken, die in diesen Büchern an denselben Stellen und denselben Worten wiederkehren, aus bestimmten Korruptelen gewisser Stellen, die ebendort gleichermaßen zu finden sind, schließlich aus der Ähnlichkeit von Scholien, die überall in den Kontext des Werkes eingefügt worden sind, leicht feststeht, daß diese Abschriften, mit denen wir umgehen, alle auf einen einzigen, ziemlich lückenhaften Archetypus zurückgehen. Wenn daher, was ich nicht bezweifele, die Lesart des Manuskripts, auf das die anderen alle zurückgehen, überall zu erforschen oder aus unsicheren Spuren handgeschriebener Kodizes hervorzubringen war, seht Ihr selbst, daß diese Unternehmung gleichsam ein Werk der Divination gewesen ist, bei dem auch dem Verständigsten leicht ein Irrtum unterlaufen kann. Aber man kann bis zu einem bestimmten Punkt gelangen, wie der überaus weise Dichter sagt, wenn auch mehr nicht möglich ist.[70] Das aber freut mich jedenfalls sehr, daß ich bei meiner Unternehmung bei weitem den größten Teil der Korruptelen und Glossen, die im Text der Bologneser Lesart aufzufinden sind, aufzeigen und die Quelle und Herkunft dieser Korruptel und Interpolation offenlegen konnte."[71]

Durch die Konzentration auf die handschriftliche Überlieferung sah sich HEIMBACH also imstande, sich von der Textfassung der humanistischen Drucke zu lösen, in

---

66 S. Fn. 27.

67 Cod. Berolinensis Lat. 271; vgl. G. E. HEIMBACH, Authenticum (Fn. 24), Bd. 1, Prolegomena, S. LXXIII-LXXVII; SCHÖLL/KROLL, Novellae (Fn. 24), Praefatio, S. XIV; G. DOLEZALEK, Verzeichnis (Fn. 25), Bd. 1 (1972), s.v. Berlin SB West, lat. fol. 271.

68 S. Fn. 29.

69 S. Fn. 24.

70 (...) Itaque si, quod non dubito, huius, unde reliqui libri prodierunt ad unum omnes, exemplaris lectio ubique anquirenda vel ex incertis codicum manu exaratorum vestigiis protrahenda fuit, ipse vides, in his rebus expediendis quasi quadam divinatione opus fuisse, in quo genere vel prudentissimus quisque facile in errorem induci queat. Sed est aliquo prodire tenus, ut ait sapientissimus poeta, si non datur ultra. (...) HEIMBACH bezieht sich auf Horaz, *epistulae* 1,1,32: *est quadam prodire tenus, si non datur ultra.*

71 G. E. HEIMBACH, Authenticum, Bd. 1 (Fn. 24), Praefatio, S. VII.

denen überdies noch manche Textverbesserung der Glossatoren tradiert worden war.

Mit Rücksicht auf die lateinischen Novellen strebte HEIMBACH an, den Text einerseits von den Glossen, Interpretationen und Konjekturen der Bologneser Schule zu befreien, andererseits aber auch von den Eingriffen einiger „neuester Herausgeber" (novissimi quidam editores), bei denen HEIMBACH die Vorstellung beobachtete, daß die Novellen gewöhnlich eine bestimmte justinianische Ausdrucksweise befolgten.[72] Mit der Kritik an den „neuesten Herausgebern" bezog sich HEIMBACH auf seine unmittelbaren Vorgänger als Editoren des Textes, also insbesondere auf BECK (1837) und OSENBRÜGGEN (1840).

Johann BECKs Ausgabe[73] hatte insoweit einen Fortschritt bedeutet, als er die von SAVIGNY entdeckte Wiener Handschrift erstmals zum Zwecke einer Textausgabe nutzen konnte.[74] Diese Edition enthält, abgedruckt in jeweils eigenen Abschnitten, die griechischen Novellen mit einer unterschiedslos fortlaufenden Übersetzung, die dort, wo es ein lateinisches Äquivalent im Authenticum gibt, dies zwar angibt, aber gleichwohl am Text der griechischen Novellensammlung orientiert ist. Der lateinische Text steht in der Tradition der versio vulgata und wird nicht unmittelbar auf Handschriften zurückgeführt.[75] Mit der Schaffung eines insoweit „unhistorischen" lateinischen Textes im Interesse der Edition der griechischen Novellensammlung wurde das Interesse am Authenticum zurückgestellt. Dies war Konsequenz der Orientierung BECKs an einer Forderung BIENERs, eine künftige Edition müsse zwar den Bestand an lateinischen Novellen und alten Übersetzungen aus der handschriftlichen Überlieferung erarbeiten; im übrigen sei es aber „gleichgültig", ob man die Contius-Übersetzung oder eine jüngere mit den gebotenen Verbesserungen verwende.[76] Der griechische Text verfügt bei BECK ebensowenig über einen kritischen Apparat wie der lateinische.

Die Novellenausgabe Eduard OSENBRÜGGENs bildet einen der wichtigsten Erträge der dem römischen Recht gewidmeten Schaffensphase des Editors. OSENBRÜGGEN hatte den Text seit November 1837 im Rahmen der zusammen mit den Brüdern KRIEGEL und Emil HERMANN verantworteten Corpus-iuris-Ausgabe

---

72 G. E. HEIMBACH, Authenticum, Bd. 1 (Fn. 24), Praefatio, S. VIII.

73 Corpus iuris civilis. Editio stereotypa ex officina Caroli Tauchnitii cura D. Ioannis Ludovici Guilielmi BECK, Vol. II. Lipsiae 1837.

74 TROJE, Graeca leguntur, S. 69.

75 BECK hatte gegenüber Savigny am 14.3.1831 angekündigt: „Die Novellen werden, wie Sie in Ihren frühern gütigen Mittheilungen als nothwendig andeuteten, als zwei abgesonderte Sammlungen erscheinen, und ein Probeblatt des Drucks habe ich Bienern bereits zugeschickt." (Marburg Ms. 925/102).

76 F. A. BIENER, Geschichte der Novellen (Fn. 19), S. 430.

herausgegeben.[77] Er hatte den Text der Editionen vor LE CONTE zugrundelegen wollen, und zur Begründung ausgeführt, daß dieser in Deutschland rezipiert worden sei und nicht derjenige von LE CONTE und dessen Nachfolgern.[78] OSENBRÜGGENs Ausgabe verfügt immerhin über einen – wenn auch bescheidenen – Apparat.

Gegenüber diesen nur wenige Jahre zuvor erschienenen Ausgaben führte die Arbeit HEIMBACHs im Hinblick auf die Untersuchung der handschriftlichen Überlieferung zu bedeutenden Fortschritten.[79] Bei seiner Edition kann man erstmals von einer kritischen Ausgabe sprechen.[80] Von der Tiefe der Auseinandersetzung mit dem Text und dem Reichtum an wissenschaftlichen Erträgen legen 703 Seiten Prolegomena Zeugnis ab. BECK hatte demgegenüber überhaupt keine editorische Einführung, OSENBRÜGGEN lediglich eine vergleichsweise knappe geliefert.

Besondere Schwierigkeiten ergeben sich – ebenso wie für die anderen Herausgeber – auch für HEIMBACH bei den ins Lateinische übersetzten, ursprünglich griechischen Novellen. HEIMBACH wendet sich insoweit gegen das schon bei LE CONTE und nun bei BECK beobachtete Verfahren, die Defizite des ins Lateinische übersetzten Textes mit Rücksicht auf den in der Sammlung der 168 Novellen überlieferten griechischen Text zu verbessern, und so gewissermaßen eine korrigierte Fassung der ursprünglichen Übersetzung herzustellen. Er meint, dies verbiete sich einerseits, weil der griechische Ausgangstext nicht identisch mit dem Text der 168 Novellen ist, andererseits, weil man über den Ursprungstext nicht – modern gesprochen: durch „Hyperkritik" – hinausgehen dürfe. HEIMBACH will vielmehr aufgrund textkritischer Analyse aus den Zeugnissen der ältesten Handschriften herausarbeiten, welchen griechischen Wortlaut der alte Übersetzer vor Augen hatte:

> „Wo dies einmal feststeht, dürfen die evidenten Irrtümer des Übersetzers nicht, wie jene [scil. Le Conte, Beck u.a.] es tun, aus dem Text jenes Buches getilgt, sondern sie müssen vielmehr dort belassen werden."[81]

In der Vorrede zu seiner Ausgabe erklärt HEIMBACH anschließend sein Verfahren, die aufgedeckten Mängel im kritischen Apparat offenzulegen und zu erklären. Wenn

---

77 Corpus iuris civilis recognosci brevibusque adnotationibus criticis instrui coeptum a D. Alberto et D. Mauritio fratribus Kriegeliis continuatum cura D. Aemilii HERMANNi absolutum studio D. Eduardi OSENBRÜGGEN. Editio stereotypa. Opus uno volumine absolutum. Pars tertia Novellas et reliqua continens. Lipsiae 1840. Vgl. den Brief OSENBRÜGGENs an Savigny vom November 1837, der die Sendung der ersten Lieferung begleitete (UB Marburg Ms. 925/1445).

78 Vgl. die OSENBRÜGGEN-Ausgabe (Fn. 77), Praefatio, S. V und TROJE, Graeca leguntur, S. 65. Der auf LE CONTE zurückgehende Text wurde insbesondere durch die wirkungsmächtigen, von Dionysius Gothofredus verantworteten Ausgaben tradiert.

79 M. CONRAT, Geschichte, S. 133, Fn. 5.

80 SCHÖLL/KROLL, Novellae (Fn. 24), Praefatio, S. XVI.

81 G. E. HEIMBACH, Authenticum, Bd. 1 (Fn. 24), Praefatio, S. VIII f.

der Übersetzer einer anderen Vorlage als dem überlieferten griechischen Novellentext gefolgt sei, dann dürfe das nicht stillschweigend übergangen werden. HEIMBACH erklärt, er habe vielmehr fortlaufend dem aus den Handschriften herausgearbeiteten Text zur Seite gestellt, was die Aussage und der Zusammenhang des griechischen Textes gewesen sei, den der alte Übersetzer ins Lateinische übertragen habe.[82]

Dies äußert sich auch im Detail. Beispiele liefern Stellen, in denen die Vulgata Reste des griechischen Textes konserviert. In einzelnen Fällen wurde das Kata-poda-Verfahren nämlich so weit getrieben, daß die Übertragung sogar nicht nur „Wort für Wort" erfolgte, sondern „Laut für Laut". Dies führte zu dem Versuch, griechische Ausdrücke in scheinbar „lateinische" Worte mit ähnlich aussehenden Buchstaben zu übertragen. In Auth. 124 (entspr. Coll. CLXVIII Novv. 146) cap. 3 ist das griechische ἀναγκαιότερα mit *necessariora* übersetzt, gleichwohl aber in den lateinischen Text hineingeraten: Die Handschriften überliefern „*anarheotepa*" bzw. ähnliche Formen, die äußerlich an das griechische Schriftbild erinnern.[83] SCHELTEMA hat überzeugend vermutet, daß der jeweilige Kopist geglaubt habe, es mit einem lateinischen Wort zu tun zu haben.[84] In der Tradition der Glosse hatten ältere Ausgaben hier nach einem freier vermuteten Sinn ausgerichtete Verbesserungsversuche enthalten: „*in hoc ipso quod est omnium* καιριώτατον *peccantes*".[85] Noch OSENBRÜGGEN hatte sich dem angeschlossen. HEIMBACH gibt nun in Auth. 124 cap. 3 den Text „*et de hoc ipso omnium* ἀναγκαιότερα *necessariora peccantibus*" wieder, und erhält so den „Mangel". SCHÖLL und KROLL wiederum bewahren den Ausdruck gleichfalls, kennzeichnen ihn aber immerhin als eingeschaltet, und überlassen dem Leser, daraus die richtigen Schlüsse zu ziehen.[86] Der Text dieser Ausgabe soll sich insoweit von den „Mängeln" der Überlieferung abheben.

Im übrigen kann angesichts der Unvollkommenheiten des auf die Kata-poda-Übertragung zurückgehenden Textes in vielen Fällen durchaus ermittelt werden, was dem Übersetzer vor Augen stand. Wenn HEIMBACH auch dieses erforschte, diente das der Texterschließung. Insoweit können Angaben im Apparat über den – griechischen oder bereits übersetzten – Text, der dem Verfasser vorlag, sinnvoll sein, damit die Entstehung der sprachlichen Eigenwilligkeiten und sogar der Fehler verstanden werden kann. Im Hinblick auf die aus dem Griechischen ins Lateinische

---

82 G. E. HEIMBACH, Authenticum, Bd. 1 (Fn. 24), Praefatio, S. IX.

83 Vgl. den Cod. Mon. Lat. 3509: *omnium anarheotepa necciora.*

84 Vgl. H. J. SCHELTEMA, L'enseignement de droit des antécesseurs (Fn. 4), S. 55; DERS., Subseciva, in: TR 31 (1963), S. 275-284 (276).

85 Vgl. Volumen Legum Quod Parvum vocant: In quo haec insunt Tres posteriores libri Codicis D. Iustiniani Sacratiss. Principis (...) Authenticae seu Novellae constitutiones (...) Cum commentariis Accursii, & Scholiis Antonii Contii (...) Lugduni 1612. Im Contius-Text wird der offenbar rekonstruierte Wortlaut damit erklärt, daß der Text den griechischen Ausdruck für *opportunissimum & praestantissimum* enthalten habe.

86 Vgl. SCHÖLL/KROLL, Novellae (Fn. 24).

übersetzten Novellen versuchte HEIMBACH also, aus dem Text Rückschlüsse darauf zu ziehen, welchen Text der Übersetzer hatte übersetzen wollen. So lautet z. b. Auth. 34 cap. 2 § 3: *abundantia vulnera et plagas alterutris ultra mensuram dabunt*, während der überlieferte griechische Text der Novelle 105 an dieser Stelle (anders als wenige Zeilen zuvor) nur die πληγὰς nennt. Zur Erklärung äußert HEIMBACH die Vermutung, der Übersetzer habe beide Bedeutungen von ἡ πληγή – „Wunde“ und „Schlag“ – erhalten wollen und sich darum zur Doppelübersetzung *vulnera et plagas* entschlossen.[87] Die diesbezüglich gewonnenen Erkenntnisse gehörten für HEIMBACH in den Anmerkungsapparat. Im übrigen ist die Erörterung der „Fehler“ der Textausgabe vorgeschaltet: Die Edition enthält im Rahmen der Prolegomena fast 400 Seiten mit einer Aufzählung der Irrtümer und sonstiger spezifischer Merkmale, die die Übersetzung aufweist.[88]

Bei seiner Wiederherstellung des Textes profitierte HEIMBACH offenbar von dem Einfluß zweier der bedeutendsten Philologen ihrer Zeit, nämlich von Richard BENTLEY, dem Cambridger Spezialisten für lateinische Dichtung, und von Gottfried HERMANN, dem zur gleichen Zeit wie HEIMBACH in Leipzig wirkenden Gräzisten. Einige Jahre zuvor hatte sich HEIMBACH in anderem Zusammenhang zu den beiden Gelehrten als Vorbildern bekannt:

> „Es ist die nach Bentley's Vorgange besonders von Hermann in Schwung gebrachte Behandlungsweise der Philologie, von der vornehmlich auch für Römische Jurisprudenz sich viel Neues erwarten lässt.“[89]

Die methodische Tradition, in die sich HEIMBACH mit seiner Editionsarbeit begab, war außerordentlich fruchtbar. Auch LACHMANN, mit dessen methodischen Neuerungen die aus dem 19. Jahrhundert stammende, moderne Textkritik maßgeblich identifiziert wird, hatte bei HERMANN studiert. Daneben blieb, auch wenn man in Rechnung stellt, daß LACHMANN sich seine methodischen Grundsätze zu einem erheblichen Anteil selbst erarbeitete, bei ihm Raum für die Rezeption

---

[87] Auch H. J. SCHELTEMA, Subseciva, in: TR 31 (1963), S. 275-284 (278) vermutet hier ein Beispiel für eine Doppelübersetzung. ZACHARIAE dagegen ergänzt mit Rücksicht auf den Authenticum-Text *traumata*: Coll. CLXVIII Novv. 105 cap. 2 § 3: εἰ δ᾽ μέτριον ᾖ τὸ ῥιπτόμενον, οὐ σφόδρα φιλονεικήσουσιν οὐδ᾽ τὸ τοῦ πόρου προσδοκῶντες ἄφθονον <τραύματα ins. Zach.> καὶ πληγὰς ἀλλήλοις ὑπ᾽ρ μέτρον παρέξουσιν.

[88] G. E. HEIMBACH, Authenticum, Bd. 1 (Fn. 24), Prolegomena, S. CLXXIV-CCCCXXXVII.

[89] G. E. HEIMBACH, Ueber Ulpians Fragmente. Eine kritische Abhandlung (1834), S. 3. HEIMBACH bezeichnet Hermann auf dem Vorsatzblatt der Schrift als seinen „hochverehrten Lehrer“. Für den Zusammenhang vgl. M. AVENARIUS, Liber singularis (Fn. 42), S. 46, Fn. 63.

weiterer wichtiger Vorarbeiten. Hier wiederum stand das Werk BENTLEYs im Vordergrund, der sogar als LACHMANNs „wahrer Lehrer“ bezeichnet worden ist.[90]

Sowohl BENTLEY als auch HERMANN hatten sich gerade durch eine rekonstruktive Textphilologie hervorgetan.[91] Dieselbe Arbeitsweise kam HEIMBACH bei seinem Nachvollzug der Arbeit des alten Übersetzers zugute. Wohl nicht zufällig berichtet HEIMBACH, es habe sich für ihn um ein Werk der Divination gehandelt.[92] Immerhin hatte HEIMBACH, wie seine Bemerkungen in der Einleitung zur Edition zeigen, die Grenzen dieses Verfahrens erkannt.

III. Heimbachs Editionsarbeit im Spiegel der Kritik

HEIMBACHs Edition ist mit unterschiedlichen, teilweise sogar einander entgegengesetzten Argumenten kritisiert worden. Im Widerspruch zu HEIMBACHs Ausführungen über seine Methode und zu seinem Erkenntnisinteresse hat KRÜGER bemängelt, die Ausgabe enthalte nicht den ursprünglichen, sondern den durch die Glossatoren lesbarer gemachten Text.[93] Auch LANGE meint, HEIMBACHs Ausgabe gebe nicht den mutmaßlichen Urtext, sondern weitgehend den durch die Bologneser Rezension verbesserten Text wieder.[94]

Wir werden sehen, daß diese Vorstellung HEIMBACHs Leistung nicht gerecht wird. Dem Vorwurf, HEIMBACH gebe weitgehend nur den Text der Bologneser Rezension wieder, muß entgegengehalten werden, daß er den Text der Glossatoren an einer ausgezeichneten handschriftlichen Überlieferung abgleichen konnte. Dies versetzte ihn in die Lage, zwischen der Glossatorenfassung und der alten, als „ursprünglich“ vermuteten Übersetzung zu differenzieren. Bearbeitungen der Texte durch die Glossatoren waren ihm dadurch klar erkennbar. Was HEIMBACH insoweit den Glossatoren zuschrieb, kennzeichnete er entsprechend im Apparat, ebenso wie die Varianten der humanistischen und jüngeren Ausgaben.

---

90 Vgl. P. F. GANZ, Lachmann as an Editor of Middle High German Texts, in: P. F. GANZ/W. SCHRÖDER (Hg.), Probleme mittelalterlicher Überlieferung und Textkritik (1968), S. 12-30 (15): „His real teacher was Richard Bentley, whom he had read carefully and critically in those years".

91 Vgl. A. GRAFTON, The Footnote (1997), S. 87 ff. und 111 f. Das Verfahren des Nachvollzugs im eigentlichen Sinne hatte besonders bei Bentley zu Ergebnissen geführt, die später als inakzeptabel beurteilt worden sind. Er hatte bekanntlich Miltons „Paradise Lost“ dahingehend berichtigt, wie Milton hätte schreiben *sollen*.

92 G. E. HEIMBACH, Authenticum, Bd. 1 (Fn. 24), Praefatio, S. VII; vgl. Fn. 70.

93 P. KRÜGER, Geschichte der Quellen (Fn. 6), S. 437, Fn. 15; ähnlich hat VERING angenommen, Heimbach habe das Authenticum „der Glossatoren“ ediert; Geschichte und Pandekten des römischen und heutigen gemeinen Privatrechts, 4. Aufl. (1875), S. 72, Fn. 8.

94 H. LANGE, Römisches Recht, S. 85.

KROLL wiederum hat Heimbach vorgeworfen, dieser habe den auf LE CONTE zurückgehenden Text fast übernommen.[95] Da dieser keine selbständige Autorität mehr hatte, habe HEIMBACH die handschriftliche Überlieferung zur Grundlage der Textrezension machen wollen. Dabei seien ihm aber viele Fehler unterlaufen, und auch bei der Emendation habe sich HEIMBACH kaum ausgezeichnet. KROLL hat immerhin mit Recht anerkannt, daß man HEIMBACH die Schwierigkeiten einer editio princeps zugute halten muß, die sich auch dann ergeben, wenn es zwar Editionen, aber noch keine solchen gibt, die nach der historisch-kritischen Methode erarbeitet sind. Erfahrungsgemäß enthalten Erstausgaben insoweit leicht bestimmte typische Mängel, als sie noch nicht durch die kritischen Hinweise der Fachöffentlichkeit haben verbessert werden können.

Im übrigen kann HEIMBACHs Leistung nur angemessen gewürdigt werden, wenn man beachtet, daß die historisch-kritische Methode der Editionsphilologie in den 1840er Jahren eben noch in den Anfängen steckte. Die „Reifezeit der Editionstechnik", aus der die Novellenausgabe von SCHÖLL und KROLL hervorgegangen ist, konnte bereits von einer ungleich reicheren Erfahrung profitieren.[96] Demgegenüber hat sich in HEIMBACHs Werk in besonderer Weise die Entwicklung der frühen modernen Editionsphilologie niedergeschlagen.

IV. Die Bedeutung der Heimbach-Ausgabe aus heutiger Sicht

Eine Bewertung der Heimbach-Ausgabe aus heutiger Sicht muß berücksichtigen, daß das Authenticum – ganz unabhängig von der Frage, ob von einer bestimmten Ursprungsfassung ausgegangen werden darf oder von mehreren zugrundeliegenden Übersetzungen[97] – jedenfalls im Mittelalter in verschiedener Gestalt auftrat. Die Forschung ist heute sehr viel mehr als früher dafür sensibilisiert, daß es in der Wahrnehmung offenbar niemals nur eine einzige Fassung der Novellenvulgata gegeben hat, und zwar weder mit Rücksicht auf die Zahl noch auf die Reihenfolge noch schließlich auf den genauen Wortlaut der einzelnen Novellen.[98] Wenn man also eines aus der langen Editionsgeschichte lernen kann, dann, daß es „das Authenticum" nicht gibt. Es gibt vielmehr eine auf die alte Übersetzung zurückgehende Überlieferung in verschiedenen Fassungen. Das kommt bei mittelalterlichen Texten nicht selten vor. Aus diesem Grunde ist in der Mediävistik Kritik an dem Versuch laut geworden, LACHMANNs kritische Methode auf

95 SCHÖLL/KROLL, Novellae (Fn. 24), Praefatio, S. XVI.

96 Vgl. P. PIELER, Rechtsliteratur (Fn. 3), S. 323.

97 Vgl. W. KAISER, Epitome Iuliani (Fn. 2), S. 365 f. mit Nachweisen.

98 H. E. TROJE, Graeca leguntur, S. 63 f.

mittelalterliche Texte zu übertragen und hier von einem Archetypus auszugehen.[99] Insoweit bemängelt man diese Form der Rekonstruktion und die von ihr vorausgesetzte Vermutung, daß den Texten in der jeweils handschriftlich überlieferten Fassung keine Authentizität zukomme. Hier wird eine Rückbesinnung auf die Überlieferung gefordert und nach dem Prinzip der Leithandschrift ediert: Man geht von einer Handschrift aus, die dann behutsam im Einzelfall kritisiert wird. Gegebenenfalls wird sogar die Darstellung mehrerer Fassungen gefordert. Ziel einer solchen „überlieferungskritischen" Edition ist die Bereitstellung eines „historischen" Textes, also einer solchen Textfassung, die nachweisbar gelesen und rezipiert wurde.[100] Der Gedanke der Orientierung am rezipierten Text war, wie wir gesehen haben, schon bei OSENBRÜGGEN aufgetreten, der damit begründet hatte, daß er den von den Glossatoren benutzten Text demjenigen der humanistischen Ausgaben vorzog.[101] Auch der Standpunkt, daß man gerade im Falle des Authenticum statt der Rekonstruktion einer vermuteten früheren Fassung des Textes eine der erhaltenen Handschriften hätte edieren können, ist bereits im 19. Jahrhundert geäußert worden.[102]

HEIMBACH ist diesen Weg nicht gegangen. Gleichwohl hat seine Edition bis heute spezifische Bedeutung, nämlich auf dem Gebiet der Erforschung des römischen Rechts im Mittelalter. Insoweit ist die Ausgabe nicht durch die Novellenedition von SCHÖLL und KROLL ersetzt worden.[103] Bei diesem Werk handelt es sich bekanntlich um eine integrierte Edition der Novellensammlungen mit dem Ziel, den Inbegriff der Justinianischen Novellen zusammenzustellen. Dabei kommt der von SCHÖLL und KROLL edierte Authenticum-Text dem der

---

99 Lachmann selbst hatte das auch nicht getan, sondern den Schwerpunkt seines Vorgehens von der stemmatischen Methode auf eine nach freieren Prinzipien ausgerichtete Bewertung der jeweiligen handschriftlichen Überlieferung hin verlagert. Vgl. P. F. GANZ, Lachmann as an Editor of Middle High German Texts (Fn. 90), S. 12-30 sowie B. CERQUIGLINI, In Praise of the Variant. A Critical History of Philology (1999), S. 52: „Lachmann as a medievalist was far from Lachmannian".

100 H. KRAFT, Editionsphilologie, 2. Aufl. (2001), S. 47; vgl. K. RUH, Votum für eine überlieferungskritische Editionspraxis, in: L. HÖDL/D. WUTTKE (Hg.), Probleme der Edition mittel- und neulateinischer Texte (1978), S. 35-40 (36).

Der französische Sprachwissenschaftler B. CERQUIGLINI hat den Unterschied zwischen der Überlieferung mittelalterlicher und antiker Texte hervorgehoben und darauf hingewiesen, daß die konventionelle Methode der Textkritik nicht ohne weiteres übertragen werden könne. Die mittelalterliche Literatur sei durch Textvarianten gekennzeichnet gewesen; auf einen Urtext und die buchstabengenaue Wiedergabe einer Vorlage sei es ihr in der Regel nicht angekommen. Vgl. B. CERQUIGLINI, In Praise of the Variant (Fn. 99), S. 33 ff.

101 Daß die Abweichungen humanistischer Ausgaben vom überlieferten Text keineswegs nur auf spezifische Zielsetzungen und Arbeitsvorstellungen zurückzuführen waren, sondern daß vielmehr die praktischen Umstände der Handschriftensichtung Raum für eine Vielzahl zufallsbedingter Abweichungen bot, beschreibt R. v. STINTZING (Hg.), Georg Tanners Briefe (Fn. 60), S. 3-16.

102 Vgl. A. BRINZ, Lehrbuch der Pandekten, Bd. 1 (Fn. 52), S. 23.

103 In diesem Sinne F. J. ANDRÉS, Art. Gustav Ernst Heimbach (Fn. 12), S. 239. Abweichend offenbar G. SCHERILLO, Art. Authenticum (Fn. 5), Sp. 1551-1553 (1553).

HEIMBACH-Ausgabe relativ nahe.[104] Die Reihenfolge der einzelnen Texte ist allerdings an der Sammlung der 168 Novellen orientiert und damit umgestellt.[105] Im übrigen ermitteln SCHÖLL und KROLL nicht den der Übersetzung zugrundeliegenden, griechischen Text, soweit er mit dem Text der 168 Novellen nicht übereinstimmt.[106]

SCHÖLL und KROLL wollten den ursprünglichen Authenticum-Text edieren.[107] Das Ergebnis aber bildet, so nahe es dem HEIMBACH-Text im einzelnen auch kommt, einen Kompromiß, und die Ausgabe gibt jedenfalls im Aufbau keinen historischen Authenticum-Text wieder. Hieraus ergeben sich insbesondere für den Mediävisten Schwierigkeiten, weil dieser mit Rücksicht auf die Wirkungsgeschichte die im Mittelalter als Text kursierende und in ihrem Zusammenhang als authentisch angesehene und rezipierte Sammlung beachten muß.[108] Schon Hermann KANTOROWICZ hat die Ausgabe von SCHÖLL und KROLL mit der Bemerkung kritisiert, hier sei „die Rücksichtslosigkeit gegen die Bedürfnisse des am Mittelalter interessierten Historikers auf die Spitze getrieben“: es fehle sogar das Verzeichnis der Rubriken der Novellen,[109] so daß schon hierfür einer der älteren Drucke herangezogen werden müsse.[110]

Anstatt den lateinischen Novellentext in den Dienst der Erforschung des griechischen Novellentextes zu stellen, erforschte HEIMBACH – was in dieser Form neu war – den lateinischen Novellentext, der Teil der Geschichte des römischen Rechts im westlichen Mittelalter wurde, um seiner selbst willen. In diesem Beitrag zur Profilierung der Geschichte des römischen Rechts im Mittelalter gegenüber der im Altertum dürfte aus heutiger Sicht der wichtigste Beitrag von HEIMBACHs Arbeit am Authenticum liegen.

---

104 Vgl. TROJE, Graeca leguntur, S. 65. Die Herausgeber haben den Text allerdings weitergehend emendiert. So lautet z. B. in Coll. CLXVIII Novv. 84 cap. 1 § 2 der Text ὁμοπατρίους ἢ ὁμομητρίους, während dem in Auth. 85 nur *uterinos* gegenübersteht. SCHELTEMA, Subseciva (ben Fn. 84), S. 278 meint, die Abweichung gehe auf das griechische Vorbild der Übersetzung zurück. HEIMBACH beläßt den überlieferten Text; KROLL (SCHÖLL/KROLL, Novellae [Fn. 24]) fügt (mit Rücksicht auf den Kontext *sachlich* überzeugend) *aut consanguineos* ein.

105 Vgl. G. E. HEIMBACH, Authenticum, Bd. 1 (Fn. 24), Prolegomena, S. DCCIV-DCCIX.

106 Hier kommt es im Schrifttum nicht selten zu Vereinfachungen. Vgl. D. MEDICUS, Art. Novellae, in: Der Kleine Pauly, Bd. 4 (1979), Sp. 172-174 (173), der einer „schlechten“ Übersetzung der griechischen Novellen im Authenticum die „korrekte“ Übersetzung bei SCHÖLL/KROLL gegenüberstellt.

107 SCHÖLL/KROLL, Novellae (Fn. 24), Praefatio, S. XVI.

108 Für Jusitinians Institutionen vgl. M. AVENARIUS, Die Kölner Institutionenhandschrift im Kontext der Rezeptionsgeschichte, in: ders. (Hg.), Die Institutionenhandschrift der Sammlung Wallraf im Historischen Archiv der Stadt Köln (2008), S. 31-51 (35).

109 Vgl. G. E. HEIMBACH, Authenticum, Bd. 1 (Fn. 24), Prolegomena, S. DCCIV ff.

110 H. KANTOROWICZ, Die Allegationen im späteren Mittelalter (1933), in: E. J. H. Schrage (Hg.), Das Römische Recht im Mittelalter (1987), S. 71-88 (84).

Zur Verfassungsgeschichte Altitaliens: Einige Beispiele aus der Magna Graecia*

Loredana Cappelletti, Wien

Ich präsentiere hier einige Überlegungen zur Verfassungsgeschichte der griechischen Kolonien Süditaliens – der sogenannten *Magna Graecia* – von der Zeit ihrer Unabhängigkeit bis zur römischen Herrschaft.

Mein Hauptziel ist, zu untersuchen, welche Veränderungen in den Staatsordnungen von drei griechischen bzw. italiotischen Kolonien durch die römische Herrschaft bewirkt worden sind. Darüber hinaus möchte ich untersuchen, welche Rolle das Zusammentreffen wirtschaftlicher und gesellschaftlicher Ursachen bei diesen Veränderungen gespielt hat.

Magna Graecia in vorrömischer Zeit

A = Archontat
AK = ἀκοαστῆρες
AL = ἁλία
B = βουλά/ή
D = Demarchie
DA = Damiurgia
E = Ephorat
EK = ἐκκλησία
ES = ἔσκλητος
I = ἱερομνάμονες
K = κοσμόπολις
KA = κατάκλητος ἁλία
M = Monarchie

N = νομοφύλακες
O = ὁρισταί
P = Prytanie
PO = πολιανόμοι
POL = πολέμαρχοι
PR = πρόδικοι
S = Strategie
SI = σιταγέρται
SU = σύνκλητος
SUM = σύμβουλοι
T = Tyrannis
TA = die Tausend/ die χίλιοι

---

* Beitrag im Rahmen des FWF-Projekts Nr. P16768-G02 [Zilath, Meddix, Archon. Untersuchungen zu den Magistraten und Institutionen im vorrömischen Italien (7.-1. Jh. v. Chr.)]. Das Projekt betreibe ich seit Dezember 2003 am Institut für Römisches Recht und Antike Rechtsgeschichte der Universität Wien. Für die Durchsicht und Verbesserung des Manuskripts möchte ich meinem lieben Kollegen Prof. H. Heftner herzlich danken.

Eingangs darf ich gleich auf einen wesentlichen Aspekt des Themas verweisen, nämlich den politisch-institutionellen Partikularismus der griechischen Kolonien Süditaliens im Zeitalter ihrer Unabhängigkeit. Die Landkarte zeigt deutlich, welch buntes und heterogenes Bild die Verfassungsordnungen der italiotischen Städte bieten, sowohl bei einer synchron-geographischen Betrachtung, die verschiedene Zentren zur gleichen Zeit ins Auge fasst, als auch bei einer diachronen, die sich Verfassungsänderungen im Zuge der innen- und außenpolitischen Wechselfälle innerhalb ein- und desselben Zentrums widmet. Die geographische Vielfalt der Institutionenwelt in der *Magna Graecia* war im Grunde das Erbe des auch für die Gründergemeinden im griechischen Mutterlande typischen Hanges zum politischen Individualismus. Übertragen bzw. übernommen wurde dabei jedoch nur ein bestimmtes Verhaltensmodell, nicht hingegen konkrete Verfassungsmodelle. In der Mehrzahl entwickelten die Kolonien Institutionen und Magistraturen, die anders, fremdartig und manchmal sogar denen der Mutterstadt markant entgegengesetzt waren. Diese im Wesentlichen eigenständigen Verfassungsentwicklungen der Kolonien, welche offensichtlich von den zum Mutterland divergierenden menschlichen, wirtschaftlichen, sozialen und politisch-historischen Gegebenheiten in der *Magna Graecia* beeinflusst sind, komplizieren die Forschung insofern, als sie die Füllung von Überlieferungslücken durch Rückgriff auf die Verhältnisse der jeweiligen Mutterstädte ausschließen[1].

Aber wie verlief die Entwicklung unter der römischen Herrschaft? Nehmen wir als Ausgangspunkt einen bekannten Passus aus dem sechsten Buch der Geographie des Strabon, des bekannten griechischen Geographen, dessen Wirken in die augusteische Epoche fällt. Dort beschreibt Strabon die Ankunft der griechischen Kolonisten in Süditalien, ihre Expansion und die große Prosperität ihrer Siedlungen und stellt anschließend fest: „Jetzt aber hat es sich so ergeben, dass die Magna Graecia, mit Ausnahme von Tarent, Rhegion und Neapel, ganz und gar barbarisiert ist...". Es folgt ein Hinweis auf die Ausdehnung des römischen Bürgerrechts auf die Griechen und auf die anderen Völkerschaften Süditaliens[2].

---

1 Zu den italiotischen Verfassungen in vorrömischer Epoche s. vor allem F. SARTORI, Problemi di storia costituzionale italiota (1953); DERS., Prodromi di costituzioni miste in città italiote nel secolo V a.C., AIV 131 (1972-1973), S. 617-660 [= dall'Italía all'Italia, I (1993), S. 85-122]; DERS., Riflessioni sui regimi politici in Magna Grecia dopo la caduta di Sibari, PP 28 (1973), S. 117-156 [= Dall'Italía all'Italia, I (1993), S. 47-84]; DERS., Le costituzioni degli stati greci d'Occidente: Cirenaica, Magna Grecia, Sicilia greca, poleis dell'area massaliota, in: G. Pugliese Carratelli (Hg.), I Greci in Occidente (1996), S. 215-222; DERS., Schemi costituzionali nell'Occidente greco, in: C. Antonetti (Hg.), Il dinamismo della colonizzazione greca (1997), S. 43-55; G. CAMASSA, La codificazione delle leggi e le istituzioni politiche delle città greche della Calabria in età arcaica e classica, in: S. Settis (Hg.), Storia della Calabria, I. La Calabria antica (1987), S. 613-656; F. COSTABILE, Constitutions des Poleis Italiotes et Siceliotes, in: G. Thür/J. Vélissaropoulos Karakostas (Hg.), Symposion 1995. Vorträge zur griechischen und hellenistischen Rechtsgeschichte (Korfu, 1.-5. September 1995) (1997), S. 211-219; F. CORDANO, Antiche fondazioni greche, 2. Aufl. (2000), S. 124-137. Zusammenfassend M. LOMBARDO, Poleis e politeiai nel

Strabon möchte hier anscheinend einen generellen Verlust der griechischen Identität in den italiotischen Zentren seiner Zeit zum Ausdruck bringen[3]. Der Geograph gibt auch Gründe dafür, allerdings in einer ein wenig konfusen Form: 1) die Nähe bzw. das Zusammenleben mit den italischen Völkern; 2) die Ausweitung des römischen Bürgerrechts.

Ich möchte mich hier auf den letztgenannten Punkt beschränken. Die Verleihung der *civitas Romana* an alle Völkerschaften des antiken Italiens war das bedeutendste Resultat des Bundesgenossenkrieges (91-88 v.Chr.), jener großen Auseinandersetzung, in der Rom und die anderen Völkerschaften der italischen Halbinsel zum letzten Mal im Kampf gegeneinanderstanden[4].

Mit dem Zugeständnis des Bürgerrechts schuf Rom einen neuen Staat mit einem neuen, im Vergleich zum bisherigen, bei weitem größeren Staatsgebiet, den es nun in wirksamer Weise organisieren und administrieren musste. Das bedeutete im Wesentlichen, dass die Gebiete und Staatswesen der neuen *cives* einer Reorganisation unterzogen wurden: ihre Gemeinden wurden *municipia*, d. h. selbstverwaltete Glieder

---

mondo „coloniale", in: S. Cataldi (Hg.), Poleis e politeiai, Atti del Convegno Internazionale di Storia Greca, Torino 29-31 maggio 2002 (2004), S. 351-367; DERS., Le 'prime democrazie' in Magna Grecia, in: U. Bultrighini (Hg.), Democrazia e antidemocrazia nel mondo greco, Atti del Convegno Internazionale di Studi Chieti, 9-11 aprile 2003 (2005), S. 109-118; L. CAPPELLETTI, Magistrate und politische Institutionen im vorrömischen Italien, in: M. Frass et Alii (Hg.), Akten des 10. Österreichischen Althistorikertages Salzburg, 11.11-13.11.2004 (2006), S. 35-46.

2 Strab., *Geogr.*, 6, 1, 2 C 253: νυνὶ δ῝ πλὴν Τάραντος καὶ Ῥηγίου καὶ Νεαπόλεως ἐκβεβαρβαρῶσθαι συμβέβηκεν ἅπαντα καὶ τὰ μ῝ν Λευκανοὺς καὶ Βρεττίους κατέχειν τὰ δ῝ Καμπανούς, καὶ τούτους λόγῳ, τὸ δ᾽ ἀληθ῝ς Ῥωμαίους; καὶ γὰρ αὐτοὶ Ῥωμαῖοι γεγόνασιν. „Heute dagegen ist es so, dass abgesehen von Taras, Rhegion und Neapolis alles barbarisch geworden ist und im Besitz teils der Lukaner und der Brettier, teils der Kampaner ist – d.h. sie sind dem Namen nach die Besitzer; in Wirklichkeit sind es die Römer; auch selber sind sie ja Römer geworden". [Übers. S. Radt {2003}]. Die Fassung der Bücher V und VI über Italien ist 18 n. Chr. mit Material, welches nur bis 7 n. Chr. gesammelt worden war, zusammengestellt worden. Quelle für Strabon könnte hier der Geograph Artemidoros von Ephesos (s. N. BIFFI, L'Italia di Strabone. Testo, traduzione e commento dei libri V e VI della Geografia [1988], S. XXVIII Fn. 68 u. S. 305 Fn. 24) oder noch wahrscheinlicher Poseidonios (s. M. AMERUOSO, Megále Hellás. Genesi, storia ed estensione del nome [1996], S. 102-104) gewesen sein.

3 Dazu s. A. G. TSOPANAKIS, Postilla sull' ἐκβεβαρβαρῶσθαι di Strabone, PP 37 (1984), S. 139-143 und neulich G. MADDOLI, Il racconto di Strabone, in: Tramonto della Magna Grecia. Magnamque Graeciam, quae nunc quidem deleta est (Cic., Laelius de am., 4, 13), Atti del Convegno di Studi sulla Magna Grecia 44, Taranto 24-28 settembre 2004 (2005), S. 51-76.

4 Über den Bundesgenossenkrieg s. E. GABBA, Rome and Italy: The Social War, in: CAH IX, 2. Aufl. (1994), S. 104-128; H. MOURITSEN, Italian Unification. A Study in ancient and modern Historiography (1998). Zur Bürgerrechtsverleihung (90-88 v. Chr.) s. G. LURASCHI, Sulle ‚leges de civitate' (Iulia, Calpurnia, Plautia Papiria), SDHI 44 (1978), S. 321-370; DERS., La questione della cittadinanza nell'ultimo secolo della Repubblica, in: Res publica e princeps. Vicende politiche, mutamenti istituzionali e ordinamento giuridico da Cesare ad Adriano, Atti del Convegno Internazionale di diritto romano, Copanello 25-27 maggio 1994 (1996), S. 35-99; A. COŞCUN, Zu den Rechtsgrundlagen der römischen Bürgerrechtsvergabe infolge des Bundesgenossenkrieges, RIDA 51, 2004, S. 101-132.

des römischen Staates; die administrative Eigenständigkeit der *municipia* wurde durch die Präsenz von *quattuorviri*, d. h. von einem Kollegium mit vier Magistraten, garantiert. „Munizipalisierung" nennt man diesen Prozess aus römischer Sicht[5].

In der Perspektive der neuen *cives* hingegen, zu denen nun die Italioten gehörten, präsentierte sich dieser selbe Prozess als eine „politisch-institutionelle Romanisierung". „Romanisierung" ist ein recht vielschichtiges Konzept, das in der Fachliteratur dazu verwendet wird, die allmähliche, freiwillige oder erzwungene Angleichung nichtrömischer Völkerschaften an Rom im Bereich der Sprache (Latinisierung), Gesellschaftsstruktur, Wirtschaftsform, Lebensformen (Urbanisierung) und Kultur zu bezeichnen[6]. Unter dem Gesichtspunkt der Institutionengeschichte setzt die Romanisierung bei den nichtrömischen Gemeinden der italischen Halbinsel auf der einen Seite die ursprüngliche Existenz von lokalen Institutionen, auf der anderen die Angleichung dieser lokalen Institutionen an das römische Modell voraus.

---

5 Allgemein zur Schaffung von *municipia* und *coloniae* in Italien von 88 v. Chr. bis zur augusteischen Zeit s. vor allem U. LAFFI, Sull'organizzazione amministrativa dell'Italia dopo la guerra sociale, in: Akten des VI. Internationalen Kongresses für Griechische und Lateinische Epigraphik, München 1972 (1973), S. 37-53 [= Studi di storia romana e di diritto (2001), S. 113-135]; DERS., Colonie e municipi nello Stato romano (2007); E. T. SALMON, The Making of Roman Italy (1982), S. 177-181; E. GABBA, Dallo stato-città allo stato municipale, in: G. Clemente/F. Coarelli/E. Gabba (Hg.), Storia di Roma, 2/1 (1990), S. 697-714; M. H. CRAWFORD, Italy and Rome from Sulla to Augustus, in: CAH X, 2. Aufl. (1996), S. 414-433; DERS., How to create a municipium: Rome and Italy after the Social War, in: M. Austin/J. Harries/C. Smith (Hg.), Modus Operandi. Essays in Honour of J. Rickman (1998), S. 31-46; M. HUMBERT, Municeps et Municipium: définition et histoire, in: L. Capogrossi Colognesi/E. Gabba (Hg.), Gli Statuti Municipali (2006), S. 3-29. Im Besonderen zur Munizipalisierung bzw. Kolonisierung im Bereich der *Magna Graecia* s. F. SARTORI, Problemi (Fn. 1); DERS., Le città italiote dopo la conquista romana, in: La Magna Grecia nell'età romana, Atti del Convegno di Studi sulla Magna Grecia 15, Taranto 1975 (1976), S. 83-137 [= Dall'Italía all'Italia, I, Padova 1993, S. 425-466]; F. COSTABILE, Istituzioni e forme costituzionali nelle città del Bruzio in età romana. Civitates foederatae, coloniae e municipia in Italia meridionale attraverso i documenti epigrafici (1984); G. CAMODECA, L'età romana, in: Storia del Mezzogiorno, I/1. Il Mezzogiorno antico (1991), S. 9-79; K. LOMAS, Rome and the Western Greeks 350 BC-AD 200. Conquest and acculturation in southern Italy (1993), S. 143-160.

6 Zum Begriff „Romanisierung" s. zuletzt G. D. WOOLF, s.v. Romanisierung, DNP 10 (2001), S. 1122-1127; G. ALFÖDY, Romanisation – Grundbegriff oder Fehlbegriff? Überlegungen zum gegenwärtigen Stand der Erforschung von Integrationsprozessen im römischen Weltreich, in: Z. Visy (Hg.), Limes XIX. Proceedings of the XIXth International Congress of Roman Frontier Studies held in Pécs, Hungary, September 2003 (2003), S. 25-56; G. SCHÖRNER (Hg.), Romanisierung-Romanisation. Theoretische Modelle und praktische Fallbeispiele (2005) (bes. S. V-XVI). Zur Romanisierungsdiskussion hinsichtlich Italiens s. die verschiedenen Beiträge des Sammelbandes von S. KEAY/N. TERRENATO (Hg.), Italy and the West: comparative issues in Romanization (2001), sowie die Beiträge der Kongressakten Patria diversis gentibus una? Unità politica e identità etniche nell'Italia antica, Cividale del Friuli, 20-22 settembre 2007, im Druck; M. JEHNE/R. PFEILSCHIFTER, Einleitung: zum Charakter der römischen Herrschaft in Italien, in: M. Jehne/R. Pfeilschifter (Hg.), Herrschaft ohne Integration? Rom und Italien in republikanischer Zeit (2006), S. 7-22.

Wenden wir uns nun der Strabon-Passage zu: es scheint hier, dass die zweite und letzte Phase der „Barbarisierung" der *Magna Graecia* auf die Romanisierung zurückzuführen ist. Der Geograph stellt fest „es sind alle Römer geworden". Auch die Bewohner von Tarent, Rhegion und Neapel waren zu *cives Romani* geworden, trotzdem bildeten sie einen Ausnahmefall. Der „Barbarisierungsprozess" hatte offensichtlich die drei Städte nicht erfasst und sie haben ihre griechische Identität bewahrt.

Aber von welcher Form von Identität ist hier die Rede? Das Konzept ist umfassend und lässt sich weiter spezifizieren: es gibt eine kulturelle, eine sprachliche, eine religiöse Identität, usw.

In unserem Zusammenhang ist es die „institutionelle Identität", die für uns von Interesse ist. Haben die drei Städte auch ihre institutionelle Identität bewahrt?

Mit anderen Worten: Welche Rückwirkungen hatte die Veränderung des rechtlich-institutionellen Status nach 88 v. Chr. auf die bereits existierende verfassungsrechtliche Ordnung von Tarent, Rhegion und Neapel?

Untersuchen wir dazu, welche Institutionen in den drei Zentren vor und nach dem Romanisierungsprozess existierten.

Leider sind die Informationen über ihre ursprünglichen Verfassungen äußerst dürftig, sie beruhen außerdem fast ausschließlich auf Angaben in literarischen Quellen und sind daher in ihrer Glaubwürdigkeit oftmals zu relativieren.

Beginnen wir mit Tarent, der von Sparta am Ende des 8. Jh. v. Chr. gegründeten Kolonialstadt[7].

Die Existenz eines Königtums von den Anfängen der Geschichte der Stadt bis zum Beginn des 5. Jhs. v. Chr. ist nur in literarischen Quellen bezeugt. Horaz spricht von einem *rex* namens *Phalantus* [8]. Nach Herodot wurde Tarent um die Wende vom 6. zum 5. Jh. von einem König namens Aristophilides regiert[9]. Wahrscheinlich stellte

---

7 Nach wie vor grundlegend zur Gründung und politischen Geschichte Tarents: P. WUILLEUMIER, Tarente des origines a la conquête romaine (1939), sowie J. BÉRARD, La Magna Grecia. Storia delle colonie greche dell'Italia meridionale, ital. Ausgabe (1963), S. 161-168. S. auch E. LIPPOLIS/S. GARRAFFO/M. NAFISSI, Taranto (Culti greci in Occidente. Fonti scritte e documentazione archeologica, I) (1995), bes. S. 17-27; E. M. DE JULIIS, Taranto (2000); A. MUGGIA, s.v. Taras, DNP 12/1 (2002), S. 20-22.

8 Hor., *carm.*, 2, 6, 11-12: ... *et regnata petam / Laconi rura Phalanto*. Für die geringe Glaubwürdigkeit dieser Tradition s. F. SARTORI, Problemi (Fn. 1), S. 84.

9 Hdt. 3, 136, 2: Ἐνθαῦτα δ̏ ἐκ ῥηστώνης τῆς Δημοκήδεος Ἀριστοφιλίδης τῶν Ταραντίνων ὁ βασιλεὺς τοῦτο μ̏ν τὰ πηδάλια παρέλυσε τῶν Μηδικέων νεῶν, τοῦτο δ̏ αὐτοὺς τοὺς Πέρσας ε̏ρξε ὡς κατασκόπους δῆθεν ἐόντας. Ἐν ᾧ δ̏ οὗτοι ταῦτα ἔπασχον, ὁ Δημοκήδης ἐς τὴν Κρότωνα ἀπικνέεται. ἀπιγμένου δ̏ ἤδη τούτου ἐς τὴν ἑωυτοῦ ὁ Ἀριστοφιλίδης ἔλυσε τοὺς Πέρσας καὶ τὰ παρέλαβε τῶν νεῶν ἀπέδωκέ σφι. Zu dieser Stelle s. P. CARLIER, La royauté en Grèce avant Alexandre (1984), S. 471-473. Tatsächlich könnte es sich beim tarantinischen βασιλεύς um einen τύραννος gehandelt haben, wofür folgende Gründe sprechen: Herodot verwendet die beiden Ausdrücke bisweilen synonym, darüberhinaus hätte Tarent zwei Könige haben müssen wie die Mutterstadt Sparta und nicht nur

das Ephorat neben dem Königtum die wichtigste Magistratur dar. Die Existenz von Ephoren in Tarent ist uns aus der archaischen Zeit nicht direkt dokumentiert, aber es verdient Beachtung, dass es in Sparta, der Mutterstadt von Tarent, Ephoren gegeben hat, und dass darüberhinaus das Ephorat in der von Tarent selbst um 432 v. Chr. gegründeten Kolonie Herakleia bezeugt ist. In Herakleia bildete das Ephorat (vielleicht in Form eines Fünfmännerkollegiums wie in Sparta) die höchste Magistratur der Gemeinde und hatte die Eponymefunktion inne[10].

Die erste und einzige direkte Bezeugung des tarentinischen Ephorats datiert vom Beginn des 3. Jhs. v. Chr.; es handelt sich um eine kurze Inschrift, die einen eponymen Ephoren namens Aristodamos nennt[11].

In den ersten Jahrzehnten des 5. Jhs. v. Chr. erlebte Tarent den Übergang von einem wahrscheinlich aristokratisch geprägten Regime, das Aristoteles als πολιτεία

---

einen, schließlich scheint es, dass Aristophilides volle und absolute Machtbefugnisse gehabt hat (vgl. auch Hdt. 3, 138, 1-3). Dazu s. N. LURAGHI, Tirannidi arcaiche in Sicilia e Magna Grecia. Da Panezio di Leontini alla caduta dei Dinomenidi (1994), S. 76-77. Vielleicht lässt sich die Existenz eines einzelnen βασιλεύς in Tarent aus einer Hesych-Glosse schließen, s.v. βάννας· βασιλεὺς παρὰ Ἰταλιώταις. ὁ δ" μέγιστος ἄρχων; nach der Auffassung von A. WILLI, „Achäische" ϝανακτες in Süditalien, ZPE 140 (2002), S. 59-63, könnte βάννας = ϝάναξ der Titel des tarentinischen Monarchen gewesen sein, was auf einen Transfer submykenisch-achäischer Elemente von Lakonien nach Tarent deuten könnte, wie er schon für den sprachlichen und religiösen Bereich dokumentiert ist. Diese Hypothese ist zwar suggestiv, ich frage mich aber, warum Hesych, der ansonsten Glossen ausdrücklich den Ταραντῖνοι (s. *infra*) zuweist, hier ganz allgemein von „Italioten" spricht. Insgesamt erscheint mir damit der Fragenkreis zum König/Tyrannen von Tarent noch durchaus offen.

10 S. IG XIV 645 (Ende 4./Anfang 3. Jh. v. Chr.); Erwähnung von Ephoren in der Tafel I, Z. 1, 95, 122, 165; Tafel II, Z. 1. Eponyme Ephoren auch in SEG XXX 1162-1170 (Ende 4./Anfang 3. Jh. v. Chr.) und auf Münzen (3. Jh. v. Chr.) Zu den epigraphischen Urkunden aus Herakleia s. F. SARTORI, Eraclea di Lucania: profilo storico, in B. Neutsch (Hg.), Archäologische Forschungen in Lukanien, II: Herakleiastudien (1967), S. 19-95; A. UGUZZONI/F. GHINATTI, Le tavole greche di Eraclea (1968); F. GHINATTI, Nuovi efori in epigrafi di Eraclea lucana, in: F. Krinzinger/B. Otto/E. Walde Psenner (Hg.), Forschungen und Funde. Festschrift B. Neutsch (1980), S. 137-143; F. SARTORI, Dediche a Demetra in Eraclea lucana, ibidem, S. 401-415. Über das spartanische Ephorat s. jetzt A. LUTHER, Könige und Ephoren. Untersuchungen zur spartanischen Verfassungsgeschichte (2004).

11 SEG XL (1990) 901: [...]ορα | ἐφόρου Ἀριστοδάμου (*titulus pictus* auf einer chiotischen Amphore). Der erste Herausgeber des Textes E. M. DE JULIIS, L'attività archeologica in Puglia nel 1984, in: Magna Grecia, Epiro e Macedonia, Atti del Convegno di Studi sulla Magna Grecia 24, Taranto 1984 (1985), S. 559-581, hier S. 563, vertritt, dass es sich dabei um eine Zollbezeichnung des tarantinischen Hafens („un'indicazione doganale del porto tarantino") handle. Für die mögliche Erwähnung von eponymen Ephoren auf den tarentinischen Münzen s. H. PFEILER, Die Namen der eponymen Ephoren auf den Stateren von Taras und Herakleia, JNG 15 (1965), S. 49-51; L. BRUNETTI, Sull'eforato eponimale in Taras durante il periodo pirrico, RIN 14 (1966), S. 3-12. Dagegen zuletzt M. NAFISSI, From Sparta to Taras. Nomima, ktiseis and relationships between colony and mother city, in: S. Hodkinson/A. Powell (Hg.), Sparta. New Perspectives (1999), S. 245-272, hier S. 248-249.

bezeichnet, zu einer demokratischen Staatsordnung[12]. Die Regierungsgewalt ging in die Hände einer neuen Magistratur über, der Strategie.

Das Ephorat, eine im Allgemeinen mit Verfassungen aristokratischen Charakters verbundene Magistratur, überlebte und behielt die Ehre der Eponymität. Aber seine Amtsgewalten wurden ohne Weiteres durch die Strategie begrenzt, die nun die oberste Magistratur der Bürgergemeinde bildete.

Die Angaben, die sich auf die Magistratur der Strategie beziehen, entstammen sämtlich der literarischen Überlieferung: Dank ihnen wissen wir, dass im 4.-3. Jh. v. Chr. die Strategie ein Jahresamt war[13]. Sie konnte aber in Ausnahmefällen, wenn einer der Strategen zum στρατηγὸς αὐτοκράτωρ, also zum Strategen mit umfassender Vollmacht, bestellt wurde, iteriert werden, auch in sieben aufeinander folgenden Jahren wie im Falle von Architas (367-361 v. Chr.)[14].

Was die reguläre Strategie angeht, so erfahren wir aus den Quellen, dass der Stratege die Volksversammlung einberief und in ihr den Vorsitz führte; er hatte darüberhinaus das Recht – eigentlich eine Anomalie im Rahmen eines demokratischen Systems – das Votum der Mehrheit ungültig zu machen, sodass er mit

---

12 Aristot., *Pol.*, 5, 2, 8 1303a: ... ἐν Τάραντι ... μικρὸν ὕστερον τῶν Μηδικῶν δημοκρατία ἐγένετο ἐκ πολιτείας. Die tarentinische πολιτεία im Sinne einer „aristocrazia moderata" interpretiert N. LURAGHI, Tirannidi (Fn. 9), S. 77; so auch A. WILLI, Achäische ϝανακτες (Fn. 9), S. 62 („Halb-Aristokratie"). Die wesentlichen Aspekte der demokratischen Verfassung Tarents werden ebenfalls von Aristoteles beschrieben (*Pol.*, 6, 3, 5 p.1320b): „Die Tarentiner stellten den Besitz den Armen zu gemeinsamen Gebrauche zu Verfügung und machten sich so das Volk wohlgesinnt. Außerdem haben sie überall zwei Arten von Ämtern unterschieden, erwählte und ausgeloste: die erlosten, damit auch das Volk an ihnen Anteil hatte, die erwählten, damit sie besser regiert wurden... Damit ist gesagt, wie man die Demokratien einrichten sollte". (καλῶς δ' ἔχει μιμεῖσθαι καὶ τὰ Ταραντίνων. ἐκεῖνοι γὰρ κοινὰ ποιοῦντες τὰ κτήματα τοῖς ἀπόροις ἐπὶ τὴν χρῆσιν εὔνουν παρασκευάζουσι τὸ πλῆθος· ἔτι δ̀ τὰς ἀρχὰς πάσας ἐποίησαν διττάς, τὰς μ̀ν αἱρετὰς τὰς δ̀ κληρωτάς, τὰς μ̀ν κληρωτὰς ὅπως ὁ δῆμος αὐτῶν μετέχῃ, τὰς δ' αἱρετὰς ἵνα πολιτεύωνται βέλτιον. ἔστι δ̀ τοῦτο ποιῆσαι. καὶ τῆς αὐτῆς ἀρχῆς μερίζοντας τοὺς μ̀ν κληρωτοὺς τοὺς δ' αἱρετούς. πῶς μ̀ν οὖν δεῖ τὰς δημοκρατίας κατασκευάζειν, εἴρηται.).

13 Diog. Laert. 8, 4, 79: Ἀρχύτας Μνησαγόρου Ταραντῖνος, ... καὶ δὴ ἑπτάκις τῶν πολιτῶν ἐστρατήγησε, τῶν ἄλλων μὴ πλέον ἐνιαυτοῦ στρατηγούντων διὰ τὸ κωλύειν τὸν νόμον.

14 Sud., s.v. Αρχύτας, Ταραντῖνος, ... τοῦ κοινοῦ δ̀ τῶν Ἰταλιωτῶν προέστη, στρατηγὸς αἱρεθεὶς αὐτοκράτωρ ὑπὸ τῶν πολιτῶν καὶ τῶν περὶ ἐκεῖνον τὸν τόπον Ἑλλήνων. Diog. Laert. 8, 4, 79 (für den Text s. Anm. oben); vgl. 8, 4, 82; Aelian., *VH*, 7, 14: Τί δέ; οὐκ ἦσαν καὶ οἱ φιλόσοφοι τὰ πολέμια ἀγαθοί; ἐμοὶ μ̀ν δοκοῦσιν, εἴ γε Ἀρχύταν μ̀ν εἵλοντο ἑξάκις στρατηγὸν Ταραντῖνοι. Strab., *Geogr.*, 6, 3, 4 C 280: Ἴσχυσαν δέ ποτε οἱ Ταραντῖνοι καθ' ὑπερβολὴν πολιτευόμενοι δημοκρατικῶς ... Ἀρχύτας, ὃς καὶ προέστη τῆς πόλεως πολὺν χρόνον. Zu den Strategien von Architas s. jetzt G. URSO, Taranto e gli XENIKOÌ STRATEGOÍ (1998), S. 3-7. Ein anderer στρατηγὸς αὐτοκράτωρ ist für die Jahre 281-280 v. Chr. belegt s. Zonar. 8, 2: οἱ Ταραντῖνοι ... Ἆγιν ... εἵλοντο στρατηγὸν αὐτοκράτορα.

seiner einzelnen Stimme die Mehrheit überstimmte bzw. dem Votum der Minderheit zur Durchsetzung verhalf[15].

Die Volksversammlung wurde von den Tarentinern ἁλία genannt[16], und vielleicht wurde sie auch als γραιβία oder γραιτία bezeichnet[17]. Sie tagte unter dem Vorsitz der Strategen und stimmte per Handheben über die Gesetzevorschläge ab[18]; ihr Tagungsort war mit großer Wahrscheinlichkeit das Theater[19]. Tarent hatte zweifellos, wie jede griechische Stadt, einen Bürgerschaftsrat, die βουλή bzw. βουλά, aber dieses Organ wird in den Quellen nicht ausdrücklich erwähnt[20].

Damit endet unsere Kenntnis von der griechischen Ordnung im unabhängigen Tarent. Die Stadt wurde nach dem Bundesgenossenkrieg zum römischen *municipium* und bewahrte nicht die geringsten Spuren ihrer ursprünglichen Institutionen. Letzteres ergibt sich aus der auf einer bronzenen Tafel erhaltenen *lex*, durch welche das neue *municipium* konstituiert wurde[21]. Diese erwähnt nur typisch römische Staatsorgane: *senatus* und *comitia*; als regierende Magistrate des Munizipiums fungierten die

---

15 Plut., *Quaest. Gr.*, 42 p. 301 C: Δίνων ὁ Ταραντῖνος στρατηγῶν, ἀνὴρ δ' ὢν ἀγαθὸς ἐν τοῖς πολεμικοῖς, ἀποχειροτονησάντων αὐτοῦ τινα γνώμην τῶν πολιτῶν, ὡς ὁ κῆρυξ ἀνεῖπε τὴν νικῶσαν, αὐτὸς ἀνατείνας τὴν δεξιάν 'ἅδε' εἶπε 'κρείσσων'· οὕτω γὰρ ὁ Θεόφραστος ἱστόρηκε. προσιστόρηκε δ᾽ καὶ ὁ Ἀπολλόδωρος Ταραντίνων τοῦ κήρυκος αὗται πλείους εἰπόντος, ἀλλ' αὗται φάναι βελτίους, καὶ ἐπικυρῶσαι τὴν τῶν ἐλαττόνων χειροτονίαν. Für die tarentinische Demokratie als eine „democrazia *sui generis*" s. F. SARTORI, Problemi (Fn. 1), S. 87-88.

16 Hesych, s.v. ἁλίαν ἐκκλησίαν. Ταραντῖνοι. Auch in der tarentinischen Kolonie Herakleia wurde die Volksversammlung ἁλία genannt (IG XIV 645, Taf. I Z.118). Bei der κατάκλητος ἁλία (IG XIV 645, Taf. I Z. 11; Taf. II Z. 10) handelte sich aller Wahrscheinlichkeit nach um eine *extra ordinem* einberufene Vollversammlung: A. UGUZZONI/F. GHINATTI, Le tavole (Fn. 11), S. 147-152; F. GHINATTI, Assemblee greche d'Occidente (1996), S. 87-89.

17 Hesych, s.v. γραιβία ἢ γραιτία πανήγυρις. Ταραντῖνοι. Dazu s. F. SARTORI, Problemi (Fn. 1), S. 89. Gegen die Gleichsetzung ἐκκλησία = γραιβία spricht sich L. MORETTI, Problemi di storia tarantina, in: Taranto nella civiltà della Magna Grecia, Atti del Convegno di Studi sulla Magna Grecia 10, Taranto 1970 (1971), S, 21-65, hier S. 43, aus, der feststellt, dass „il significato corrente del termine πανήγυρις è piuttosto legato a celebrazioni di carattere religioso, festivo"; bei der γραιβία könnte es sich um eine Art von „Fest der Alten" (aus γραῦς) gehandelt haben; vgl. F. GHINATTI, Assemblee (Fn. 16), S. 116 Fn. 222.

18 Plut., *Quaest. Gr.*, 42 p. 301 C (für den Text s. Fn. 15).

19 Val. Max. 2, 2, 5: ... *qui legati a senatu Tarentum ad res repetendas missi, ... in theatrum, ut est consuetudo Graeciae, introducti..*; s. jedoch F. GHINATTI, Assemblee (Fn. 16), S. 116 Fn. 221.

20 In der Stadt gab es aber um die Mitte des 4. Jhs. v. Chr. einen Prytaneion (Euphor., *apud* Athen. 15, 60, p. 700 D); Ratsmitglieder (πρυτάνεις und ἐπιστάτης) sind inschriftlich belegt: L. VIOLA, Regione II (Apulia). Taranto. Nuove scoperte epigrafiche, Notizie degli Scavi 1894, S. 60-71, hier S. 16 Nr. 2 und 4 (2. Jh. v. Chr.); darüber s. F. SARTORI, Problemi (Fn. 1), S. 88-89 und L. MORETTI, Problemi (Fn. 17), S. 45.

21 CIL I[2] 590 = ILS 6086 = M. H. CRAWFORD (Hg.), Roman Statutes, I-II (1996), *Lex Tarentina* Nr. 15, S. 301-312. Datierung: 89-62 v. Chr., s. F. SARTORI, Problemi (Fn. 1), S. 91-92; H. GALSTERER, Die römischen Stadtgesetze, in: L. Capogrossi Colognesi/E. Gabba (Hg.), Statuti (Fn. 5), S. 31-56, hier S. 39-40.

duoviri (mit judiziellen Funktionen) und die *aediles*; diese vier Magistrate wurden alljährlich von den *comitia* gewählt[22].

Da es sich hier um ein *municipium* handelt, würden wir *quattuorviri* erwarten und nicht *duoviri*. Die *duoviri* waren eigentlich die typische Magistratur der römischen Kolonien[23]. Tatsächlich sind in der *lex* auch *quattuorviri* erwähnt[24], aber deren Aktivität war provisorisch: sie waren vier Kommissare, die von Rom nach Tarent entsendet wurden mit dem Auftrag, das neue, in Rom vorbereitete Statut an die lokalen Erfordernisse anzupassen und ganz generell die Einrichtung des neuen Munizipiums zu besorgen[25]. Nach dieser ersten Übergangsphase wurde das Munizipium, nunmehr autonom, regulär von *duoviri* regiert, wie durch andere Inschriften der spätrepublikanischen Zeit bestätigt wird[26]. Dieses Duovirat, das gegenüber dem gewöhnlichen Quattuorvirat eine Anomalie darstellt, ist möglicherweise als ein *residuum* der Verfassung der Kolonie Neptunia, die von Rom im Jahre 123 v. Chr. auf einem von Tarent konfiszierten Territorium gegründet worden war. Diese Kolonie Neptunia wurde nach 89 v. Chr. vom Munizipium Tarent *contributa*, d. h. „absorbiert"[27]. Sie hinterließ jedoch auf der politisch-rechtlichen Sphäre eine unverkennbare Spur ihrer Existenz: das Duovirat.

Wir wenden uns nun Rhegion zu, einer in der zweiten Hälfte des 8. Jhs. v. Chr. von Siedlern chalkidischer und messenischer Herkunft gegründeten Kolonie[28].

Die literarische Überlieferung verzeichnet für die archaische Zeit die Existenz eines aristokratischen Regimes: Alle Macht lag in den Händen von tausend Bürgern, den χίλιοι, welche aufgrund einer Vermögenseinschätzung ausgewählt wurden[29]. Wir

---

22 *Lex Tarentina*, Z. 14: *quique quomqu[e] comitia duovireis a[ed]ilibusve rogandeis habebit…*

23 U. LAFFI, Organizzazione (Fn. 5), S. 40-41.

24 *L. Tar.*, Z. 7: *IIIIvir(ei) aedilesque, quei h(ac) l(ege) primei erunt, quei eorum Tarentum venerit,…*

25 S. z. B. F. COSTABILE, Istituzioni (Fn. 5), S. 144-150; U. LAFFI, Osservazioni sulla Lex Municipii Tarentini, in: Ders., Colonie (Fn. 5), S. 191-231, bes. S. 195-203 (mit neuen Lesungen und Datierung des Textes).

26 *IIviri quinquennales censoria potestate* und *aediles*, s. L. GASPERINI, Il municipio tarentino. Ricerche epigrafiche, MGR 3 (1971), S. 143-210, hier S. 145-149.

27 Plin., *NH*, 3, 99: ... *sinu qui Tarentinus appellatur ab oppido Laconum, in recessu hoc intimo situm, contributa eo maritima colonia, quae ibi fuerat...*; vgl. Strab., *Geogr.*, 6, 3, 4 C 281; Vell. 1, 1, 15, 4; Plut., *C.Gr.*, 8, 3; Lib.Col., S. 211 ed. LACHMANN.

28 Sammlung und Besprechung der Quellen zur Gründung und politische Geschichte Rhegions in: J. BÉRARD, Magna Grecia (Fn. 7), S. 100-107; I. SAVALLI/C. MICHELINI, s.v. Reggio Calabria, BTCGI 16 (2001), S. 1-77; A. MUGGIA, s.v. Rhegion, DNP 10 (2001), S. 951-952; vgl. M. GRAS/E. GRECO/P. G. GUZZO (Hg.), Reggio, Messina e le colonie calcidesi dello Stretto (2000); G. VANOTTI, Il frammento 4 Jacoby di Ippi e la fondazione di Rhegion, Athenaeum 91 (2003), S. 523-530.

29 Heracl. Lemb., *exc.polit.*, 55 p. 32 M. R. Dilts (Durham 1971): πολιτείαν δ᾽ κατεστήσαντο ἀριστοκρατικήν. χίλιοι γὰρ πάντα διοικοῦσιν αἱρετοὶ ἀπὸ τιμημάτων. νόμοις δ᾽ ἐχρῶντο τοῖς Χαρώνδου τοῦ Καταναίου. ἐτυράννησε δ᾽ αὐτῶν Ἀναξίλας Μεσσήνιος. Zu dieser Stelle besonders im Hinblick auf die Rolle des hier erwähnten Charondas als Gesetzgeber von Rhegion (spätestens ab dem 6. Jh. v. Chr.) s. K. J. HÖLKESKAMP, Schiedsrichter,

haben keine Information über die Organisation und über die Funktionen der Tausend von Rhegion[30]. Es muss sich aber um die Primärversammlung der vollberechtigten Bürger gehandelt haben.

Am Beginn des 5. Jhs. v. Chr. kam es zu einem abrupten Übergang von dem vorangegangen aristokratisch-timokratischen Regime, das Aristoteles als „oligarchisch" definiert, zu einer Tyrannis[31]. Es ist sehr wahrscheinlich, dass während des Trentenniums der rheginischen Tyrannis (494-461 v. Chr.), selbst wenn es sich um ein Regime vom moderaten Typus gehandelt haben sollte[32], die Versammlung der Tausend abgeschafft oder zumindest in ihrer Funktionen extrem eingeschränkt wurde[33]. Fest steht jedenfalls, dass in den Quellen für diese Periode weder die Tausend noch ein anderes Staatsorgan erwähnt werden.

Die erste ausdrückliche Erwähnung von Magistraten in Rhegion – die στρατηγοί – findet sich im Zusammenhang mit Ereignissen aus der ersten Hälfte des 4. Jh. v. Chr., als die Tyrannis bereits seit mehr als fünfzig Jahren überwunden war. Gemäß der literarischen Überlieferung war die Strategie in Rhegion eine gewählte Magistratur mit einjähriger Amtszeit[34]. Sie muss ein Kollegialorgan gewesen sein, denn die Quellen erwähnen mehrere Strategen[35], ohne allerdings deren Zahl zu spezifizieren. Ihre Kompetenzen lagen ohne Zweifel auf militärischem Gebiet;

Gesetzgeber und Gesetzgebung im archaischen Griechenland (1999), S. 234-237; vgl. auch F. CORDANO, Leggi e legislatori calcidesi, MGR 6 (1978), S. 89-98 (über die Gesetze von Charondas und Androdamas, einem Gesetzgeber rheginischer Herkunft: Aristot., *pol.*, 2, 9, 9 1274b; Iambl., *v.p.*, 130; 172; 267).

30 S. aber die problematische Strabonstelle, *Geogr.*, 6, 1, 6 C 257: ... οἱ τῶν Ῥηγίνων ἡγεμόνες μέχρι Ἀναξίλα τοῦ Μεσσηνίων γένους ἀεὶ καθίσταντο. Waren dann die Tausend eine „aristocracy of race"? So meinte C. H. DODD, The Samians at Zancle-Messana, JHS 28 (1908), S. 56-76, hier S. 71-72; vgl. dazu G. CAMASSA, Codificazione (Fn. 1), S. 633-634.

31 Aristot., *Pol.*, 5, 10, 4, 1316a: ... καὶ εἰς τυραννίδα μεταβάλλει ἐξ ὀλιγαρχίας, ὥσπερ ἐν Σικελίᾳ ... καὶ ἐν Ῥηγίῳ εἰς τὴν Ἀναξιλάου ... Vgl. Heracl. Lemb., *exc. polit.*, 55 p. 32 M. R. Dilts (Durham 1971); Strab., *Geogr.*, 6, 1, 6 C 257; Diod. 11, 76, 5. Über die rheginische Tyrannis s. N. LURAGHI, Tirannidi (Fn. 9), S. 187-229; G. MILLINO, Micito di Reggio e la symmachia con Taranto, Hesperìa 17 (2003), S. 207-221.

32 Iust. 4, 2, 4: *Horum [tyrannorum] ex numero Anaxilaus iustitia cum ceterorum crudelitate certabat, cuius moderationis haud mediocrem fructum tulit.* Vgl. dazu H. BERVE, Die Tyrannis bei den Griechen, I-II (1967), hier I, S. 157-158.

33 S. dazu F. SARTORI, Problemi (Fn. 1), S. 133; F. GHINATTI, Assemblee (Fn. 16), S. 109-110.

34 Diod., 14, 40, 3 (399 v. Chr.): τέλος δ῝ καταστήσαντες στρατηγούς, ἐξέπεμψαν μετ᾽ αὐτῶν πεζοὺς μ῝ν ἑξακισχιλίους, ἱππεῖς δ῝ ἑξακοσίους, τριήρεις δ῝ πεντήκοντα. οὗτοι δ῝ διαπλεύσαντες τὸν πορθμὸν.

35 Plut., *Tim.*, 10, 3 (345/344 v. Chr.): ... οἱ τῶν Ῥηγίνων στρατηγοὶ πάντες, κτλ. S. auch Diod. 14, 40, 3 (zit. oben).

darüber hinaus hatten sie die Befugnis, die Volksversammlung – die ἐκκλησία – einzuberufen, in ihr den Vorsitz zu führen und dort lange Reden zu halten[36].

Im 2. Jh. v. Chr. präsentiert sich das Bild der Verfassung von Rhegion als von Grund auf gewandelt; meiner Ansicht nach ist es einfach nur erweitert und in seiner endgültigen Terminologie definiert, wie es zu dem Zeitpunkt in Geltung war, für den uns endlich eine direkte Quelle, nämlich eine Inschrift, zur Verfügung steht[37]. Aus dem Dokument wissen wir, dass ein Prytane als eponymer Magistrat fungierte; das stellt in der *Magna Graecia* einen Einzelfall dar[38]. In derselben Inschrift sind gemeinsam und in genauer Abfolge drei Versammlungsorgane mit beschließender Gewalt genannt: die ἁλία, die ἔσκλητος und die βουλά; die βουλά stand unter dem Vorsitz eines προστάτης[39].

Die ἁλία und die βουλά waren, wie man weiß, die dorischen Formen der gängigen Bezeichnungen für die Volksversammlung und den Bürgerschaftsrat; ἁλία könnte den *terminus technicus* für die in der literarischen Überlieferung genannte ἐκκλησία des 4. Jh. v. Chr. darstellen[40]. In der Tat verwenden Diodor und Plutarch in ihren Werken niemals den Begriff ἁλία. Die Rolle und die Zusammensetzung der ἔσκλητος sind hingegen nicht ganz klar: Es könnte sich um eine Art *contio minor*, eine Versammlung von beschränkten Kompetenzen gehandelt haben, welche zwischen den beiden anderen stand und sich vielleicht aus den Kreisen der

---

36 Plut., *Tim.*, 10. Zu dieser Stelle s. vor allem F. COSTABILE, Strateghi e assemblea nelle politeiai di Reggio e Messana, Klearchos 20 (1978), S. 19-57, bes. S. 36-47 und G. CAMASSA, Codificazione (Fn. 1), S. 635.

37 Es handelt sich um das auf einer Bronzetafel erhaltene Proxeniedekret (ca. 100 v. Chr.) IG XIV 612 = Syll.³ 715 = L. DUBOIS, Inscriptions grecques dialectales de Grande Grèce, I: colonies eubéennes, colonies ioniennes, emporia (1995), Nr. 40, S. 107-111, ZZ.1-2: Ἐπὶ πρυτάνιος Νικάνδρου τοῦ Νικοδάμου· βουλᾶς προστατέοντος Σωσιπόλιος τοῦ Δαματρίου Χιω(-)· Ἱππίου δυοδεκάται, ἔδοξε τᾶι ἁλίαι | καθάπερ τᾶι ἐσκλήτωι καὶ τᾶι βουλᾶι· Vgl. dazu P. A. STIMOLO, Reggio in età ellenistico-romana: IG XIV 612, AFLB 42 (1999), S. 5-17.

38 Die Existenz eines Prythanen in Kroton wurde aufgrund von Athen., 12, 522 C vertreten durch M. GIANGIULIO, Ricerche su Crotone arcaica (1989), bes. S. 10-14; dagegen s. jetzt M. L. LAZZARINI, L'eponimia a Crotone. A proposito di una nuova laminetta bronzea iscritta, in: Epigraphica. Atti delle Giornate di Studio di Roma e di Atene in memoria di M. Guarducci (1902-1999) (2003) (Opuscola Epigraphica 10), S. 81-90 (neue Inschrift mit einem eponymen δαμιοργός: Ende 4.-Anfang 3. Jh. v. Chr.). Zu den eponymen Prytanen in Kleinasien und auf den Kykladen s. F. GSCHNITZER, Prytanen, in: Kritische und vergleichende Studien zur Alten Geschichte und Universalgeschichte (1974) [= Innsbrucker Beiträge zur Kulturwissenschaft 18], S. 75-88; L. D'AMORE, La pritania a Rhegion in epoca ellenistica e imperiale, in: L'Italia centro-meridionale tra repubblica e primo impero. Alcuni aspetti culturali e istituzionali, Giornata di Studio, Roma 13 dicembre 2002 (2003), S. 49-63, hier S. 52-54.

39 S. Fn. 37.

40 ἐκκλησία: Diod., 14, 44, 4-6 (398 v. Chr.); Aristot., *Oecon.*, 1349b (386 v. Chr.); Plut., *Tim.*, 10 (345/344 v.Chr.). κοινὴ ἐκκλησία: Diod., 16, 68, 5 (345/344 v. Chr.). In Plut., *Tim.*, 10 auch πλῆθος und δῆμος. S. darüber F. GHINATTI, Assemblee (Fn. 16), S. 110-112.

angesehenen Bürger zusammensetzte[41]. Es ist daher möglich, dass in Rhegion spätestens im 2. Jh. v. Chr. ein Dreikammersystem bestanden hat[42].

Mit den obigen Ausführungen enden die Informationen, die uns für die griechischen Institutionen des unabhängigen Rhegion zur Verfügung stehen. Rhegion wurde, ebenso wie Tarent, gleich nach dem Bundesgenossenkrieg ein römisches *municipium* [43]. Das von Rom konzipierte Programm der Munizipalisierung sah, wie wir wissen, die Einführung des Quattuorvirats vor. Tatsächlich ist uns die Existenz von *quattuorviri* in Rhegion durch eine lateinische Inschrift bezeugt, allerdings erst im 2. Jh. n. Chr., also ca. zwei Jahrhunderte nach der Einrichtung des Munizipiums[44].

Aus der zwischen der Gründung des Munizipiums und dieser Inschrift liegenden Epoche haben wir jedoch andere Zeugnisse, die für Rhegion die Existenz eines anderen Magistraturenschemas bezeugen. Es handelt sich um fünf griechische Inschriften des 1. Jh. v. bis 1. Jh. n. Chr., die einen Prytanen und drei Synprytanen bezeugen[45].

---

41 S. Hesych, der unter diesem Lemma auf eine Versammlung von Notabeln in Syrakus verweist (s.v. ἔσκλητος· ἡ τῶν ἐξόχων συνάθροισις ἐν Συρακούσαις). Mir scheint die Annahme nahezuliegen, dass sich in der ἔσκλητος die aristokratische Versammlung der Tausend erkennen lässt, erneuert oder wiederhergestellt nach der Tyrannis und nach einem anzunehmenden demokratischen oder gemäßigt aristokratischen Regime (s. Strategie und ἐκκλησία bzw. ἁλία in der ersten Hälfte des 4. Jh. v. Chr.). Der Ausdruck ... χίλιοι γὰρ πάντα διοικοῦσιν..., der sich in einem schon erwähnten Passus des Herakleides Lembos findet (*exc. polit.*, 55 p. 32 M. R. Dilts; s. Fn. 31), könnte sich auf einen Zustand beziehen, der zur Zeit der Abfassung (durch Aristoteles im 4. Jh. v. Chr. oder durch Herakleides selbst im 2 Jh. v. Chr.) noch Bestand hatte. Nach einer anderen Hypothese hätte sich die ἔσκλητος aus Elementen von reiner hellenischer Abstammung und mit vollen politischen Rechten zusammengesetzt, während die ἁλία auch die oskischstämmigen Bewohner von Rhegion umfasst hätte, s. P. A. STIMOLO, Reggio (Fn. 37), S. 15-17.

42 Wie z. B. in Agrigent: F. SARTORI, Problemi (Fn. 1), S. 136 Fn. 18. Bestritten wird die Hypothese eines Dreikammersystems von G. FORNI, Intorno alle costituzioni di città greche in Italia e in Sicilia, Kokalos 3 (1957), S. 61-69, hier S. 66 (ἔσκλητος = Teil der ἁλία oder der βουλά) und außerdem von G. MANGANARO, Tre tavole di bronzo con decreti di proxenia del Museo di Napoli e il problema dei proagori in Sicilia, Kokalos 9 (1963), S. 205-220, hier S. 209 (ἔσκλητος = die Gesamtheit des Bürgerschaftsrates, die βουλά wäre ein Teil der ἔσκλητος, der „siede nel bouleuterion e cura gli affari del momento"). Dagegen G. CAMASSA, Codificazione (Fn. 1), S. 636-637.

43 Cic., *Verr.*, 4, 26; 5, 158; 5, 160; *Philipp.*, 1, 8 (*municipes Regini*); vgl. *pro Arch.*, 3, 5; 5, 10.

44 CIL X 6 = ILS 5471: *Ti. Bervenus Ti. f. Sabinus, IIIIvir aed(ilicia) / pot(estate) II, testamento lagavit municipi / bus Reginis Iul(iensibus)* ... ; s. auch CIL X 228 aus Grumentum, wo wahrscheinlich ein *quattuorvir* aus Rhegion erwähnt ist.

45 IG XIV 617 (Ende 1. Jh. v.Chr.): πρύτανις ἐκ τοῦ ἰδίου καὶ ἄρχων πενταετηρικὸς Σέξ(τος) Νουμώνιος Σέξ(του) υ(ἱὸς) Ματοῦρος. συνπρυτάνεις Κ(όιντος) Ὀρτώριος Κ(οίντου) υ(ἱὸς) Βάλβιλλος, Μ(ᾶρκος) Πε(τρ)ώνιος Μ(άρκου) υ(ἱὸς) Ποῦλχερ, Μ(ᾶρκος) Κορνήλιος Μ(άρκου) υ(ἱὸς) Μαρτιᾶλις. ... Die anderen Inschriften sind: IG XIV 618 (Ende 1. Jh. v. Chr.), 619 (Anfang 1. Jh. n. Chr.); S. FERRI, Frammento inscritto di Rhegium, RFIC 7 (1929), S. 388-389 (Anfang 1. Jh. n. Chr.); N. PUTORTÌ, Rilievi inscritti del Museo Civico di

In diesen Inschriften wird mit keinem Wort, zumindest nicht explizit, auf die Funktionen dieser Amtsträger eingegangen. Ihre Namen und Titulaturen erscheinen im Kontext von Listen jener Personen, die an Opfern zu Ehren der im städtischen Prytaneion verehrten Götter teilgenommen haben[46].

Wie also haben wir diese vier Magistrate des Municipiums Rhegion zu deuten? Der These MOMMSENs zufolge hat Rhegion das quattuorvirale System von Anfang an übernommen, wobei man aber in der Titulatur die griechische Identität bewahrte[47]. Gegen diese These spricht aber ein sehr bedeutsames Faktum: die Ungleichrangigkeit der vier Magistrate. Diese Art von Ungleichrangigkeit gab es im regulären römischen Quattuorvirat nicht[48]. Die Position des Prytanen war gegenüber jener der drei Synprytanen bis zu dem Grad hervorgehoben, dass er wie deren *conlega maior* erscheint. Dieses Verhältnis ergibt sich klar aus der Titulatur des Prytanen, die sich in den Dokumenten in vier Varianten präsentiert: 1) Prytane (auf eigene Kosten) und Archon auf fünf Jahre; 2) Prytane und Archon (auf eigene Kosten); 3) Prytane und Archon und Agoranomos; 4) Prytane und Archon auf fünf Jahre[49].

Die Varianten in der Titulatur des Prytanen lassen sich nur mit der Annahme einer Variation auch der Aufgaben dieser Magistratur erklären, wobei manche Aufgaben vielleicht nur gelegentlich übernommen wurden. Die Prytanie lässt sich möglicherweise über die eponyme Funktion dieses Magistraten definieren, eine Funktion, die der Prytane von der Zeit der Unabhängigkeit her ererbt hatte. Das Archontat könnte über seine Kompetenzen auf dem Gebiet der Jurisdiktion definiert werden[50]. Die Agoranomie hatte Kompetenzen, die sich mit denen der römischen Ädilität vergleichen lassen[51]. Die Quinquennalität schließlich könnte auf censorische Befugnisse deuten, die alle fünf Jahre ausgeübt wurden.

Reggio, Italia Antica 9-10 (1933), S. 3-8 (Ende 1. Jh. v. Chr.). In Betracht zu ziehen ist darüber hinaus die Inschrift IG XIV 620 mit einem Archon-Agoranomos und Synprytanen.

46 S. dazu L. D'AMORE, La pritania (Fn. 38), *passim*.

47 T. Mommsen in CIL X, p. 3-4. Vgl. F. SARTORI, Problemi (Fn. 1), S. 136-137.

48 S. zuletzt U. LAFFI, La struttura costituzionale nei municipi e nelle colonie romane. Magistrati, decurioni, popolo, in: Gli Statuti Municipali (2006), S. 109-132, hier S. 111-113 [= Colonie e municipi nello Stato romano (2007), S. 49-79, hier S. 53-55].

49 1)πρύτανις ἐκ τοῦ ἰδίου καὶ ἄρχων πενταετηρικός· IG XIV 617; 2)πρύτανις καὶ ἄρχων ἐκ τοῦ ἰδίου: IG XIV 618; N. PUTORTÌ, Rilievi (Fn. 45), S. 7; 3)πρύτανις καὶ ἄρχων καὶ ἀγορ[ανόμος· S. FERRI, Frammento (Fn. 45), S. 389; 4)πρύτανις καὶ ἄρχων πενταετηρικός: IG XIV 619. Zum dem Ausdruck „ἐκ τοῦ ἰδίου" s. F. COSTABILE, Istituzioni (Fn. 5), S. 178-181 („espressione che ... consente di osservare in età risalente e quasi al suo sorgere quel fenomeno della sopravvenuta onerosità delle magistrature..."). Dagegen L. D'AMORE, La pritania (Fn. 38), S. 55.

50 S. u.a. H. J. MASON, Greek Terms for Roman Institutions. A Lexicon and Analysis (1974), S. 26-27 und 111-113. Die vier Archonten in IG XIV 615 (ca. 2. Jh. v. Chr.) sind keine städtischen Beamten, s. dazu L. MORETTI, Problemi (Fn. 17), S. 45; M. L. LAZZARINI, Un'iscrizione greca di Reggio: le associazioni di attori in età ellenistica, Klearchos 21 (1979), S. 81-84.

51 S. dazu L. MIGEOTTE, Les pouvoirs des Agoranomes dans les cités grecques, in: Symposion 2001.

Meiner Ansicht nach ist das Schema der Magistraten von Rhegion nicht einfach als das römische *quattuorviri*-Kollegium in griechischem Gewande zu verstehen, sondern es handelt sich um ein eigenständiges Schema, das allerdings von dem römischen System „inspiriert" wurde. Wir finden tatsächlich einige Analogien mit dem römischen System: an erster Stelle die Vierzahl der Magistrate. An zweiter Stelle das Adjektiv πενταετηρικός, ein Adjektiv, das in der griechischen Welt für gewöhnlich mit Festen und Wettkämpfen verbunden ist[52], nicht mit Magistraturen wie in diesem Fall. Hier scheint mir ein evidenter Bezug zur römischen Quinquennalität und insbesondere zu der jedes fünfte Jahr ausgeübten *censoria potestas* der munizipalen *quattuorviri* [53]. Und schließlich: die diversen Funktionen, die sich aus den diversen Titulaturen der Prytanen erschließen lassen, sind dieselben Funktionen, die wir bei den römischen *quattuorviri* finden, mit einem Unterschied: Bei den *quattuorviri* sind sie auf die vier Magistrate verteilt, beim Prytanen sind sie in diesem einen Magistraten konzentriert.

Beim Versuch, ein Resümee zu ziehen, können wir m. E. in der Verfassungsgeschichte des *municipium* Rhegion zwei Phasen unterscheiden: Eine erste Phase von der Einrichtung des *municipium* bis ins 1. Jh. n. Chr. In dieser Phase wurde die Stadt von einem sozusagen „hybriden" Quattuorvirat regiert; der Einfluss des römischen Modells machte sich bemerkbar, aber die sprachliche und institutionelle Identität hatte definitiv noch das Übergewicht. Eine zweite Phase, vom 2. Jh. n. Chr. an, in der das *municipium* von regulären *quattuorviri* geleitet wurde, deren Titel bereits in lateinischer Sprache ausgedrückt wurden[54].

Es bleiben zuletzt noch die Verhältnisse in Neapel zu betrachten, das am Ende des 7. Jh. von Kyme – seinerseits eine Gründung der euböischen Chalkidier (750-725 v. Chr.) – aus gegründet wurde[55].

Die Demarchie und das Archontat sind die einzigen Magistraturen aus der Zeit der Unabhängigkeit Neapels, die in den Quellen Erwähnung finden[56]. Es handelt sich

---

Vorträge zur griechischen und hellenistischen Rechtsgeschichte (Evanston, Illinois, September 5-8, 2001) (2005), S. 287-301. Vgl. H. J. MASON, Greek Terms (Fn. 50), S. 19.

52 H. G. LIDDELL/R. SCOTT/H. S. JONES, A Greek-English Lexicon (1996), s.v. πενταετηρικός.

53 Vgl. dazu H. J. MASON, Greek Terms (Fn. 50), S. 75, s.v. πενταετηρικός; E. MIRANDA (Hg.), Iscrizioni greche d'Italia. Napoli, I (1990), S. 51, in Bezug auf die neapolitanischen Inschriften IG XIV 741 [= Miranda, Nr. 30] und 745 [= Miranda, Nr. 33].

54 Vgl. F. SARTORI, Problemi (Fn. 1), S. 138-140; F. COSTABILE, Istituzioni (Fn. 5), S. 128-131. Dagegen L. D'AMORE, La pritania (Fn. 38), *passim.*

55 Quellen zur Gründung und politischen Geschichte Neapels in E. LEPORE, La vita politica e sociale, in: Storia di Napoli I, (1967), S. 139-371; N. VALENZA MELE, s.v. Napoli (1), BTCGI 12 (1993), S. 165-239; A. MUGGIA, s.v. Neapolis [2], DNP 8 (2000), S. 773-775.

56 Es ist sehr wahrscheinlich, dass auch die Magistratur des *λαυκέλαρχος ebenfalls aus dieser Zeit stammt, obwohl sie nur in späteren Inschriften (1. Jh. v. Chr. - 3. Jh. n. Chr.) erwähnt wird: IG XIV 716. 717. 741. 745. E. MIRANDA (Hg.), Iscrizioni (Fn. 53), Nr. 40; ILS 6455. S. darüber M. GIRONE, Sui laucelarchi, MGR 18 (1994), S. 81-87; L. DUBOIS, Un nom de magistrat énigmatique: le *λαυκελαρχος napolitain, in: Forme di religiosità e tradizioni sapienziali in

um wenige und sehr kurze Notizen, die nur die Existenz dieser Institutionen bezeugen, aber sehr wenig über ihre Funktionen aussagen.

Strabon spricht kurz von Listen, die Anfang des 5. Jhs. v. Chr. die Namen von Demarchoi enthielten[57]. Es ist daher sehr wahrscheinlich, dass der Demarch in Neapel der oberste, einzelne, eponyme und auf Jahresfrist bestellte Magistrat war[58].

Die Archonten von Neapel sind in einer Inschrift aus der Mitte des 3. Jh. v. Chr. belegt: dort bestätigen die ἄρχοντες – im Plural und ohne weitere Spezifikation der Gesamtzahl – gemeinsam mit dem Rat der Bürgerschaft (σύνκλητος) und der Volksversammlung (δῆμος) ein Asyliedekret[59].

Auch Neapel wurde nach 88 v. Chr. zum römischen *municipium* [60]. Hier ist die quattuorvirale Ordnung schon für eine bald danach liegende Zeit, für die Mitte des 1. Jh. v. Chr. belegt: eine Inschrift erwähnt die τέσσαρες ἄνδρες, wörtlich die „vier Männer"[61]. Der Begriff ist offensichtlich die griechische Übersetzung des lat. *quattuor viri* [62].

Aus anderen Inschriften wissen wir, daß sich das Kollegium der τέσσαρες ἄνδρες aus zwei Archonten und zwei Agoranomoi zusammensetzte[63].

Die beiden Archonten hatten mit großer Wahrscheinlichkeit judizielle Funktionen (*iure dicundo*) inne. Einer der beiden Archonten wird in den Inschriften

---

Magna Grecia, Atti del Convegno, Napoli 14-15 dicembre 1993, AION(filol) 16 (1994 [1995]), S. 157-162.

57 Strab., *Geogr.*, 5, 4, 7 C 246: μηνύει δ῎ τὰ τῶν δημάρχων ὀνόματα τὰ μ῎ν πρῶτα Ἑλληνικὰ ὄντα, τὰ δ᾽ ὕστερα τοῖς Ἑλληνικοῖς ἀναμὶξ τὰ Καμπανικά. Dazu s. M. LEIWO, Neapolitana. A Study of Population and Language in Graeco-Roman Naples (1995), S. 15-17.

58 Also anders als die athenische Demarchie, s. darüber z. B. H. VON SCHOEFFER, s.v. Demarchoi, RE IV.2 (1901), S. 2706-2712 (bes. 2711); P. J. RHODES, s.v. Demarchos [3], DNP 3 (1997), S. 418-419; F. DE MARTINO, Le istituzioni di Napoli greco-romana, PP 7 (1952), S. 333-343, hier 335-336. Die Demarchie muß ohne Zweifel die oberste Magistratur der Gemeinde gewesen sein, da sie in der Kaiserzeit von Kaisern wie Titus (IG XIV 729) und Hadrian (SHA, *Hadr.*, 19, 1: *per Latina oppida dictator et aedilis et duumvir fuit, apud Neapolim demarchus*) bekleidet wurde. Vgl. R. K. SHERK, The Eponymous Officials of Greek Cities V, ZPE 96 (1993), S. 267-295, hier 274.

59 R. HERZOG/G. KLAFFENBACH, Asylieurkunden aus Kos (1952), Nr.11 = SEG 12, S. 378 = L. DUBOIS, Inscriptions (Fn. 37), Nr. 28, S. 78-81, Z. 7-8: ... ἔδοξε τοῖς ἄρχουσι καὶ τῆ[ι] συνκλήτωι καὶ τῶι δήμωι τήν τε οἰκειότητα καὶ τὴν εὔνοιαν τὴν τῆς πόλεως τῆς Κώιων ἀποδέ<ξ>ασθαι.... S. dazu E. LEPORE, La vita (Fn. 55), S. 244.

60 Neapel *municipium* in der *tribus Maecia*: Cic., *Balb.*, 21; *epist.*, 13, 30; *leg. agr.*, 2, 86.

61 IG XIV 745 = E. MIRANDA, Iscrizioni (Fn. 53) Nr. 33 (Mitte 1. Jh. v. Chr.): Οἱ πολῖται Σέλευκον τὸν Σελεύκου δὶς [---] γυμνασίαρ- | χον, ἄρξαντα τὴν τεσσάρων ἀνδρῶν <ἀρχήν>, λαυκελαρχήσαντα, | ἄρχοντα τὸν διὰ πέντε ἐτῶν τιμητικὸν [---] | Ἀφροδίτης εὐνοίας θεοῖς.

62 Vgl. dazu F. SARTORI, Problemi (Fn. 1), S. 49-53; F. COSTABILE, Istituzioni (Fn. 6), S. 126-127.

63 ἄρχοντες: IG XIV 757 (70 n. Chr.); 758 (71 n. Chr.); 756a (Mitte 2. Jh. n. Chr.). ἀγορανόμοι: 756a (Mitte 2. Jh. n. Chr.). IG XIV 758 (71 n. Chr.); E. MIRANDA, Iscrizioni (Fn. 53) Nr. 84 (71 n. Chr.).

als „Antarchon“ bezeichnet[64]. Nur der Archon, offenbar der *conlega maior*, war πενταετηρικός = *quinquennalis*, hatte also censorische Funktionen inne[65]. Die beiden Agoranomoi hatten die Funktion von Ädilen inne[66].

Es ergibt sich, dass in Neapel die Funktionen des ursprünglichen römischen Quattuorvirats respektiert wurden, auch wenn sie nicht gleichmäßig unter die beiden Magistratenpaare innerhalb des Viererkollegiums aufgeteilt wurden – ich erinnere nur an die Quinquennalität.

Auch hier scheint der Archon im Verhältnis zu seinen drei Kollegen eine herausragende Position innegehabt zu haben, auch wenn wir hier nicht die absolute Konzentration der öffentlichen Aufgaben finden, die wir beim Prytanen von Rhegion festgestellt haben. So war der Prytane von Rhegion aller Wahrscheinlichkeit nach eponym. In Neapel hingegen kam die Eponymie einem außerhalb des *quattuorviri*-Kollegiums stehenden Magistraten zu: dem Demarchen, dessen Amt in der Tat auch in der munizipalen Periode weiterbestand und weiterhin die Eponymie innehatte, wie sich anhand von griechischen und lateinischen Inschriften der Kaiserzeit zeigen lässt[67].

Es ist nun Zeit, einige abschließende Überlegungen anzustellen: Generell können wir sagen, dass der ursprüngliche institutionelle Partikularismus der italiotischen Kolonien sich auch in römischer Zeit gehalten hat. In den drei untersuchten Zentren wurden also jeweils unterschiedliche Verfassungslösungen gefunden: *duoviri* in Tarent, *quattuorviri* in Rhegion und Neapel.

In allen drei Fällen handelte es sich um Lösungen, die, gemessen an dem von Rom verfolgten Reorganisationsprogramm, als Anomalien gelten müssen: Im *municipium* Tarent begegnen uns *duoviri* statt *quattuorviri*; in Rhegion und in Neapel nahm das Quattuorvirat gewissermaßen „hybride“ Formen an.

Dieser Partikularismus und diese Anomalien wurden offenkundig von römischer Seite toleriert und offiziell anerkannt. Unter den möglichen Motiven für die von den Römern eingenommene Haltung der „Offenheit“ und des „Kompromisses“ können wir im einzelnen folgende Punkte geltend machen:

1) Die Notwendigkeit der Dezentralisierung der Administration: Das Bemühen, so schnell und so gut wie möglich die institutionelle und administrative Funk-

---

64 ἄρχων + ἀντάρχων: IG XIV 760 (71 n. Chr.); E. MIRANDA, Iscrizioni (Fn. 53) Nr. 84 (71 n. Chr.).

65 IG XIV 741 = E. MIRANDA, Iscrizioni (Fn. 53), Nr. 30 (2. Hälfte des 1. Jh. v. Chr.): Ἡ φρητρία ἡ .... Λεύκιον | Ἐρέννιον Πύθωνος υἱὸν Ἄριστον | ἀρετῆς ἕνεκεν | καὶ εὐεργεσίας, | δημαρχήσαντα, λαυκελαρχήσαν- | τα, γραμματεύσαντα, ἄρξαντα τὸν | πενταετηρικὸν θεοῖς. Vgl. den gleichbedeutenden Ausdruck in IG XIV 745: ἄρχοντα τὸν διὰ πέντε ἐτῶν τιμητικὸν... (für τιμητικός = lat. *censorius* s. H. J. MASON, Greek Terms [Fn. 50], S. 93). Zur Quinquennalität s. Fn. 53.

66 S. Fn. 51.

67 S. z. B. die Texte in E. MIRANDA, Iscrizioni (Fn. 53), Nr. 44, 47, 55, 84 (1.-2. Jh. n. Chr.). Vgl. dazu F. COSTABILE, Istituzioni (Fn. 5), S. 151.

tionalität des neugestalteten römischen Staates zu sichern, konnte auch die mehr oder weniger zeitweilige Beibehaltung der bereits bestehenden griechischen Ordnungen und Magistraturen einschließen.

2) An zweiter Stelle steht ein grundsätzlicher Respekt gegenüber der griechischen Kultur und Zivilisation, die von den Römern stets als überlegen wahrgenommen wurde[68].

3) An dritter Stelle steht, besonders im Falle von Neapel und Rhegion, die Rücksichtnahme auf die von diesen beiden Städten im Laufe der historisch-politischen Wechselfälle des 4. bis 1. Jh. v. Chr. stets unter Beweis gestellte Romtreue. Die Treue der Rheginer war weithin bekannt: Ihr Allianzvertrag, den sie um das Jahr 280 v. Chr. geschlossen hatten, war zur Zeit des Bundesgenossenkrieges niemals gebrochen worden[69]. Ebenso berühmt war in der Antike die Treue der Neapolitaner gegenüber Rom, die an die 250 Jahre – vom Abschluss des *foedus* im Jahre 326 v. Chr. an – Bestand hatte[70]. In beiden Fällen hatten die zwischen Rom und den zwei Städten abgeschlossenen Verträge ihnen die volle politische und administrative Autonomie – z. B. das grundlegende Recht der eigenen Münzprägung – zugesichert. Die Beibehaltung der griechischen Titolaturen und Funktionen für die leitenden Magistraturen in Rhegion und Neapel kann somit auch als eine Form der Kompensation seitens der Römer verstanden werden.

4) Zuletzt sind auch ökonomische und soziale Gründe in Betracht zu ziehen. Oftmals wird in den Quellen die Gemeinsamkeit und Übereinstimmung der Interessen und Ideologien der römischen Nobilität und der proömischen aristokratischen Regierungseliten in Rhegion und Neapel betont[71]. Im Falle Rhegions bot

---

68 S. z. B. Hor., *ep.*, 2, 1, 156: *Graecia capta ferum victorem cepit et artis intulit agresti Latio* ... Vgl. J. L. FERRARY, Philhellénisme et impérialisme. Aspects idéologiques de la conquête romaine du monde hellénistique (1988); E. RAWSON, Roman Tradition and the Greek World, in: CAH VIII, 2. Aufl. (1989), S. 422-476; S. E. ALCOCK, Graecia capta. The Landscapes of Roman Greece (1993), bes. 1-6; M. GRIFFIN, The intellectual developments of the Ciceronian age, in: CAH IX, 2. Aufl. (1994), S. 689-728, bes. 696-700.

69 Zur Romtreue Rhegions s. z. B. Polyb., 1, 7, 6-9; Dion. Hal., 20, 40; App., *Samn.*, 3, 9 (281-280 v. Chr.); Polyb., 1, 7, 11-13 (270 v. Chr.); Liv. 31, 31, 7 (270 v. Chr.: ... *urbem, agros suaque omnia cum libertate legibusque Reginis reddidimus*...); Plut., *Fab.*, 22, 1; Polyb., 9, 1, 10; Liv., 23, 30, 9; 26, 12, 2 (216-213 v. Chr.).

70 Zur Romtreue Neapels s. z. B. Vell. 1, 4, 2: *eximia semper in Romanos fides*. Vgl. auch Liv. 8, 26, 5-6 (*foedus aequum*); Polyb. 6, 14, 8 (Beibehaltung des Asylrechts); Liv. 9, 38, 2 (310 v. Chr. N. unter den *socii navales* Roms); Zon. 8, 4 (280 v. Chr.: N. gegen Pyrrhos); Diod. 26, 13; Liv. 23, 1, 5; 24, 13, 7; Zon. 9, 2 (216-214 v. Chr.: N. gegen Hannibal). Zu diesen Quellen s. jetzt S. DE CARO, La situazione in Campania. Cuma e Napoli, in: Tramonto della Magna Grecia (Fn. 4), S. 643-661, hier 654-657.

71 Für Rhegion s. die Quellen zit. Fn. 69. Für Neapel: Liv. 9, 38, 2 (310 v. Chr.); Polyb., 1, 20, 14 (264 v. Chr.); Liv., 22, 32 (217 v. Chr.); App., *Syr.*, 22, 101 (192-191 v. Chr.); Liv., 42, 48, 5 (171 v. Chr.). Generell zum Thema s. z. B. F. COSTABILE, I principes Locrensium e l'atteggiamento filoromano delle aristocrazie italiote nella tradizione liviana (216-205 a.C.), Historia 30 (1977), S. 179-187; E. LEPORE, Roma e le città greche o ellenizzate dell'Italia meridionale, in: Les

diese Konstellation den Römern die Möglichkeit, die strategische Position der Stadt in wirtschaftlicher und militärischer Hinsicht voll auszunützen. Z. B. liefen über den Hafen von Rhegion die Lebensmittel-Lieferungen (v. a. Getreide) und die Truppenverstärkungen aus Sizilien[72]. Was Neapel, die Stadt der Kaufleute und Reeder, angeht, so war sie, dank ihres Hafens perfekt in die Zirkulation von Wirtschafts- und Kulturgütern des gesamten Mittelmeer- und Ägäisraumes eingebunden. Vom 4. Jh. v. Chr. an entwickelte sich Neapel für Rom zu einem wichtigen Bezugspunkt und aktivem Partner gleichermaßen durch seine Werftindustrie wie durch sein mittels der Handelsbeziehungen gespanntes Netz nationaler und internationaler Verbindungen und durch die gut entwickelte Technik seiner Münzprägungen, die sich Rom rasch zu Eigen machte[73].

Wirtschaftliche und gesellschaftliche Gründe haben ohne Zweifel auch im Falle Tarents eine Rolle gespielt. Im Laufe des 4. und des 3. Jh. v. Chr. verfolgte Tarent bis zur äußersten Konsequenz eine Politik der Feindschaft gegenüber Rom, und diese Politik war letztlich der entscheidende Grund für den demographischen und wirtschaftlichen Niedergang der Stadt. Das im Jahre 272 v. Chr. nach der an der Seite des Pyrrhos erlittenen Niederlage abgeschlossene *foedus* mit Rom verpflichtete Tarent, Schiffe für die römische Flotte zu stellen[74]. Tarent bewahrte aber seine innere Autonomie[75]. Dennoch bildete die Berufung auf die alte Freiheit die Parole, unter der Tarent im Jahre 213 v. Chr. von Rom abfiel und sich dem Hannibal anschloss[76]. Die Stadt wurde bald darauf von den Römern zurückerobert (209 v. Chr.), der alte Vertrag wurde daraufhin erneuert, aber unter harten Bedingungen: Rom konfiszierte einen Teil des Territoriums von Tarent, verpflichtete die Stadt zur Entrichtung eines jährlichen Tributs und verwehrte ihr das Recht der eigenständigen Münzprägung[77]. Die Autonomie der Stadt war demnach verloren und die Wirtschaft beeinträchtigt[78].

„bourgeoisies" municipales italiennes aux IIe et Ier siècle av. J.-C., Colloque Internationaux, Naples 7-10 décembre 1981 (1983), S. 347-354.

72 S. dazu D. CASTRIZIO, Reggio Ellenistica (1995), S. 57-59.

73 S. darüber E. LEPORE, La vita (Fn. 55), S. 200-214, 234-239, 268-276. Zur Münzprägung s. A. STAZIO (Hg.), La monetazione di Neapolis nella Campania antica, Atti del Convegno del Centro Internazionale di Studi Numismatici, Napoli 1980 (1986), bes. S. 219-373 und 375-392.

74 Polyb. 1, 20, 14 (264 v. Chr.). S. auch Liv. 24, 13, 1 (vor 213 v. Chr.); Front., *strat.*, 3, 3, 1. Darüber s. A. MILAN, I „socii navales" di Roma, CS 20 (1973), S. 193-221, hier 208-211.

75 Liv., *per.*, 15: *victis Tarentinis pax et libertas data est.*

76 Liv., 25, 8-11; Strab., *Geogr.*, 6, 3, 1 C 278; Polyb., 8, 24-34.

77 *Ager publicus*: Liv. 44, 16, 7. *Stipendium* und *naves ex foedere*: Liv. 35, 16, 3 (193 v. Chr.); vgl. Liv. 36, 42, 1-3 (191 v. Chr.); Strab., *Geogr.*, 6, 3, 4 C 281. S. auch Liv., 27, 16, 7; Oros., 4, 18, 5; Eutrop., 3, 16, 2; Plut., *Fab.*, 22, 4-6; Cic., *pro Arch.*, 3, 5.

78 Letzteres auch aufgrund der immer stärkeren Konkurrenz des Hafens von Brundisium, der latinischen Kolonie, die von den Römern wahrscheinlich mit dem Zweck, dem Handel Tarents entgegenzuwirken, gegründet worden war (244 v. Chr.): s. L. MORETTI, Problemi (Fn. 17), S. 54-55.

Zu dieser schwierigen Situation kamen Massaker, Deportationen, Plünderungen, Knechtschaft: Die regierende Schicht, der Tendenz nach demokratisch und antirömisch, wurde von den Römern eliminiert oder versklavt; die alte, konservative und romanophile Herrenschicht war während der Okkupation durch Hannibal freiwillig oder gezwungenermaßen ins Exil gegangen[79]. Vielleicht geschah es in der Absicht, dem demographischen und wirtschaftlichen Niedergang Tarents entgegenzuwirken, dass Rom auf dem konfiszierten Territorium die Kolonie *Neptunia* gründete (123 v. Chr.). Diese Kolonie wurde nach 88 v. Chr. vom *municipium* Tarent „absorbiert"; die Kolonie ihrerseits „absorbierte" Tarent in dem Sinne, dass Tarent, auch politisch geschwächt, sogleich ihre Institutionen und Magistraturen übernahm.

Die institutionelle Romanisierung von Tarent erfolgte demnach unmittelbar und vollständig; dies geschah meiner Ansicht nach nicht aufgrund einer direkten Einwirkung Roms, sondern in Folge der oben skizzierten wirtschaftlichen und gesellschaftlichen Situation.

Im Gegensatz dazu vollzog sich die institutionelle Romanisierung von Neapel und Rhegion zumindest in der Anfangsphase nach eigenen Regeln und darüberhinaus langsam, ebenso wie im Übrigen auch die Romanisierung der Sprache und Kultur der beiden Städte. Die Kulte, Priestertümer und Feste, die Lehranstalten der griechischen Kultur und Philosophie haben dort ihre ursprünglichen griechischen Formen bis in die Kaiserzeit hinein bewahrt. So ist z. B. Neapel noch zur Zeit Neros als eine *quasi graeca urbs* angesehen worden[80].

Auch in Tarent verlief die kulturelle Romanisierung langsam und schrittweise, wie uns die griechischen Inschriften und Kulte der Kaiserzeit bezeugen[81]. Und auch die Aussage Strabons (6, 1, 2 C 253) ist wichtig, der für seine Zeit noch von einer griechischen Identität Tarents sprechen kann.

---

79 Liv., 27, 16, 7-9; Plut., *Fab.*, 22; *Marc.*, 21, 4; Strab., *Geogr.*, 6, 3, 1 C 278; Polyb. 13, 4. Vgl. H. VOLKMANN, Die Massenversklavungen der Einwohner eroberter Städte in der hellenistisch-römischen Zeit (1990), S. 39-43.

80 Tac., *ann.*, 15, 33, 2; Suet., *Nero*, 20, 2; vgl. Strab., *Geogr.*, 5, 4, 7 C 246, s. dazu F. SARTORI, Problemi (Fn. 1), S. 43-44; E. MIRANDA, Istituzioni, agoni e culti, in: Napoli antica. Catalogo della Mostra, Museo Archeologico Nazionale (1985), S. 386-389; S. DE CARO, La situazione (Fn. 70), 659-661. Zur Gräzität von Rhegion s. I. SAVALLI/C. MICHELINI, Reggio (Fn. 28), S. 7-12; L. D'AMORE, La pritania (Fn. 38), *passim*.

81 S. z. B. ILS 6462 (2. Jh. n. Chr.) und darüber E. LIPPOLIS/S. GARRAFFO/M. NAFISSI, Taranto (Fn. 7), S. 25-27; E. LIPPOLIS, Taranto romana: dalla conquista all'età augustea, in: Tramonto della Magna Grecia (Fn. 3), S. 235-312, bes. 246-253, 292-295. Vgl. auch Hor., *carm.*, 2, 6, 9; Sen., *de tr.anim.*, 9, 2, 13; *ep.*, 68, 5; Cic., *pro Arch.*, 3, 5; *de fin.*, 1,3, 7.

Auf den Spuren des Synallagma – Überlegungen zu D. 2.14.7.2 und D. 50.16.19

Peter Gröschler, Mainz

Der griechische Begriff συνάλλαγμα taucht in den Digesten bekanntlich genau zweimal auf, nämlich in Ulpian/Aristo D. 2.14.7.2 und Ulpian/Labeo D. 50.16.19. Im Rahmen dieses Beitrags soll untersucht werden, warum die römischen Juristen Labeo und Aristo hier auf ein griechisches Fremdwort zurückgreifen. Insbesondere soll der Frage nachgegangen werden, ob wir es mit einem rechtsvergleichenden Ansatz der beiden Juristen zu tun haben.

I. Überblick über den Meinungsstand

1. Die Bedeutung des griechischen Begriffs Synallagma

In der heutigen romanistischen Literatur wird überwiegend vertreten, dass der griechische Begriff συνάλλαγμα einfach „Abmachung" bzw. „Vertrag" bedeute[1]. Bei KASER liest man etwa: „συνάλλαγμα drückt dem Wortsinn nach nicht mehr aus als den formfrei geschlossenen Schuldvertrag"[2]. Diese Gleichsetzung von συνάλλαγμα und Vertrag im Sinne einer Abmachung zwischen den Parteien wird im Folgenden zu überprüfen sein.

Was das heute geltende Zivilrecht betrifft, verwenden wir den Begriff „Synallagma" freilich nicht für alle Verträge, sondern speziell für das Gegenseitigkeitsverhältnis, also für den Fall, dass die Vertragspartner ihre Leistung gerade um der Gegenleistung willen erbringen, wie das etwa beim Kaufvertrag der Fall ist. Üblicherweise wird dieses Gegenseitigkeitsverhältnis auch mit dem Ausdruck *do ut*

1 Vgl. DE FRANCISCI, ΣΥΝΑΛΛΑΓΜΑ, Storia e dottrina dei cosiddetti contratti innominati II, 1916, 500; PARTSCH, Das Dogma des Synallagma im römischen und byzantinischen Recht, in: Aus nachgelassenen und kleineren verstreuten Schriften (1931), S. 3, 11; WUNNER, Contractus, Sein Wortgebrauch und Willensgehalt im klassischen römischen Recht (1964), S. 38; ALBANESE, 'Agere' 'gerere' e 'contrahere' in D. 50.16.19. Congetture su una definizione di Labeone, SD 38 (1972), S. 189, 236; BISCARDI, Quod Graeci synallagma vocant, Labeo 29 (1983), S. 127, 135; SANTORO, Il contratto nel pensiero di Labeone, AUPA 37 (1983), S. 5, 37 f., 58; DALLA MASSARA, Alle origini della causa del contratto (2004), S. 299. Zum Gebrauch von συνάλλαγμα im Sinne von „Vertrag" und auch „Vertragsurkunde" in den Papyri siehe PREISIGKE/KIEßLING, Wörterbuch der griechischen Papyrusurkunden II (1927), S. 524 f.; SEIDL, RE IV A.2 (1932), s.v. Συνάλλαγμα, S. 1322 f.; TAUBENSCHLAG, The Law of Greco-Roman Egypt in the Light of the Papyri (1955), S. 292 f.; LIDDELL/SCOTT, A Greek-English Lexicon, With a revised supplement (1996), s.v. συνάλλαγμα, S. 1694.

2 KASER, Das Römische Privatrecht I, 2. Aufl. (1971), S. 529; vgl. auch KASER/KNÜTEL, Römisches Privatrecht, 18. Aufl. (2005), S. 193 (§ 38 Rn. 24).

des („Ich gebe, damit du gibst.") umschrieben, was zumindest den Anschein einer römischrechtlichen Wurzel unseres heutigen Synallagmabegriffs erweckt[3].

Geht man davon aus, dass συνάλλαγμα ganz einfach „Abmachung" bzw. „Vertrag" bedeutet, dann hat jedenfalls der griechische Begriff mit unserem heutigen Verständnis von „Synallagma" nichts zu tun. Der griechische Begriff ist nicht etwa auf die Gegenseitigkeitsverhältnisse beschränkt, sondern erfasst auch unentgeltliche Verträge wie etwa das zinslose Darlehen, die Leihe und die Verwahrung.

Eine denkbar weite Verwendung des Begriffs συνάλλαγμα findet sich bei Aristoteles in der Nikomachischen Ethik:

> Arist. Eth. Nic. 5.5 (Bekker 1130b 33 - 1131a 9)[4]
>
> ..., ἕν δ` τὸ ἐν τοῖς συναλλάγμασι διορθωτικόν. τούτου δ` μέρη δύο· τῶν γὰρ συναλλαγμάτων τὰ μ`ν ἑκούσιά ἐστι τὰ δ' ἀκούσια, ἑκούσια μ`ν τὰ τοιάδε οἷον πρᾶσις ὠνὴ δανεισμὸς ἐγγύη χρῆσις παρακαταθήκη μίσθωσις (ἑκούσια δ` λέγεται, ὅτι ἡ ἀρχὴ τῶν συναλλαγμάτων τούτων ἑκούσιος), τῶν δ' ἀκουσίων τὰ μ`ν λαθραῖα, οἷον κλοπὴ μοιχεία φαρμακεία προαγωγεία δουλαπατία δολοφονία ψευδομαρτυρία, τὰ δ` βίαια, οἷον αἰκία δεσμὸς θάνατος ἁρπαγὴ πήρωσις κακηγορία προπηλακισμός.
>
> ..., eine andere [Art der besonderen Gerechtigkeit] ist die regelnde Gerechtigkeit im Bereich der menschlichen Beziehungen. Diese hat zwei Teile: Es gibt nämlich freiwillige Beziehungen und unfreiwillige. Zu den freiwilligen Beziehungen gehören z. b. Verkauf und Kauf, Darlehen, Bürgschaft, Leihe, Verwahrung und Verdingung (hier spricht man von freiwilligen Beziehungen, weil der Entstehungsgrund dieser Beziehungen der freie Wille ist). Zu den unfreiwilligen Beziehungen gehören teils heimliche Handlungen, wie Diebstahl, Ehebruch, Giftmischerei, Kuppelei, Korrumpieren von Sklaven, Mord, falsches Zeugnis, teils gewaltsame Handlungen, wie Misshandlung, Freiheitsberaubung, Totschlag, Raub, Verstümmelung, üble Nachrede und Beschimpfung.

---

3 Siehe statt aller LARENZ, Lehrbuch des Schuldrechts I (1987), S. 202 (§ 15 I): „Das Grundprinzip des gegenseitigen Vertrages ist somit das uralte 'do ut des': jeder gibt, damit der andere gibt."; HECK, Grundriß des Schuldrechts (1929), S. 126 (§ 42, 2). Bei ENNECCERUS/LEHMANN, Recht der Schuldverhältnisse, 15. Aufl. (1958), S. 139 Fn. 2 (§ 32 II), wird auf das „nicht erklärende, sondern verdunkelnde Fremdwort 'synallagmatische' Verträge" hingewiesen.

4 Aristoteles erläutert hier die *iustitia commutativa* bzw. *correctiva* (ausgleichende bzw. regelnde Gerechtigkeit) als Unterfall der besonderen Gerechtigkeit. Zur Einteilung der Gerechtigkeit durch Aristoteles siehe MANTHE, Beiträge zur Entwicklung des antiken Gerechtigkeitsbegriffes I. Die Mathematisierung durch Pythagoras und Aristoteles, ZRG-RA 113 (1996), S. 1 ff., 4 ff.; vgl. auch MAFFI, 'Synallagma' e obbligazioni in Aristotele, Spunti critici, in: Atti del II seminario romanistico gardesano, 12-14 giugno 1978 (1980), S. 11 ff.; HARKE, Vorenthaltung und Verpflichtung (2005), S. 11 ff.

Der Begriff συνάλλαγμα wird hier im Sinne von „menschliche Beziehungen“ gebraucht[5], wobei Aristoteles zwischen den freiwilligen Beziehungen, den συναλλάγματα ἑκούσια, und den unfreiwilligen Beziehungen, den συναλλάγματα ἀκούσια, unterscheidet. Die vertraglichen Beziehungen wie Kauf, Darlehen, Bürgschaft, Leihe usw. sind freiwillig, die deliktischen Beziehungen, die aufgrund von Diebstahl, Ehebruch, Giftmischerei usw. entstehen, sind dagegen unfreiwillig[6].

Was die Erklärung des Gebrauchs von συνάλλαγμα in unseren beiden Digestenstellen betrifft, hilft Aristoteles’ weiter συνάλλαγμα-Begriff, der nicht nur vertragliche, sondern auch deliktische Verhältnisse erfasst, nicht unmittelbar weiter[7].

2. Rezeption des Begriffs durch die römischen Juristen

Die eigentlich interessierende Frage im Zusammenhang mit den beiden Stellen D. 2.14.7.2 und D. 50.16.19 ist freilich nicht so sehr, welche Bedeutung der

---

5 Zum weiten Bedeutungsfeld von συνάλλαγμα, das „Umgang“, „Beziehung unter Menschen“, „menschlicher Kontakt“ bedeuten kann, siehe NELSON/MANTHE, Studia Gaiana VIII (1999), S. 52 f.; BENÖHR, Das sogenannte Synallagma in den Konsensualkontrakten des klassischen römischen Rechts (1965), S. 8. Ganz allgemein meint συναλλάττειν „zusammenbringen“, „mit jemandem zu tun haben“, während ἀλλάττειν für „tauschen“, „eintauschen“, „verändern“ steht.

6 HARKE, Vorenthaltung und Verpflichtung (Fn. 4), S. 23 ff., nimmt an, dass die von Aristoteles vorgenommene gemeinsame Zuordnung von Delikten und Verträgen und sein Konzept der regelnden Gerechtigkeit als Konsequenz des griechischen Vertragsmodells zu verstehen sei. Auch PELLOSO, Le origini aristoteliche del συνάλλαγμα di Aristone, in: GAROFALO (Hg.), La compravendita e l’interdipendenza delle obbligazioni nel diritto romano I (2007), S. 3, 23 ff., 35 ff., versucht, die von Aristoteles beschriebenen συναλλάγματα ἑκούσια auf der Grundlage der Zweckverfügungslehre zu deuten, indem er den Halbsatz ὅτι ἡ ἀρχὴ τῶν συναλλαγμάτων τούτων ἑκούσιος (weil der Entstehungsgrund dieser Beziehungen der freie Wille ist) im Sinne der Erbringung der vereinbarten Vorleistung durch eine der Parteien versteht. Auch wenn die Ausführungen Aristoteles’ sicherlich mit dem Modell der Zweckverfügung nicht in Widerspruch stehen, lassen sich aus der Stelle dennoch keine unmittelbaren Rückschlüsse auf ein bestimmtes Vertragsmodell ziehen. Vgl. gegen eine solche Interpretation auch H. J. WOLFF, Zum Problem der dogmatischen Erfassung des altgriechischen Rechts, in: Symposion 1979 (1983), S. 9, 13.

7 Vgl. auch SARGENTI, Labeone: la nascita dell’idea di contratto nel pensiero giuridico romano, IVRA 38 (1987), S. 51 f.; GROSSO, ‘Contractus’ e συνάλλαγμα nei giuristi romani, in: Scritti in onore di Giuliano Bonfante I (1976), S. 341, 343 f.; ALBANESE, SD 38 (1972), S. 237 f., der daher den Halbsatz *quod Graeci* συνάλλαγμα *vocant* in D. 50.16.19 für unecht hält. Eine Interpolation erwägt auch SEIDL, RE IV A.2, s.v. Συνάλλαγμα, S. 1323. Dagegen ist SCHIAVONE, Giuristi e nobili della Roma repubblicana (1992), S. 176, der Ansicht, Aristoteles’ Verwendung von συνάλλαγμα und das von Labeo in D. 50.16.19 gebrauchte Konzept der *ultro citroque obligatio* seien „perfettamente omogeneo“; vgl. auch BISCARDI, Labeo 29 (1983), S. 137 f. Nach GALLO, Synallagma e conventio nel contratto II (1995), S. 104 f., stehe Aristoteles’ συνάλλαγμα-Begriff den von Aristo in D. 2.14.7.2 genannten Beispielen *(‘dedi tibi rem ut mihi aliam dares’; ‘dedi ut aliquid facias’)* näher als dem Ausdruck *ultro citroque obligatio* in D. 50.16.19. Für Kontinuität der Bedeutung des Begriffs συνάλλαγμα von Aristoteles bis zu Labeo und Aristo auch BISCOTTI, Dal pacere ai pacta conventa (2002), S. 430 f., 438 f.; DALLA MASSARA, Alle origini della causa del contratto (Fn. 1), S. 308 ff., 311 ff.; STOLFI, Introduzione allo studio dei diritti greci (2006), S. 163 f., 168 f.; PELLOSO, Le origini aristoteliche (Fn. 6), S. 78, 85 ff.

griechische Begriff συνάλλαγμα hatte. Vielmehr ist entscheidend, wie die römischen Juristen Labeo und Aristo diesen Begriff verstanden und verwendet haben; mit anderen Worten: Es geht um die Frage nach der Rezeption des Begriffs συνάλλαγμα durch die römischen Juristen.

Diese Frage ist in der romanistischen Literatur nach wie vor umstritten. Diskutiert wird, ob in den römischen Quellen bereits eine Bedeutungsverengung auf das Gegenseitigkeitsverhältnis im heutigen Sinn feststellbar ist. Deutlich Position bezieht BENÖHR, der in seiner Untersuchung der Verwendung von συνάλλαγμα in den römischen Rechtsquellen zu folgendem Ergebnis kommt[8]: „Συνάλλαγμα hat also nirgends … die Bedeutung ‚gegenseitiger Vertrag' oder ‚gegenseitige Abhängigkeit von Leistung und Gegenleistung'". Ob dem zuzustimmen ist, wird im Weiteren zu untersuchen sein.

II. Synallagma in den Digesten

Zunächst sollen nun die beiden Digestenstellen D. 2.14.7.2 und 50.16.19 näher betrachtet werden.

---

8 BENÖHR, Das sogenannte Synallagma (Fn. 5), S. 16, 118. Wie BENÖHR auch KUNKEL/HONSELL, Römisches Recht, 4. Aufl. (1987), S. 255 Fn. 40; KASER, Das Römische Privatrecht I (Fn. 2), S. 529; KASER/KNÜTEL, Römisches Privatrecht (Fn. 2), (§ 38 Rn. 24); SEIDL, RE IV A.2, s.v. Συνάλλαγμα, S. 1323; PARTSCH, Rez. zu DE FRANCISCI, ΣΥΝΑΛΛΑΓΜΑ I (1913), ZRG-RA 35 (1914), S. 335, 336; DERS., Das Dogma des Synallagma (Fn. 1), S. 11, 15.

Dafür, dass Labeo συνάλλαγμα im Sinne eines Gegenseitigkeitsverhältnisses verstanden hat, spricht sich jedoch WUNNER, Contractus (Fn. 1), S. 40, 218, aus. Nach NELSON/MANTHE, Studia Gaiana VIII (Fn. 5), S. 447, habe Labeo den Ausdruck *ultro citroque obligatio* im Sinne der Gegenseitigkeit der Verpflichtungen gebraucht und auch mit dem Begriff συνάλλαγμα eine stärkere Betonung der Gegenseitigkeit verbunden. Auch BÜRGE, Römisches Privatrecht, Rechtsdenken und gesellschaftliche Verankerung (1999), S. 139, weist darauf hin, dass Labeo den griechischen Ausdruck Synallagma in D. 50.16.19 gerade zur Erläuterung der Austauschverträge herangezogen habe. Vgl. auch DALLA MASSARA, Alle origini della causa del contratto (Fn. 1), S. 114 ff.; GALLO, Synallagma e conventio nel contratto I (1992), S. 156 f. (anders noch DERS., Eredità di giuristi romani in materia contrattuale, SD 55 [1989], S. 123, 150 [= DERS., in: Le teorie contrattualistiche romane nella storiografia romana, Atti del conv. di dir. rom., Siena 14-15 aprile 1989 {1991}, S. 3, 35]); SCHIAVONE, Giuristi e nobili nella Roma repubblicana (1987, Neudruck 1992), S. 166: „reciprocità ('ultro citroque') di questa condizione che stringe i protagonisti del 'contrahere'"; DERS., Ius, L'invenzione del diritto in Occidente (2005), S. 284; TALAMANCA, Rez. zu Schiavone, Giuristi e nobili nella Roma repubblicana (1987), BIDR 91 (1988), S. 881, 906; GROSSO, Il sistema romano dei contratti, 3. Aufl. (1963), S. 49, 51 f. mit[1].

1. Ulpian/Labeo D. 50.16.19

In D. 50.16.19 zitiert Ulpian den Frühklassiker Labeo, der in seinem Kommentar zum Edikt des Stadtprätors eine Einteilung der Geschäfte vornimmt[9].

Ulp. 11 ad ed., D. 50.16.19

Labeo libro primo <ad edictum> praetoris urbani definit, quod quaedam 'agantur', quaedam 'gerantur', quaedam 'contrahantur': et actum quidem generale verbum esse, sive verbis sive re <sive litteris> quid agatur, ut in stipulatione vel numeratione: contractum autem ultro citroque obligationem, quod Graeci συνάλλαγμα *vocant, veluti emptionem venditionem, locationem conductionem, societatem: gestum rem significare sine verbis factam.*

Labeo gibt im ersten Buch zum Edikt des Stadtprätors folgende Definition: Gewisse Geschäfte werden 'durch Handeln geschlossen' *(agere)*, andere 'geführt' *(gerere)*, wieder andere 'durch Abmachung begründet' *(contrahere)*. Und zwar sei 'Geschäftsabschluss durch Handeln' *(actus)* eine allgemeine Bezeichnung, sei es, dass ein Geschäft durch förmliche Worte, durch Sachhingabe <oder durch briefliche Ermächtigung> abgeschlossen wird, etwa bei einem förmlichen Versprechen oder bei der Auszahlung von Geld. Eine 'Abmachung' *(contractus)* jedoch sei eine beiderseitige Verpflichtung, welche die Griechen 'Synallagma' nennen, wie zum Beispiel der Kauf und Verkauf, Vermietung und Miete, Gesellschaft. Die 'Geschäftsführung' *(gestus)* bezeichnet eine ohne Worte vorgenommene Tätigkeit.

Labeo teilt ein in Geschäfte, die 'durch Handeln geschlossen werden', Geschäfte, die 'geführt' werden, und Geschäfte, die 'durch Abmachung begründet' werden; die Schlüsselbegriffe hierfür sind *agere*, *gerere*, *contrahere*. Ein Geschäft, das durch Handeln *(actus)*[10] abgeschlossen wird, ist nach Labeo etwa die *stipulatio*, die durch förmliche Frage und Antwort zustande kommt; als weiteres Beispiel nennt Labeo das Darlehen, das als Handlung die Auszahlung des Darlehensbetrags voraussetzt. Auch der Litteralvertrag, der von Labeo vermutlich ebenfalls erwähnt worden ist und wohl

---

9 Dagegen geht KASER, Divisio Obligationum, in: Römische Rechtsquellen und angewandte Juristenmethode (1986), S. 155, 163 (= DERS., in: Studies in Justinian's Institutes in Memory of J. A. C. THOMAS [1983], S. 73, 79), davon aus, Labeo nehme eine Einteilung der menschlichen Handlungen vor. Die von Labeo genannten Beispiele zeigen aber, dass es speziell um rechtsgeschäftliches Handeln geht; vgl. auch SARGENTI, IVRA 38 (1987), S. 36; NELSON/MANTHE, Studia Gaiana VIII (Fn. 5), S. 467 f.

10 Bei den Formen *actum*, *contractum*, *gestum* handelt es sich nicht – was höchst ungewöhnlich wäre – um substantivierte Neutra des Partizips Perfekt Passiv zu *agere*, *contrahere*, *gerere* (im Sinne von 'das durch Handeln Geschlossene', 'das durch Abmachung Begründete', 'das Geführte'), sondern einfach um die Akkusativformen der Substantive *actus*, *contractus* und *gestus*; vgl. NELSON/MANTHE, Studia Gaiana VIII (Fn. 5), S. 447, 462.

von den Kompilatoren gestrichen wurde[11], setzt bestimmte Handlungen voraus, nämlich das Senden eines Ermächtigungsbriefes durch den Schuldner und die Eintragung der Forderung durch den Gläubiger in sein Hausbuch.

Anschließend beschreibt Labeo die Geschäfte, die durch eine Abmachung im Sinne einer beiderseitigen Verpflichtung begründet werden: *contractum autem ultro citroque obligationem*. Gemeint ist, dass sich der eine Vertragspartner gegenüber dem anderen verpflichtet und umgekehrt. Der Ausdruck *ultro citroque obligatio* lässt sich wörtlich mit „Hinüber-und-Herüber-Verpflichtung" übersetzen[12]. Als Beispiele für eine derartige beiderseitige Verpflichtung werden Kauf, Miete und Gesellschaft genannt.

Die dritte Kategorie bilden für Labeo Geschäfte, die geführt werden: Die Geschäftsführung *(gestus)* sei eine ohne Worte *(sine verbis)* vorgenommene Tätigkeit. Es sind hier keine Beispiele genannt, was aber nicht daran liegen muss, dass Labeo hier selbst unsicher war und daher die Kategorie des *gerere* nicht weiter präzisieren wollte[13]. Näher liegt, dass es sich um eine nachträgliche Kürzung des Zitats handelt, die bereits auf Ulpian zurückzuführen sein könnte. Der Sache nach wird man im Zusammenhang mit der Kategorie des *gerere* ohne weiteres an die Geschäftsführung ohne Auftrag *(negotium gestum)* denken müssen[14], vielleicht – aufgrund der Nähe zum *negotium gestum* – auch an die Vormundschaft *(tutelam gerere)*[15] sowie womöglich auch an die *pro herede gestio*[16]. Labeo könnte diese Fälle des *gerere* als rechtsgeschäftliches Handeln im weiteren Sinn aufgefasst haben[17]. Nicht zuletzt könnte auch das Rechtsgeschäft des *mandatum* in die Kategorie des *gerere* fallen[18].

---

11 SARGENTI, IVRA 38 (1987), S. 21 f., hält es für möglich, dass bereits Labeo den Litteralvertrag – aufgrund seiner geringeren Bedeutung im Vergleich zu *mutuum* und *stipulatio* – weggelassen habe. Angesichts der ausführlichen Behandlung des Litteralvertrags noch bei Gaius (Gai. Inst. 3.89, 128-134) ist diese Auslassung für einen frühklassischen Juristen wie Labeo allerdings unwahrscheinlich.

12 Zum ungewöhnlichen Gebrauch von *ultro citroque* als adjektivisches Attribut vgl. WUNNER, Contractus (Fn. 1), S. 37; BENÖHR, Das sogenannte Synallagma (Fn. 5), S. 11 Fn. 47. Angesichts der dogmatischen Pionierleistung, die Labeo mit seiner Einteilung erbrachte (unten vor Fn. 19), spricht dieser ungewöhnliche Gebrauch freilich nicht gegen die Echtheit des Ausdrucks *ultro citroque obligatio*.

13 Diese Möglichkeit nennt SARGENTI, IVRA 38 (1987), S. 35 f.

14 SARGENTI, IVRA 38 (1987), S. 36 f.

15 Immerhin wird die *tutela*, vielleicht aufgrund des ursprünglich bestehenden Ablehnungsrechts des Vormunds, in Gai. Inst. 4.182 zu den *contractus* und damit zum rechtsgeschäftlichen Bereich gerechnet; vgl. KASER, Das Römische Privatrecht I (Fn. 2), S. 365 mit Fn. 28.

16 Vgl. ALBANESE, SD 38 (1972), S. 242 ff.; BENÖHR, Das sogenannte Synallagma (Fn. 5), S. 11 mit Fn. 44.

17 A.A. GALLO, SD 55 (1989), S. 123 ff., 143, 146 (= DERS., in: Le teorie contrattualistiche [Fn. 8], S. 3 ff., 27, 30 f.); DERS., Synallagma e conventio I (Fn. 8), S. 96 f., 102, 107 f., 119, 142 f., der den letzten Satz der Stelle für interpoliert hält und weitgehende Textveränderungen vorschlägt (S. 108).

18 Hierzu gleich (unten bei Fn. 20).

Auch wenn die an den Schlüsselbegriffen *agere*, *gerere* und *contrahere* ausgerichtete Einteilung der Geschäfte nicht unserer heutigen Sichtweise entspricht, darf man die Pionierleistung Labeos, auch was die erste juristisch-technische Definition des Begriffs *contractus* betrifft, nicht geringschätzen. Es handelt sich um nichts weniger als den ersten Versuch, eine Einteilung der Geschäfte bzw. des rechtsgeschäftlichen Handelns vorzunehmen. Dass sich Labeo mit seiner Einteilung und mit seiner Kontraktsdefinition – zu Recht – nicht durchsetzen konnte[19], steht auf einem anderen Blatt. Sucht man nach dem sachlichen Kriterium, nach dem Labeo seine Einteilung vornahm, muss man bei den Schlüsselbegriffen *agere*, *gerere* und *contrahere* ansetzen: Offenbar stellte Labeo auf die charakteristischen Merkmale der jeweiligen Geschäfte ab. Bei der Stipulation, beim Darlehen und beim Litteralvertrag sieht er das Charakteristikum in der besonderen Handlung, die vorzunehmen ist, nämlich das förmliche Versprechen, die Sachhingabe sowie das Senden des Ermächtigungsbriefes bzw. die Eintragung der Forderung im Hausbuch. Bei *emptio venditio*, *locatio conductio* und *societas* liegt das Charakteristikum in der beiderseitigen Verpflichtung der Parteien. In den Fällen des *gerere* ist das Charakteristikum die Geschäftsführung, die ohne Worte *(sine verbis)* vorgenommen wird.

Handelt es sich bei der *sine verbis* vorgenommenen Geschäftsführung nur um das charakteristische Merkmal der Tatbestände, die Labeo unter die Kategorie des *gerere* fasste, so kann auch das *mandatum*, das nicht anders als das *negotium gestum* eine Geschäftsführung zum Gegenstand hatte, als Fall des *gerere* angesehen werden[20]. Auf die Willensübereinstimmung, die natürlich auch beim *mandatum* erforderlich war und die im Regelfall nicht *sine verbis* erfolgte, kam es Labeo offenbar nicht an, genauso wie er bei *emptio venditio*, *locatio conductio* und *societas* nicht die Willensübereinstimmung, sondern die beiderseitigen Verpflichtungen im Blick hatte. Erst Gaius sieht den Vertragsschluss durch Willensübereinstimmung als das entscheidende Kriterium an und fasst *emptio venditio*, *locatio conductio*, *societas* und *mandatum* gemeinsam unter dem Oberbegriff der Konsensualobligationen zusammen[21].

In unserem Zusammenhang interessiert nun in besonderer Weise die Verwendung des Ausdrucks *ultro citroque obligatio*. Labeo erklärt diesen Ausdruck mit dem griechischen Fremdwort συνάλλαγμα: *quod Graeci* συνάλλαγμα *vocant*. Zum Teil wird vertreten, Labeo habe mit *ultro citroque obligatio* nicht die beiderseitige Verpflichtung der Parteien gemeint, sondern die beiderseitige Abgabe von Willenserklärungen bzw. die gegenseitige Willensübereinstimmung der Parteien[22]. Der Aus-

19 Vgl. nur NELSON/MANTHE, Studia Gaiana VIII (Fn. 5), S. 466, 468.

20 Dass Labeo das *mandatum*, das bereits von Cicero ausdrücklich den *bonae fidei iudicia* zugeordnet wird (Cic. de off. 3.17.70; top. 17.66), nicht mit berücksichtigt hätte, ist kaum wahrscheinlich.

21 Gai. 3.89, 135 f.

22 Vgl. BENÖHR, Das sogenannte Synallagma (Fn. 5), S. 11, 12 f., 118; MACHEINER, Zu den Anfängen des Kontraktssystems, in: Festgabe für Arnold HERDLITCZKA (1972), S. 167, 173 ff.; CERAMI, D. 2.14.5 (Ulp. 4 ad ed.), Congetture sulle 'tres species conventionum', AUPA 36

druck *ultro citroque obligatio* meine also ganz einfach das Zustandekommen des Vertrags durch die Willenserklärungen bzw. die Willensübereinstimmung der Parteien, nicht jedoch die Gegenseitigkeit der Verpflichtungen. Hiergegen ist allerdings einzuwenden, dass die beiderseitige Abgabe von Willenserklärungen bzw. die Willensübereinstimmung der Parteien kein geeignetes Abgrenzungskriterium darstellen würde: Beiderseitige Willenserklärungen und eine Willensübereinstimmung der Parteien waren im römischen Recht bei jeder Art von Vertrag erforderlich, insbesondere auch bei den Verbal- und Realverträgen[23]. Dennoch sieht Labeo die *stipulatio* und die Auszahlung eines Darlehens nicht als Fälle einer *ultro citroque obligatio* an, weshalb er sie nicht dem *contrahere*, sondern dem *agere* zuordnet.

Der Ausdruck *ultro citroque obligatio* wird daher ganz überwiegend und auch zu Recht im Sinne einer Gegenseitigkeit der Verpflichtungen verstanden[24]. Dafür spre-

---

(1976), S. 123, 194 ff. (= Atti Acc. Napoli 85 [1974], S. 269, 316 ff.; SANTORO, AUPA 37 (1983), S. 14 ff., 29 ff. und passim; in diesem Sinne auch noch GRÖSCHLER, Die tabellae-Urkunden in den pompejanischen und herkulanensischen Urkundenfunden (1997), S. 269 Fn. 249. Ebenso bereits PARTSCH, ZRG-RA 35 (1914), S. 336, wonach συνάλλαγμα für die klassischen römischen Juristen einfach „Vertrag, conventio, das ultro citroque consensu factum" bedeutet habe; DERS., Das Dogma des Synallagma (Fn. 1), S. 13 f. Nicht auf die beiderseitigen Willenserklärungen, sondern auf das beiderseitige Verhalten („atteggiamento") der Parteien stellt CANNATA, Contratto e causa nel diritto romano, in: VACCA (Hg.), Causa e contratto nella prospettiva storica comparatistica (1997), S. 35, 46 f., ab.

23 Vgl. nur Ulp. D. 2.14.1.3: ... *nullum esse contractum, nullam obligationem, quae non habeat in se conventionem, sive re sive verbis fiat: nam et stipulatio, quae verbis fit, nisi habeat consensum, nulla est.*

24 PELLOSO, Le origini aristoteliche (Fn. 6), S. 53 ff.; ZHANG, Contratti innominati nel diritto romano, Impostazioni di Labeone e di Aristone (2007), S. 157; STOLFI, Introduzione allo studio dei diritti greci (Fn. 7), S. 162; DALLA MASSARA, Alle origini della causa del contratto (Fn. 1), S. 115 ff.; BISCOTTI, Dal pacere (Fn. 7), S. 430; NELSON/MANTHE, Studia Gaiana VIII (Fn. 5), S. 447; BÜRGE, Römisches Privatrecht (Fn. 8), S. 139; KNÜTEL, La causa nella dottrina dei patti, in: Causa e contratto (Fn. 22), S. 131, 133; GALLO, Synallagma e conventio I (Fn. 8), S. 153 ff., 156; ders., Synallagma e conventio II (Fn. 7), S. 5, 101; DERS., SD 55 (1989), S. 149 f., 155 f. (= DERS., in: Le teorie contrattualistiche [Fn. 8], S. 34 f., 41 f.); SCHIAVONE, Giuristi e nobili (Fn. 7), S. 166; TALAMANCA, La tipicità dei contratti romani fra 'conventio' e 'stipulatio' fino a Labeone, in: MILAZZO (Hg.), Contractus e pactum, Tipicità e libertà negoziale nell'esperienza tardo-repubblicana (1990), S. 35, 96; SARGENTI, IVRA 38 (1987), S. 48 ff.; BURDESE, Sul riconoscimento civile dei c.d. contratti innominati, IVRA 36 (1985), S. 14, 21 f.; DERS., Ancora sul contratto nel pensiero di Labeone, SD 51 (1985), S. 458, 459; MACCORMACK, Contractual Theory and the Innominate Contracts, SD 51 (1985), S. 131, 136; BISCARDI, Labeo 29 (1983), S. 137; Albanese, SD 38 (1972), S. 227, 237, 245; WUNNER, Contractus (Fn. 1), S. 36 ff., 218; GROSSO, Il sistema (Fn. 8), S. 48 ff.; ders., in: Scritti Giuliano Bonfante I (Fn. 7), S. 341; D'ORS, Creditum und contractus, ZRG-RA 74 (1957), S. 73, 93 f.; PERNICE, Labeo, Römisches Privatrecht im ersten Jahrhundert der Kaiserzeit I (1873, Neudruck 1963), S. 469 f.; DERS., Parerga III, Zur Vertragslehre der römischen Juristen, ZRG-RA 9 (1888), S. 195, 249 f.

KASER, Römische Rechtsquellen (Fn. 9), S. 164 (vgl. DERS., in: Studies in Justinian's Institutes in Memory of J. A. C. Thomas, S. 79 f.), spricht davon, dass Labeo *contrahere* in einem „besonderen, prägnanten Sinn" gebrauche, der erst bei Aristo in Ulp. D. 2.14.7.2 wiederkehre. MELILLO, Forme e teorie contrattuali nella età dal Principato, in: ANRW II 14 (1982), S. 450, 475 f., 477 f., versteht *contractus* und damit auch *ultro citroque obligatio* als „corrispondersi di due situazioni di

chen nicht zuletzt die von Labeo angeführten Beispiele, nämlich *emptio venditio*, *locatio conductio* und *societas*, die allesamt ein Gegenseitigkeitsverhältnis aufweisen[25]. Es ist bezeichnend, dass Labeo den vierten Konsensualvertrag, das *mandatum*, gerade nicht als Beispiel für einen *contractus* im Sinne einer *ultro citroque obligatio* nennt[26]. Beim Auftrag handelt es sich um ein unentgeltliches Geschäft und daher nicht um einen gegenseitigen Vertrag. Es kommt – anders als etwa bei der Leihe – nicht einmal notwendig zu beiderseitigen Verpflichtungen: Wenn nämlich der Beauftragte keine Aufwendungen machen muss, fehlt es für die *actio mandati contraria* an der erforderlichen Grundlage. Die bloße Möglichkeit, dass dem Beauftragten die *actio mandati contraria* zukommen konnte, reichte Labeo für die Annahme einer *ultro citroque obligatio*[27] offenbar nicht aus[28].

'comportamento vincolato'" (gegenseitige Entsprechung zweier Fälle des 'gebundenen Verhaltens') bzw. als „reciproco legarsi di situazioni soggettive tutelate da *actiones in personam*" (gegenseitige Verbindung von subjektiven Rechtspositionen, die durch *actiones in personam* geschützt sind), wobei er offenlässt (S. 478), ob darunter auch unvollkommen zweiseitige Verpflichtungen wie das *mandatum* fallen können. Vgl. auch MELLILO, In solutum dare, Contenute e dottrine negoziali nell'adempimento inesatto (1970), S. 53 ff., 81; DERS., Contrahere, pacisci, transigere, Contributo allo studio del negozio bilaterale romano, 2. Aufl. (1994), S. 134, 158, 171, 175 f.

25 Auch durch den Gesellschaftsvertrag werden gegenseitige Verpflichtungen der Gesellschafter begründet, selbst wenn die Leistungen der Gesellschafter anders als bei den reinen Austauschverträgen nicht unmittelbar dem jeweiligen Vertragspartner zugute kommen, sondern der Förderung eines gemeinsamen Zwecks dienen. Da die *actio pro socio* im Regelfall erst nach Beendigung der Gesellschaft angestrengt werden kann, stellt sich die Frage der Erfüllung der gegenseitigen Verpflichtungen im Rahmen der Abrechnung. Gegen die Einordnung des Gesellschaftsvertrags als gegenseitigen Vertrag jedoch WIEACKER, Societas I, Hausgemeinschaft und Erwerbsgesellschaft, Untersuchungen zur Geschichte des römischen Gesellschaftsrechts (1936), S. 12 ff.; DERS., Das Gesellschafterverhältnis des klassischen Rechts, ZRG-RA 69 (1952), S. 302, 320 ff.; HARKE, Societas als Geschäftsführung und das römische Obligationensystem, TR 73 (2005), S. 43, 56 ff. Im modernen Recht wird der Gesellschaftsvertrag z.T. als gegenseitiger Vertrag im weiteren Sinn eingestuft; ENNECCERUS/LEHMANN, Recht der Schuldverhältnisse (Fn. 3), S. 732 (§ 176 III 1); vgl. auch HECK, Grundriß des Schuldrechts (Fn. 3), S. 376 f. (§ 124 a, 5).

26 Vgl. ALBANESE, SD 38 (1972), S. 241 f.; GALLO, SD 55 (1989), S. 150 (= DERS., in: Le teorie contrattualistiche [Fn. 8], S. 35); DERS., Synallagma e conventio I (Fn. 8), S. 158 f.; PELLOSO, Le origini aristoteliche (Fn. 6), S. 56.

27 Dagegen trifft der in Gai. 3.137 für alle Konsensualverträge verwendete Ausdruck *alter alteri obligatur de eo, quod alterum alteri ex bono et aequo praestare oportet* auch auf das unvollkommen zweiseitig verpflichtende *mandatum* zu. Vgl. auch die offenen Formulierungen in Gai. 3.155 *(...contrahitur mandati obligatio, et invicem alter alteri tenebimur in id, quod vel me tibi vel te mihi bona fide praestare oportet)*, Cic. top. 17.66 *(..., quid eum, qui mandasset, eumve, cui mandatum esset, alterum alteri praestare oporteret)* und Cic. de off. 3.17.70 *(in iis magni esse iudicis statuere, praesertim cum in plerisque essent iudicia contraria, quid quemque cuique praestare oporteret)*.

28 Das schließt nicht aus, dass Labeo den Ausdruck *contractus*, soweit es nicht um die spezifische Bedeutung der *ultro citroque obligatio* ging, auch für das *mandatum* verwenden konnte; vgl. Ulp./Lab. D. 17.1.8 pr.

Bis zu diesem Punkt sind die Ausführungen Labeos durchaus noch nachvollziehbar. Die eigentlichen Schwierigkeiten beginnen bei der Gleichsetzung von *ultro citroque obligatio* mit dem griechischen Fremdwort συνάλλαγμα. Wenn mit συνάλλαγμα – wie man ganz allgemein annimmt – bei den Griechen ganz einfach der formlos geschlossene Schuldvertrag gemeint war, dann ist die Gleichsetzung von *ultro citroque obligatio* mit dem Begriff συνάλλαγμα nicht nachvollziehbar. Für die von Labeo vorgenommene Beschränkung auf Gegenseitigkeitsverhältnisse gibt der griechische Begriff συνάλλαγμα, wenn man ihn mit „Abmachung" bzw. „Vertrag" gleichsetzt, keinen Anhaltspunkt[29]. Der Halbsatz *quod Graeci* συνάλλαγμα *vocant* in D. 50.16.19 wäre nicht zu erklären. Man müsste annehmen, Labeo habe das Fremdwort συνάλλαγμα, das ganz einfach Vertrag meint, grundlegend falsch verstanden und unrichtig im Sinne des Gegenseitigkeitsverhältnisses verwendet. Davon wird man freilich kaum ausgehen können.

2. Ulpian/Aristo D. 2.14.7.2

Deutlich wird die Problematik auch bei der zweiten Digestenstelle, in der Aristo den Begriff συνάλλαγμα gebraucht:

> Ulp. 4 ad ed., D. 2.14.7.2
>
> *Sed et si in alium contractum res non transeat, subsit tamen causa, eleganter Aristo Celso respondit esse obligationem. ut puta 'dedi tibi rem ut mihi aliam dares', 'dedi ut aliquid facias': hoc* συνάλλαγμα *esse et hinc nasci civilem obligationem. et ideo puto recte Iulianum a Mauriciano reprehensum in hoc: 'dedi tibi Stichum, ut Pamphilum manumittas: manumisisti: evictus est Stichus'. Iulianus scribit in factum actionem a praetore dandam: ille ait civilem incerti actionem, id est praescriptis verbis, sufficere: esse enim contractum, quod Aristo* συνάλλαγμα *dicit, unde haec nascitur actio.*
>
> Aber auch wenn ein Geschäft nicht unter einen anderen Vertragstyp fällt, jedoch eine *causa* vorhanden ist, liegt, wie Aristo dem Celsus treffend geantwortet hat, eine Verbindlichkeit vor. Wie zum Beispiel in folgenden Fällen: 'ich habe dir eine Sache gegeben, damit du mir eine andere gibst'; 'ich habe etwas gegeben, damit du etwas tust'. Das sei ein 'Synallagma' und hieraus entstehe eine zivile Verpflichtung. Und deshalb bin ich der Ansicht, dass Julian von Maurician in folgendem Fall zu Recht kritisiert worden ist: 'ich habe dir Stichus gegeben, damit du Pamphilus freilässt; du hast ihn freigelassen; Stichus ist evinziert worden'. Julian schreibt, es sei

[29] Um Labeos Gleichsetzung von συνάλλαγμα und Gegenseitigkeitsverhältnis *(ultro citroque obligatio)* zu rechtfertigen, hält es TALAMANCA, BIDR 91 (1988), S. 906, unter Berufung auf die „estrema lacunosità" der griechischen Quellen vom 3. bis zum 1. Jh. v. Chr. offenbar für möglich, dass der griechische Begriff συνάλλαγμα zur Zeit Labeos auch die spezifische Bedeutung des Gegenseitigkeitsverhältnisses annehmen konnte; zustimmend GALLO, Synallagma e conventio I (Fn. 8), S. 157.

vom Prätor eine auf den Sachverhalt gestützte Klage zu gewähren. Letzterer (Maurician) sagt, es stehe schon eine zivile Klage mit unbestimmtem Klagebegehren, das heißt mit vorgeschalteten Formelworten, zur Verfügung. Es sei nämlich das abgeschlossen, was Aristo Synallagma nennt, und daraus entsteht diese Klage.

Im zweiten Teil der Stelle wird ein besonderes tauschähnliches Geschäft behandelt: *Ego* übereignet an *Tu* den Sklaven Stichus, damit *Tu* den Sklaven Pamphilus freilässt. *Tu* erbringt seine Leistung, lässt also den Sklaven Pamphilus tatsächlich frei. Anschließend kommt es zur Eviktion des Stichus. Während *Tu* die geschuldete Leistung ordnungsgemäß erbringt, wird ihm der Sklave Stichus aufgrund der Eviktion wieder entzogen. Es stellt sich damit die Frage, ob *Tu* gegen *Ego* einen Anspruch auf Schadensersatz hat. Im Edikt des Prätors gab es nicht einmal für die Grundform des Tausches eine Klage; für unseren Fall des tauschähnlichen Geschäfts stellt sich daher erst recht die Frage der Klagbarkeit. Julian schlägt als Behelfskonstruktion eine *actio in factum* vor, also eine eigenständige, auf den Sachverhalt gestützte Klage[30]. Dagegen ist Maurician der Meinung, man könne eine zivile Klage mit *intentio incerta* verwenden. Nach Maurician sei also keine völlige Neuentwicklung einer Klage erforderlich, sondern man könne auf die unbestimmte *intentio* der Form *quidquid ob eam rem dare facere oportet (ex fide bona)*[31], wie sie von den anerkannten Konsensualverträgen her bekannt war, zurückgreifen, wobei der konkrete Sachverhalt durch *praescripta verba* eingeführt wurde. Maurician begründet die Anwendbarkeit der *actio praescriptis verbis* damit, dass in unserem Fall des atypischen Tausches von den Parteien das abgeschlossen sei, was Aristo συνάλλαγμα nennt.

Was Aristo unter συνάλλαγμα versteht, sieht man im ersten Teil der Stelle: Aristo nennt als Beispiele die Fälle *'dedi tibi rem ut mihi aliam dares'*, *'dedi ut aliquid facias'* („ich habe dir eine Sache gegeben, damit du mir eine andere gibst", „ich habe etwas gegeben, damit du etwas tust"). Auf den ersten Blick könnte man meinen, Aristo stellt hier – nicht anders als Labeo – auf das Gegenseitigkeitsverhältnis ab, also auf das *do ut des* in unserem heutigen Sinn[32]. Bei näherem Hinsehen erkennt man aber, dass es Aristo um etwas ganz anderes geht: Den entscheidenden Hinweis gibt die zweimalige Verwendung des Perfekts *dedi*. Hieraus ergibt sich, dass Aristo nicht auf

---

30 Nach Paul. D. 19.5.5.2 soll sich Julian im selben Fall für eine *actio in factum civilis* ausgesprochen haben: *sed si dedi tibi servum, ut servum tuum manumitteres, et manumisisti et is quem dedi evictus est, si sciens dedi, de dolo in me dandam actionem Iulianus scribit, si ignorans in factum civilem.* Das kann freilich, wie der Vergleich mit D. 2.14.7.2 zeigt, nicht zutreffen, weshalb das Adjektiv *civilem* in D. 19.5.5.2 als nachträgliche Zutat zu streichen ist; vgl. GRÖSCHLER, Actiones in factum, Eine Untersuchung zur Klage-Neuschöpfung im nichtvertraglichen Bereich (2002), S. 21 Fn. 17.

31 Zur Frage, ob die Formel der *actio incerti civilis* auch die Klausel *ex fide bona* aufwies, vgl. ARTNER, Agere praescriptis verbis, Atypische Geschäftsinhalte und klassisches Formularverfahren (2002), S. 108 f., und hierzu die Rez. von GRÖSCHLER, ZRG-RA 124 (2007), S. 530, 536.

32 So PERNICE, ZRG-RA 9 (1888), S. 249 f.

das Gegenseitigkeitsverhältnis, sondern auf die erfolgte Vorleistung abstellt. Das entscheidende Element liegt also in der vom Anspruchsteller erbrachten Vorleistung, wobei es sich – genauer gesagt – um eine zweckbestimmte Vorleistung handelt. Der Zweck der Vorleistung liegt darin, die Leistung des anderen zu erhalten (*...ut mihi aliam dares*; ... *ut aliquid facias*). Eine solche zweckbestimmte Vorleistung sieht Aristo als *causa* an[33]. Das Phänomen, das Aristo mit dem griechischen Fremdwort συνάλλαγμα beschreibt, ist also der Vertrag mit bereits erbrachter zweckbestimmter Vorleistung.

III. Der Vertrag im griechisch-hellenistischen Recht

Den Schlüssel für das Verständnis der beiden Digestenstellen liefert, wie sich sogleich zeigen wird, das griechisch-hellenistische Recht. Man muss Labeo und Aristo beim Wort nehmen: Sie verstehen unter συνάλλαγμα den Vertrag nach griechisch-hellenistischem Recht; wir haben es aller Wahrscheinlichkeit nach mit einem rechtsvergleichenden Ansatz der römischen Juristen zu tun[34]. Im Folgenden soll daher ein kurzer Blick auf das griechische Vertragsrecht geworfen werden.

Ganz überwiegend orientiert sich die romanistische Literatur immer noch an der Vorstellung, dass im griechischen Recht – anders als bei den Römern – der frei erklärte Konsens der Parteien eine vertragliche Verpflichtung erzeuge[35]. Diese Sichtweise wurde durch H. J. WOLFF jedoch bereits vor rund 50 Jahren grundlegend revidiert. In der 1956 gehaltenen Freiburger Antrittsvorlesung stellte WOLFF die sogenannte „Theorie der Zweckverfügung" vor, die heute im Bereich des antiken

---

33 Vgl. die zutreffende Übersetzung von *causa* mit „zweckbestimmte Leistung" in der neuen Digestenübersetzung; Krampe, in: BEHRENDS/KNÜTEL/KUPISCH/SEILER (Hg.), Corpus Iuris Civilis, Text und Übersetzung II (1995), S. 226. Hierzu ausführlich KNÜTEL, in: Causa e contratto (Fn. 24), S. 142 ff. Ähnlich MEYER-PRITZL, Pactum, conventio, contractus, Zum Vertrags- und Konsensverständnis im klassischen römischen Recht, in: Pacte, convention, contrat, Mélanges en l'honneur du Professeur Bruno Schmidlin (1998), S. 99, 112 f.; PELLOSO, Le origini aristoteliche (Fn. 6), S. 72 ff.; ZHANG, Contratti innominati (Fn. 24), S. 179. Nach CANNATA, in: Causa e contratto (Fn. 22), S. 52 ff., bediente sich Aristo des Kriteriums der *causa*, um die Klagbarkeit unentgeltlicher Geschäfte auszuschließen. Dagegen setzt SANTORO, AUPA 37 (1983), S. 214, 222 ff., 253 f.; DERS., La causa delle convenzioni atipiche, in: Causa e contratto (Fn. 22), S. 85, 90, den Begriff *causa* mit ‚Geschäftszweck' („scopo negoziale") im modernen Sinn gleich. DALLA MASSARA, Alle origini della causa del contratto (Fn. 1), S. 132 f., 279 ff., 288 ff., spricht von „funzione" im Sinne von „scopo giuridicamente rilevante" (rechtlich relevanter Zweck). NELSON/MANTHE, Studia Gaiana VIII (Fn. 5), S. 449, verstehen *causa* als „Motiv zu rechtsgeschäftlichem Handeln". Zu der – auch heute noch umstrittenen – Frage der Gleichsetzung von *causa* mit dem Geschäftszweck siehe L.-CH. WOLFF, Zuwendungsrisiko und Restitutionsinteresse (1998), S. 72 ff. mit Nachw.

34 Gegen einen rechtsvergleichenden Ansatz Labeos in D. 50.16.19 jedoch SARGENTI, IVRA 38 (1987), S. 52 f. Ebenso schließt ALBANESE, SD 38 (1972), S. 227, 236 f., einen Einfluss des griechischen Rechtsdenkens aus.

35 Vgl. die Nachweise Fn. 1 f.

griechischen Rechts zur herrschenden Sichtweise geworden ist[36]. Zum Teil werden anstelle von „Zweckverfügung“ auch die Bezeichnungen „bedingte Verfügung“[37], „Verfügungsermächtigung“[38] bzw. „Überlassung zu anerkanntem Zweck“[39] favorisiert.

Der erste Schritt, der die Lehre vom griechischen Konsensualvertrag zum Schwanken gebracht hat, war die Erkenntnis von PARTSCH und PRINGSHEIM, dass es im griechischen Recht niemals zu einer Anerkennung eines direkten Anspruchs des Verkäufers auf Kaufpreiszahlung gekommen ist und es auch keinen Anspruch

---

36 H. J. WOLFF, Die Grundlagen des griechischen Vertragsrechts, ZRG-RA 74 (1957), S. 26, 63 ff. (= DERS., in: Berneker [Hg.], Zur griechischen Rechtsgeschichte (1968), S. 483, 524 ff.); DERS., La structure de l'obligation contractuelle en droit grec, RH 44 (1966), S. 569, 572 ff.; DERS., Debt and Assumpsit in the Light of Comparative Legal History, The Irish Jurist 1 (1966), S. 316, 322 ff.; DERS., Der Rechtshistoriker und die Privatrechtsdogmatik, in: Festschrift für Fritz von HIPPEL zum 70. Geburtstag (1967), S. 687, 694 ff.; DERS., Zum Prinzip der notwendigen Entgeltlichkeit, in: Festschrift für Erwin Seidl zum 70. Geburtstag (1975), S. 231, 232 ff.; DERS., in: Symposion 1979 (Fn. 6), S. 13 ff.; DERS., Das Recht der griechischen Papyri Ägyptens II (1978), S. 143; DERS., Vorlesungen über juristische Papyruskunde (hg. von J. G. WOLFF) (1998), S. 120 f., 130, 132 f. Ähnlich HERRMANN, Verfügungsermächtigungen als Gestaltungselemente verschiedener griechischer Geschäftstypen, in: Symposion 1971, S. 1975, 321, 323 f.

Siehe zum Konzept der Zweckverfügung auch HENGSTL, Private Arbeitsverhältnisse freier Personen in den hellenistischen Papyri bis Diokletian (1972), S. 124 f.; V. SODEN, Untersuchungen zur Homologie in den griechischen Papyri Ägyptens bis Diokletian (1973), S. 70 f., 98 f., 123; KRÄNZLEIN, Bemerkungen zu den hellenistischen Vertragsurkunden auf Papyrus, in: Walter Wilburg zum 70. Geburtstag (1975), S. 187 ff., 189; DERS., Rechtsvorstellungen im altgriechischen und graeco-ägyptischen Rechtskreis, Inaugurationsrede gehalten an der Universität Graz am 15. November 1974 (1975), S. 3, 9 ff.; MEYER-TERMEER, Die Haftung der Schiffer im griechischen und römischen Recht (1978), S. 75, 81 f. (Fn. 14); HAMZA, Comparative Law and Antiquity (1991), S. 231 ff.; RUPPRECHT, Kleine Einführung in die Papyruskunde (1994), S. 113 ff.; DERS., Studien zur Quittung im Recht der graeco-ägyptischen Papyri (1971), S. 64; WOLFF/RUPPRECHT, Das Recht der griechischen Papyri Ägyptens I (2002), S. 14; J. G. WOLF, Aus dem neuen pompejanischen Urkundenfund: Die 'ΝΑΥΛΩΤΙΚΗ' des Menelaos – Seedarlehen oder Seefrachtvertrag, in: Iuris vincula, Studi in onore di Mario TALAMANCA VIII (2001), S. 421, 447 f.; THÜR, Recht im antiken Griechenland, in: MANTHE (Hg.), Die Rechtskulturen der Antike (2003), S. 191, 235 ff.; HARKE, Vorenthaltung und Verpflichtung (Fn. 4), S. 17 ff.; DERS., System und Auslegung im klassischen römischen Vertragsrecht, in: Riesenhuber (Hg.), Europäische Methodenlehre (2006), S. 5, 19; PELLOSO, Le origini aristoteliche (Fn. 6), S. 23, 44.

Gegen die Theorie der Zweckverfügung BISCARDI, Diritto greco antico (1982), S. 144 ff.; DERS., in: Symposion 1974 (1978), S. 1, 13 ff. (= Appendice I, in: Diritto greco antico, S. 313, 324 ff.); DERS., Contratto di lavoro e μίσθωσις nella civiltà greca del diritto, RIDA 36 (1989), S. 75, 83 ff. (= DERS., in: Scritti di diritto Greco [1999], S. 257, 262 ff.); vgl. auch MARTINI, Il Mito del consenso nella dottrina del contratto, in: IVRA 42 (1991), S. 97, 105 ff. (108 f.); DERS., Diritti greci (2001), S. 70 f., 76 ff.

37 BEHREND, Attische Pachturkunden, Ein Beitrag zur Beschreibung der μίσθωσις nach den griechischen Inschriften (1970), S. 24 ff., 45 f., 149.

38 HERRMANN, in: Symposion 1971 (Fn. 36), S. 323 f.

39 KRÄNZLEIN, in: Festschrift Wilburg (Fn. 36), S. 190 f.

des Käufers auf Lieferung der Kaufsache gab[40]. Die Nichterfüllung des Kaufvertrags hatte nur indirekte Wirkungen: Der Käufer, der den Kaufpreis nicht zahlte, verlor die von ihm geleistete Arrha. Der Verkäufer, der nicht leistete, musste dem Käufer die empfangene Arrha mit einem Strafzuschlag erstatten. Von Erfüllungsansprüchen im heutigen Sinn ist hier keine Spur.

Auch was die übrigen Verträge betrifft, standen im griechischen Recht keine Vertragsklagen zur Verfügung. Der Rechtbehelf, mit dem vertragliche Ansprüche durchgesetzt werden konnten, war vielmehr grundsätzlich die δίκη βλάβης, die allgemeine Schädigungsklage[41], die die Grundlage für deliktische Ansprüche aufgrund einer Vermögensverletzung bildete[42]. So wurde etwa die Beschädigung der Mietsache, wenn im Mietvertrag keine entsprechende haftungsbegründende Klausel enthalten war, wohl nicht als Vertrags-, sondern als Eigentumsverletzung zulasten des Vermieters angesehen[43]. Die Klagen des Verpächters eines Landguts (δίκη καρποῦ) und des Hausvermieters (δίκη ἐνοικίου), die diese zur Erlangung des Pacht- bzw. Mietzinses anstrengen konnten, wurden als Klagen des dinglich Berechtigten gegen den nichtberechtigten Besitzer verstanden[44]. Das zeigt, dass es im griechischen Recht nie zur Entwicklung eines Vertragsrechts im eigentlichen Sinn gekommen ist. Vielmehr ist es bei der Vorstellung geblieben, dass eine Obligationsverletzung ein Delikt darstelle.

Um mit dem deliktischen Modell auch die Vertragsbeziehungen in den Griff zu bekommen, bediente man sich gewissermaßen eines Kunstgriffes: Ansatzpunkt war die Vorleistung einer der Parteien, die H. J. WOLFF als „Zweckverfügung" bezeichnet[45]. Aufgrund der Vorleistung der einen Partei kam es dazu, dass die Nicht-

---

40 PARTSCH, Rez. zu Pappulias, Ἱστορικὴ ἐξελιξία τοῦ ἀρραβῶνος ἐν τῷ ἐνοχικῷ δικαίῳ, Geschichtliche Entwicklung der Arrha im Obligationenrecht (1911), in: GGA 1911, S. 713, 715 ff. (= DERS., Aus nachgelassenen und kleineren verstreuten Schriften (1931), S. 262, 264 ff.); PRINGSHEIM, Greek Law of Sale (1950), S. 333 ff. Vgl. auch TALAMANCA, L'arra della compravendita in diritto greco e diritto romano (1953), S. 6 ff.

41 Vgl. hierzu bereits GERNET, Droit et société dans la Grèce ancienne (1955), S. 73, 77, 216 ff.

42 Darüber hinaus konnte eine Haftung des Schuldners auch dadurch begründet werden, dass sich dieser in einer Vertragsklausel unmittelbar dem vollstreckungsrechtlichen Zugriff (πρᾶξις) des Gläubigers unterwarf. Auch hier musste aber dem Gläubiger vom Schuldner ein Unrecht zugefügt worden sein, um das Vorgehen gegen den Schuldner zu rechtfertigen; vgl. H. J. WOLFF, in: Festschrift HIPPEL (Fn. 36), S. 696. Zu den in den Urkunden zahlreich vorkommenden Praxisklauseln siehe H. J. WOLFF, ZRG-RA 74 (1957), S. 36 f. (= DERS., in: Zur griechischen Rechtsgeschichte [Fn. 36], S. 493 ff.).

43 Vgl. H. J. WOLFF, Zur Rechtsnatur der Misthosis, in: Beiträge zur Rechtsgeschichte Altgriechenlands und des hellenistisch-römischen Ägypten (1961), S. 129, 145 (überarbeitete Fassung des Beitrags ‚Consensual Contracts in the Papyri?', JJP 1 [1946], S. 55 ff.).

44 H. J. WOLFF, ZRG-RA 74 (1957), S. 40 ff. (= DERS., in: Zur griechischen Rechtsgeschichte [Fn. 36], S. 498 ff.).

45 H. J. WOLFF, ZRG-RA 74 (1957), S. 63 ff. (= DERS., in: Zur griechischen Rechtsgeschichte [Fn. 36], S. 524 ff.).

erfüllung der anderen Seite als Vermögensschädigung (βλάβη) angesehen werden konnte. Aufgrund der Nichterfüllung wird der Zweck der Vorleistung nicht erreicht, worin ein Vermögensschaden zu sehen ist. Der Schaden liegt in dem sinnlosen Vermögensopfer des Vorleistenden, das der Geschäftspartner provoziert hat. Erforderlich ist dabei freilich, dass die Erwartung des Vorleistenden, der andere werde im Hinblick auf die Vorleistung auch seinerseits eine Leistung erbringen, vom Geschäftspartner als Grund für die Übernahme seiner Haftung akzeptiert worden ist[46].

Das griechische Modell der Zweckverfügung soll noch durch einige Beispiele verdeutlicht werden: Beim Kauf wird die Haftung – wie bereits geschildert – durch die Hingabe der Arrha begründet. Bei der μίσθωσις, die mit der römischen *locatio conductio* vergleichbar ist, lag die Zweckverfügung in der Vorauszahlung des Entgelts oder etwa in der Überlassung der Miet- oder Pachtsache, in der Erbringung der Werkleistung bzw. darin, dass der Dienstleistende seine Arbeitsleistung dem Dienstherrn zur Verfügung stellte[47]. Bei Bauverträgen konnte es zu einem gegenseitigen Ineinandergreifen von Zweckverfügungen kommen, indem sich die Erbringung der Werkleistung in Bauabschnitten sowie die Zahlung nach Baufortschritt miteinander abwechselten[48]. Beim Ammenvertrag lag die Zweckverfügung darin, dass der Säugling der Amme übergeben und ihr damit zur Pflege anvertraut wurde[49]. Im Fall des unentgeltlichen Darlehens bestand die Zweckverfügung in der Überlassung des Darlehensgegenstandes, wobei der Zweck der Hingabe des Darlehens in der später zu erfolgenden Darlehensrückerstattung zu sehen ist[50]. Vor allem das Beispiel des unentgeltlichen Darlehens zeigt, dass die Theorie der Zweckverfügung nicht nur zur Erfassung entgeltlicher, sondern auch unentgeltlicher Beziehungen geeignet ist.

IV. Schlussfolgerungen für das römische Recht

Geht man von dem eben geschilderten Modell des griechischen Vertragsrechts aus, das in Wirklichkeit nur in Anführungszeichen als „Vertragsrecht" bezeichnet werden

---

46 Vgl. H. J. WOLFF, in: Festschrift Seidl (Fn. 36), S. 232; DERS., in: Festschrift Hippel (Fn. 36), S. 695.

47 Vgl. RUPPRECHT, Kleine Einführung in die Papyruskunde (Fn. 36), S. 122, 124 f.; H. J. WOLFF, in: Beiträge (Fn. 43), S. 134 ff., 149 ff.; HENGSTL, Private Arbeitsverhältnisse (Fn. 36), S. 127 ff.; THÜR, Bemerkungen zum altgriechischen Werkvertrag (Die Bauvergabeordnung aus Tegea, IG V/2, 6A), in: Studi in onore di Arnaldo Biscardi V (1984), S. 471, 507 ff.

48 THÜR, in: Studi Biscardi V (Fn. 47), S. 509 f.

49 Vgl. RUPPRECHT, Kleine Einführung in die Papyruskunde (Fn. 36), S. 125; HENGSTL, Private Arbeitsverhältnisse (Fn. 36), S. 128 f.; V. SODEN, Untersuchungen zur Homologie (Fn. 36), S. 98 f.; HERRMANN, Ammenverträge in den gräko-ägyptischen Papyri, ZRG-RA 76 (1959), S. 490, 498.

50 RUPPRECHT, Kleine Einführung in die Papyruskunde (Fn. 36), S. 118; DERS., Untersuchungen zum Darlehen im Recht der graeco-ägyptischen Papyri der Ptolemäerzeit (1967), S. 55 ff.; H. J. WOLFF, in: Symposion 1979 (Fn. 6), S. 15.

kann, so fällt auf, dass das von Aristo in D. 2.14.7.2 entworfene Konzept hervorragend zum Gedanken der Zweckverfügung des griechischen Rechts passt[51]. Mit *'dedi tibi rem ut mihi aliam dares'* bzw. *'dedi ut aliquid facias'* („ich habe dir eine Sache gegeben, damit du mir eine andere gibst" bzw. „ich habe etwas gegeben, damit du etwas tust") wird – aus der Sicht des griechischen Rechts – nichts anderes als eine Zweckverfügung beschrieben. Es geht Aristo nicht um unser heutiges Gegenseitigkeitsverhältnis, sondern – wie das zweimalige Perfekt *dedi* zeigt – um die Vorausverfügung. Der Begriff *causa*, wie ihn Aristo gebraucht, darf daher nicht, wie das überwiegend geschieht[52], mit der *datio* gleichgesetzt werden. Vielmehr muss der vom Leistenden verfolgte Zweck mit einbezogen werden: Mit *causa* ist in D. 2.14.7.2 die zweckbestimmte Leistung – mit anderen Worten: die „Zweckverfügung" – gemeint, d. h. das *dedi ut dares* bzw. *dedi ut facias* in seiner Gesamtheit. Den Begriff συνάλλαγμα versteht Aristo offenbar im Sinne eines auf einer Zweckverfügung basierenden Vertrags nach griechischem Recht. Zur Lösung des Problems der an sich nicht klagbaren atypischen Verträge schlägt Aristo eine rechtsvergleichende Lösung vor: Auch im römischen Recht sollen Vertragsgestaltungen, die dem Modell der griechischen Zweckverfügung folgen, zu einer Haftung des Vertragspartners führen, weshalb sich Aristo für die Entstehung einer zivilen Verbindlichkeit ausspricht *(hinc nasci civilem obligationem)*.

Ob Aristos Kenntnis des griechischen Rechts damit zusammenhängt, dass er aus der Osthälfte des römischen Reiches stammte, muss offenbleiben. Wenn man von seinem Namen, der dem griechischen Ἀρίστων entspricht, absieht, fehlt es an jedem Anhaltspunkt[53]. Es könnte sich bei Aristo daher durchaus auch um einen in Rom geborenen Freigelassen bzw. Abkömmling eines Freigelassenen handeln.

Immerhin wird die von Aristo vorgenommene Übertragung des Zweckverfügungsgedankens auf das römische Recht durch folgende Digestenstelle bestätigt:

Pomp. 22 ad Sab. D. 19.5.16 pr.-1

Permisisti mihi cretam eximere de agro tuo ita, ut eum locum, unde exemissem, replerem: exemi nec repleo: quaesitum est, quam habeas actionem. sed certum est civilem actionem incerti competere: si autem vendidisti cretam, ex vendito ages. quod si post exemptionem cretae replevero nec patieris me cretam tollere tu, agam

---

51 So bereits H. J. WOLFF, in: Symposion 1979 (Fn. 6), S. 16 Fn. 16; vgl. auch THÜR, in: Studi Biscardi V (Fn. 47), S. 514 Fn. 119.

52 Vgl. ARTNER, Agere praescriptis verbis (Fn. 31), S. 105 ff.; GALLO, Synallagma e conventio II (Fn. 7), S. 97 f., 106 f.; DERS., Ai primordi del passaggio della sinallagmaticità del piano delle obbligazioni a quello delle prestazioni, in: Causa e contratto (Fn. 22), S. 63, 67, 72; DERS., SD 55 (1989), S. 165 (= DERS., in: Le teorie contrattualistiche [Fn. 8], S. 52); SARGENTI, Svolgimento dell'idea di contratto nel pensiero giuridico romano, IVRA 39 (1988), S. 24, 32 ff.; MACCORMACK, SD 51 (1985), S. 139; GIFFARD, L'actio civilis incerti et le synallagma, RH 35 (1957), S. 337, 341 (= DERS., in: Études de droit romain (1972), S. 194 ff.).

53 Vgl. KUNKEL, Herkunft und soziale Stellung der römischen Juristen, 2. Aufl. (1967), S. 141 ff.

> *ad exhibendum, quia mea facta est, cum voluntate tua exempta sit. (1) Permisisti mihi, ut sererem in fundo tuo et fructus tollerem: sevi nec pateris me fructus tollere. nullam iuris civilis actionem esse Aristo ait: an in factum dari debeat, deliberari posse: sed erit de dolo.*
>
> Du hast mir erlaubt, Kreide auf deinem Grund abzubauen, wobei ich die Stelle, an der ich abgebaut habe, wieder auffüllen sollte. Ich habe abgebaut, aber nicht wieder aufgefüllt. Es ist gefragt worden, welche Klage du hast. Jedoch ist sicher, dass eine zivile Klage mit unbestimmtem Klagebegehren zur Verfügung steht. Wenn du die Kreide aber verkauft hast, kannst du aus dem Verkauf klagen. Habe ich aber nach dem Abbau der Kreide wieder aufgefüllt und duldest du nicht, dass ich die Kreide wegschaffe, dann kann ich auf Vorlegung klagen, weil die Kreide mein Eigentum geworden ist, da ich sie mit deinem Willen abgebaut habe. (1) Du hast mir erlaubt, auf deinem Grund zu säen und die Früchte zu ernten. Ich habe gesät, du erlaubst mir aber nicht, die Früchte zu ernten. Aristo sagt, dass keine zivile Klage zur Verfügung stehe. Man könne überlegen, ob eine auf den Sachverhalt zugeschnittene Klage zu gewähren sei. Doch ist die Arglistklage gegeben.

Im *principium* der Stelle wird der Fall des Kreideabbaus behandelt: Der Grundstückseigentümer *Tu* gestattet *Ego* den Kreideabbau, wobei *Ego* allerdings das Abbauloch wieder auffüllen soll. In der Folgezeit baut *Ego* zwar die Kreide ab, füllt aber das Loch nicht wieder auf. Pomponius folgt hier wohl dem in D. 2.14.7.2 überlieferten Ansatz Aristos[54] und befürwortet eine Klage mit unbestimmtem Klagebegehren, wobei er wie Maurician den Ausdruck *actio civilis incerti* gebraucht. In dem vom Grundstückseigentümer *Tu* gestatteten Kreideabbau ist in der Tat eine Zweckverfügung zu sehen: Aufgrund der Gestattung des *Tu* führt – entsprechend dem Perzeptionsprinzip – bereits der Abbau der Kreide zum Eigentumsübergang auf den *Ego* und damit zu einem Vermögensopfer des *Tu*[55]. Der Grundstückseigentümer *Tu* verbindet mit seinem Vermögensopfer die Erwartung, dass *Ego* das Abbauloch wieder auffüllen werde; aufgrund der Enttäuschung dieser Erwartung stellt das Vermögensopfer des *Tu* einen Schaden dar.

Freilich ist einzuräumen, dass eine Erklärung des *principium* der Stelle ohne weiteres auch auf der Grundlage der herkömmlichen, am Erfordernis der *datio* orientierten Meinung möglich ist: Da der Abbau der Kreide aufgrund der Gestattung des

---

54 Siehe auch den Bezug auf Aristo in § 1 der Stelle.

55 Der sofortige Eigentumsübergang auf *Ego* wird durch den letzten Satz in D. 19.5.16 pr. *(… agam ad exhibendum, quia mea facta est, cum voluntate tua exempta sit.)* belegt; vgl. auch die Parallelstelle Ulp. D. 39.5.6 (Fn. 56).

Grundstückseigentümers *Tu* unmittelbar zu einem Eigentumserwerb des *Ego* an der Kreide führt, sind die Voraussetzungen der *datio* erfüllt[56].

Etwas anders gilt allerdings für § 1 der Stelle, dessen Deutung erhebliche Schwierigkeiten bereitet, wenn man nicht auf das Kriterium der Zweckverfügung, sondern auf das Erfordernis der *datio* abstellt. Es geht um einen Fall der Aussaat auf fremdem Grundstück: *Tu* gestattet *Ego*, auf seinem Grund auszusäen und zu ernten. Nach der Aussaat verweigert *Tu* jedoch die Ernte. Von Aristo wird hier die Gewährung einer zivilen Klage und damit insbesondere einer *actio civilis incerti* abgelehnt. Überwiegend wird das damit erklärt, dass es hier – im Gegensatz zum *principium* der Stelle – an der erforderlichen *datio* des Aussäenden fehle[57]. Bei einer genauen Betrachtung muss eine *datio* des Saatgutes jedoch bejaht werden: Da das Saatgut mit dem Aussäen in das Eigentum des Grundeigentümers *Tu* überging[58], ist im Rahmen einer Gesamtbetrachtung das Erfordernis der *datio* erfüllt. Dass in Bezug auf das Erfordernis der *datio* eine solche Gesamtbetrachtung anzustellen ist, zeigt nicht zuletzt der Vergleich mit dem *principium* der Stelle, in dem der Kreideabbau aufgrund der Gestattung des Grundstückseigentümers zum Eigentumsübergang führt, was für eine *datio* als ausreichend anzusehen ist[59]. Geht man vom Erfordernis der *datio* aus, dann hätten Aristo und Pomponius in D. 19.5.16.1 also eine zivile Klage zugunsten des Aussäenden bejahen müssen.

Mit dem Gedanken der Zweckverfügung lässt sich die Entscheidung Aristos in § 1 dagegen erklären: Da *Ego* die Aussaat auf dem Grundstück des *Tu* ausschließlich im Eigeninteresse vornahm, handelte es sich von vornherein nicht um eine Verfügung, die geeignet gewesen wäre, den *Tu* zu der versprochenen Leistung zu veranlassen, d. h. dazu, die Ernte der Früchte durch *Ego* zu gestatten. Diese Gestattung durch *Tu* sollte schenkweise erfolgen und nicht etwa im Hinblick auf die in der Aussaat liegende Verfügung des *Ego*. Es fehlt damit an einer Zweckverfügung im Sinne eines Vermögensopfers zugunsten des Vertragspartners[60].

---

56 Vgl. die Einordnung der vom Grundstückseigentümer gestatteten *exemptio* als eine *quasi-traditio* in Ulp. D. 39.5.6: *Qui saxum mihi eximere de suo permisit donationis causa, statim cum lapis exemptus est meus fit, neque prohibendo me evehere efficit, ut meus esse desinat, quia quodammodo traditione meus factus est: plane si mercennarius meus exemit, mihi exemit. sed si is qui a me emerat sive mercede conduxerat, ut paterer eum sibi iure eximere, si antequam eximat, me paenituerit, meus lapis durat, si postea, ipsius factum avocare non possum: quasi traditio enim facta videtur, cum eximitur domini voluntate. quod in saxo est, idem erit etiam, si in arbore caesa vel dempta acciderit.*

57 So ARTNER, Agere praescriptis verbis (Fn. 31), S. 110; KNÜTEL, in: Causa e contratto (Fn. 24), S. 136; GALLO, Synallagma e conventio II (Fn. 7), S. 110 Fn. 49; ZHANG, Contratti innominati (Fn. 24), S. 185 f.; BIONDO, Contratto e stipulatio (1953), S. 93; GIFFARD, RH 35 (1957), S. 341.

58 Zum Eigentumserwerb des Grundstückseigentümers am ausgebrachten Saatgut siehe Gai. 2.75; D. 41.1.9 pr.; Inst. 2.1.32.

59 Vgl. auch die in Ulp. D. 12.1.13 pr., Iul. D. 12.1.19.1 geschilderten Fälle der *consumptio nummorum*, die einer wirksamen *datio* gleichgestellt wird und daher zur Entstehung der *condictio* führt.

60 Nach MACCORMACK, SD 51 (1985), S. 140, fehlt es in D. 19.5.16.1 – in den Worten des englischen Rechts – an einer „consideration". KASER, Die formula der actio ad exhibendum,

Parallel zu D. 19.5.16.1 ist auch folgende Stelle zu deuten:

Ulp. 42 ad Sab., D. 4.3.34

Si, cum mihi permisisses saxum ex fundo tuo eicere vel cretam vel harenam fodere, et sumptum in hanc rem fecerim, et non patiaris me tollere: nulla alia quam de dolo malo actio locum habebit.

Wenn ich, nachdem du mir erlaubt hattest, auf deinem Grundstück Steine zu brechen oder Kreide oder Sand abzubauen, deshalb Aufwendungen gemacht habe und du mir dann den Abbau nicht gestattest, greift keine andere als die Arglistklage Platz.

Ego ist hier vom Grundstückseigentümer *Tu* der Abbau von Steinen, Kreide oder Sand gestattet worden, woraufhin *Ego* Aufwendungen gemacht hat. Darunter wird man sich die für den Abbau erforderlichen Vorbereitungshandlungen vorstellen müssen. Da *Ego* – anders als in D. 19.5.16 pr. a.E. – offenbar noch nicht mit der *actio ad exhibendum* gegen *Tu* vorgehen konnte, ist davon auszugehen, dass noch keine *exemptio*, d. h. kein Abbau von Steinen, Kreide oder Sand, durch *Ego* stattgefunden hat[61]. Die *exemptio* hätte nämlich aufgrund der Gestattung des Grundstückseigentümers *Tu* zum unmittelbaren Eigentumserwerb des *Ego* an dem abgebauten Material geführt. Allein aufgrund seiner Aufwendungen stand *Ego* auch keine *actio civilis incerti* gegen *Tu* zu, weil in den Aufwendungen keine Zweckverfügung zugunsten des Grundstückseigentümers zu sehen ist. Das gilt selbst dann, wenn die Aufwendungen, die etwa in der Vorbereitung des Geländes und der Konstruktion der Abbauvorrichtungen liegen können, zu einer Wertsteigerung des Grundstücks des *Tu* geführt haben, weil *Ego* die Aufwendungen ausschließlich im Eigeninteresse vorgenommen hat, diese also nicht im Sinne einer Zweckverfügung dazu geeignet waren, *Tu* zu der versprochenen Leistung zu veranlassen.

RIDA 14 (1967), S. 263, 286, weist darauf hin, dass das Ausbringen der Saat keine Leistung an *Tu* in Erwartung einer Gegenleistung darstelle; ähnlich TALAMANCA, Rez. zu Marrone, Actio ad exhibendum (AUPA 26 [1958], S. 177-692), IVRA 10 (1959), S. 268, 278[29]. Vgl. auch ARTNER, Agere praescriptis verbis (Fn. 31), S. 111 Fn. 221. Nach SANTORO, AUPA 37 (1983), S. 234, fehle es an der *causa* im Sinne Aristos, weil es in D. 19.5.16.1 um eine Art von Schenkung gehe.

61 So zutreffend ARTNER, Agere praescriptis verbis (Fn. 31), S. 161 Fn. 482; vgl. auch WACKE, Sul concetto di 'dolus' nell'actio de dolo, IVRA 28 (1977), S. 10, 36 f. (= DERS., Zum dolus-Begriff der actio de dolo, RIDA 27 [1980], 349, 382 f.); BÜRGE, Der mercennarius und die Lohnarbeit, ZRG-RA 107 (1990), S. 123. Dagegen ist ASTOLFI, Sabino e la 'exemptio' dei minerali, SD 53 (1987), S. 372 f., der Ansicht, Sabinus habe – anders als Ulpian (D. 39.5.6) und Pomponius (D. 19.5.16 pr.) – aufgrund einer vom Grundstückseigentümer gestatteten *exemptio* noch keinen Eigentumsübergang angenommen. Allerdings hätte sich dann Ulpian in D. 4.3.34 von der Lösung *(nulla alia quam de dolo malo actio locum habebit)* distanzieren und eine *actio ad exhibendum* befürworten müssen. NEGRI, Diritto minerario romano, (1985), S. 127 f., nimmt an, in D. 4.3.34 handle es sich um eine bloße Duldung („mera tolleranza") bzw. um eine informelle Erlaubnis („permesso non formale") des Eigentümers, wodurch sich Stelle von D. 19.5.16 pr. und D. 39.5.6 unterscheide.

Während Aristo den Begriff συνάλλαγμα wohl im Sinne eines auf einer Zweckverfügung basierenden Vertrags nach griechischem Recht versteht, setzt Labeo in D. 50.16.19 den Begriff mit einer *ultro citroque obligatio*, mit einer gegenseitigen Verpflichtung, gleich. Wir haben es hier vermutlich ebenfalls mit einem Versuch zu tun, das griechische Vertragsmodell ins römische Recht zu transformieren[62]. Der Halbsatz *quod Graeci* συνάλλαγμα *vocant* in D. 50.16.19 dient – nicht anders als der Ausdruck *hoc* συνάλλαγμα *esse* in D. 2.14.7.2 – der inhaltlichen Erläuterung. Allerdings sind die Rückschlüsse, die Labeo aus dem Vergleich mit dem griechischen Recht zieht, nicht so überzeugend wie der Ansatz Aristos. Labeo kommt zum Ergebnis, dass ein Vertrag im technischen Sinn immer eine Gegenleistung voraussetzen würde[63]. Er übernimmt damit – anders als Aristo – nicht das griechische Modell der Zweckverfügung, sondern interpretiert den griechischen Vertrag im Sinne unseres heutigen *do ut des*, wofür Labeo den Ausdruck *ultro citroque obligatio* verwendet. Sicherlich wird es hierbei auch eine Rolle gespielt haben, dass die wörtliche Bedeutung von συναλλάσσειν bzw. συναλλάττειν, nämlich „miteinander austauschen"[64], die Gleichsetzung von συνάλλαγμα mit den Austauschverträgen nahelegt[65]. Das kann freilich nichts daran ändern, dass Labeos Ansatz nicht mit dem auf der Zweckverfügung basierenden griechischen Vertragsmodell übereinstimmt.

Dennoch darf man Labeos Transformation des griechischen Vertragsmodells nicht allzu negativ bewerten. Die Interpretation des griechischen Rechts durch Labeo ist aus der Sicht des römischen Vertragsrechts, das von materiellen Leistungspflichten ausgeht und daher mit dem Modell der Zweckverfügung nichts gemein hat, gut nachvollziehbar. Labeo ist mit seiner am Gegenseitigkeitsverhältnis orientierten Interpretation des griechischen Vertragsrechts zudem nicht allein. In neuerer Zeit stellte SEIDL, der insbesondere zur Erklärung des griechischen Vertragsrechts die „Theorie der notwendigen Entgeltlichkeit" entwickelte[66], auf das

---

62 A.A. PELLOSO, Le origini aristoteliche (Fn. 6), S. 61 f., der annimmt, Labeo habe nicht die Bedeutung von *contractus* mit Hilfe von συνάλλαγμα erklären, sondern den griechischen Begriff συνάλλαγμα im Sinne seines Verständnisses von *contractus* umdefinieren wollen.

63 Siehe in diesem Sinne bereits H. J. WOLFF, in: Symposion 1979 (Fn. 6), S. 16 Fn. 16. Auch nach WUNNER, Contractus (Fn. 1), S. 218, habe Labeo den συνάλλαγμα-Begriff fälschlich als gegenseitigen Vertrag verstanden.

64 Vgl. die Bedeutungen „verändern", „wechseln", „tauschen", „eintauschen" von ἀλλάσσειν bzw. ἀλλάττειν; hierzu MENGE/GÜTHLING, Langenscheidts Großwörterbuch Altgriechisch, 30. Aufl. (2001), s.v. ἀλλάσσω, S. 37; s.v. συναλλάσσω, S. 654.

65 Vgl. SARGENTI, IVRA 38 (1987), S. 52 f.; BISCOTTI, Dal pacere (Fn. 7), S. 430 f.; ZHANG, Contratti innominati (Fn. 24), S. 157 f., 198; GROSSO, Il sistema (Fn. 8), S. 49 mit Fn. 3, 51 f. mit Fn. 1; DERS., in: Scritti Giuliano Bonfante I (Fn. 7), S. 343 f.

66 SEIDL, Ptolemäische Rechtsgeschichte, 2. Aufl. (1962), S. 113 ff. und passim; DERS., Ägyptische Rechtsgeschichte der Saiten- und Perserzeit, 2. Aufl. (1968), S. 45 ff.; DERS., Einführung in die ägyptische Rechtsgeschichte bis zum Ende des neuen Reiches, I. Juristischer Teil, unveränd.

Konzept der Gegenseitigkeit der Leistungen ab: Demnach sei im griechischen Recht – wie angeblich auch in anderen frühen Rechtsordnungen – ein Rechtserwerb nur dann wirksam, wenn dafür eine Gegenleistung erbracht werde. SEIDL hält die Theorie der notwendigen Entgeltlichkeit nicht nur für den dinglichen Rechtserwerb, sondern auch in Bezug auf das Vertragsrecht für maßgeblich: Durch die Hingabe der Gegenleistung sei ein Anspruch auf die künftig zu erbringende Leistung entstanden[67].

Dieser materiellrechtliche Ansatz, der von vertraglichen Verbindlichkeiten und damit einhergehend von vertraglichen Ansprüchen ausgeht, kann das griechische Vertragsmodell jedoch nicht erklären. Aufgrund des Fehlens von Vertragsklagen gab es im griechischen Recht keine materiellen Ansprüche auf Leistungserbringung. Hinzu kommt, dass mit den Kategorien von Leistung und Gegenleistung nur entgeltliche Geschäfte erfasst werden können, nicht jedoch die im griechischen Recht durchaus vorhandenen unentgeltlichen Geschäfte wie das unentgeltliche Darlehen[68]. Der Gedanke der Zweckverfügung, der auch für unentgeltliche Geschäfte gilt, lässt sich daher nicht auf ein bloßes Entgeltlichkeitsprinzip reduzieren[69]. SEIDLs „Theorie der notwendigen Entgeltlichkeit“ gilt daher, was die Erfassung des griechischen Vertragsmodells betrifft, heute zu Recht als überholt[70]. Dennoch zeigt

---

3. Aufl. (1957), S. 47, 49 f.; DERS., Rechtsgeschichte Ägyptens als römischer Provinz (1973), S. 186.

67 SEIDL, Einführung (Fn. 66), S. 49 f.; DERS., Ägyptische Rechtsgeschichte (Fn. 66), S. 48; DERS., Ptolemäische Rechtsgeschichte (Fn. 66), S. 126, 128, 165.

68 Was die Rückzahlung des Darlehens betrifft, nimmt Seidl, Ptolemäische Rechtsgeschichte (Fn. 66), S. 132, eine für das griechische Recht nirgends belegte „condictio auf den Kapitalwert“ an; vgl. auch HARKE, in: Europäische Methodenlehre (Fn. 36), S. 19, der das Modell der Zweckverfügung bereicherungsrechtlich interpretiert und davon ausgeht, dass die Zuwendung im Fall eines vertragwidrigen Verhaltens „als rechtsgrundlos“ zurückgefordert werden konnte. Die Darlehensurkunden mit ihren Straf- und Praxisklauseln (hierzu bereits Fn. 42) legen jedoch nahe, dass es nach griechischem Recht keinen materiellen Anspruch des Darlehensgebers auf Rückzahlung des Darlehens gab. Erst durch die Unterwerfung des Schuldners unter die Zwangsvollstreckung, was in den Urkunden durch die jeweilige Praxisklausel geschah, wurde für den Fall der Nichtrückzahlung des Darlehens ein Zugriffsrecht des Gläubigers begründet. Vgl. hierzu RUPPRECHT, Darlehen (Fn. 50), S. 114 ff.; KÜHNERT, Zum Kreditgeschäft in den hellenistischen Papyri Ägyptens bis Diokletian (1965), S. 187 ff.; H. J. WOLFF, Neue Quellen zum Zessionsrecht der Papyri, in: Studi in onore di Ugo Enrico Paoli (1956), S. 725 f.; DERS., Die Praxisklausel in Papyrusverträgen, in: Beiträge (Fn. 43), S. 102, 114 f. (vormals 'The Praxis-Provision in Papyrus Contracts', in: Transactions of the American Philological Association 72 [1941], S. 418 ff.).

69 Dass das Konzept der Entgeltlichkeit nicht zutrifft, zeigt auch der Ammenvertrag, bei dem die Überlassung des Säuglings die haftungsbegründende Zweckverfügung darstellt (siehe oben bei Fn. 49); die Überlassung des Säuglings lässt sich jedoch schlechthin nicht als Gegenleistung für die von der Amme zu erbringende Pflege verstehen.

70 Vgl. bereits die ablehnenden Rez. zu Seidl, Ptolemäische Rechtsgeschichte (1962), von TALAMANCA, BIDR 65 (1962), S. 254, 259 ff; PESTMAN, TR 32 (1964), S. 85, 87 ff.; weiterhin MODRZEJEWSKI, Réflexions sur le 'droit ptolemaïque', IVRA 15 (1964), S. 32, 36. Für die Theorie der notwendigen Entgeltlichkeit noch CLAUS, Gewillkürte Stellvertretung im römischen Privatrecht (1973), S. 14 ff.; KASER, Stellvertretung und „notwendige Entgeltlichkeit“, ZRG-RA 91

sie, wie schwer es ist, das Modell der griechischen Zweckverfügung aus unserer vom römischen Recht geprägten Sicht richtig zu beschreiben. Genau vor diesen Schwierigkeiten stand auch Labeo, der συνάλλαγμα mit einer *ultro citroque obligatio* gleichsetzte und damit ebenfalls auf den Gedanken der Gegenseitigkeit von Leistung und Gegenleistung abstellte.

V. Zusammenfassung

Es lässt sich festhalten, dass die Gleichsetzung des griechischen Begriffs συνάλλαγμα mit dem Gegenseitigkeitsverhältnis auf den frühklassischen Juristen Labeo zurückgeht. Labeo hat dabei das Modell des griechischen Vertragsrechts im Sinne unseres heutigen *do ut des* interpretiert. Diese Transformation des Modells der Zweckverfügung in einen Ansatz, der von der Gegenseitigkeit der Leistungen ausgeht, ist – wenn man so will – die Geburtsstunde des heutigen Synallagmabegriffs.

Dagegen versteht Aristo den Begriff συνάλλαγμα, wie die von ihm erwähnten Beispiele zeigen, offenbar im Sinne eines auf einer Zweckverfügung basierenden Vertrags nach griechischem Recht. Zur Lösung des Problems der atypischen Verträge schlägt Aristo eine rechtsvergleichende Lösung vor: Die erforderliche *causa* für ein ziviles Schuldverhältnis ist immer dann gegeben, wenn eine der Parteien eine zweckgerichtete Leistung erbracht hat, mit anderen Worten: wenn eine „Zweckverfügung“ vorliegt.

(1974), S. 146 ff., 158 ff., der eine Synthese mit der Theorie der Zweckverfügung für möglich hält (S. 160 Fn. 59).

Risikomanagement bei den *naukleroi*

Éva Jakab, Szeged

Peter E. PIELER hat sich in Vorträgen und Publikationen mehrmals mit den Rechtsfiguren des Alltagslebens aus der Spätantike auseinandergesetzt. Besonders die vulgaren Rechtsbücher, der *Nomos Georgikos* und der *Nomos Nautikos*, haben ihn lange beschäftigt. Mein Beitrag möge seine wissenschaftliche, wissenschaftspolitische und hochschulpolitische Tätigkeit würdigen, die Anerkennung der jüngeren Kollegin ausdrücken.

Im Folgenden werden Vereinbarungsmodelle aus der Schifffahrt untersucht, um verschiedene Varianten und Ebenen der Risikozuweisung zu zeigen. Die Rechtsfragen der Schifffahrt waren im Mittelmeerraum in jeder Epoche von zentraler Bedeutung und die Praxis zeigt durch die Jahrhunderte eine erstaunliche Kontinuität.

Als Ausgangspunkt meines Beitrags dient ein Papyrus aus der Zeit des Augustus. Die deutsche Übersetzung des überlieferten Textes lautet wie folgt[1] (P. Köln III 147):

> „... die Übereinkunft (den Vertrag) innerhalb der Zeit ... mit dem Zubehör im Hafen von Alexandria, unbeschädigt, abgesehen von Abnutzung und Verfaulung, es sei denn, dass etwas durch höhere Gewalt geschieht durch Sturm oder das Schiff durch Feuer vom Land aus ergriffen wird oder von Feinden im Krieg oder von Piraten gekapert wird, was ich nachweisen werde. Wenn ich aber gegen etwas von den (oben genannten Bestimmungen) verstoße, werde ich dir die Schäden bezahlen, und zusätzlich zum Eineinhalbfachen von all dem, was ich an (noch ausstehenden) Teilbeträgen des Pachtzinses schulden werde und noch weitere fünfhundert Silberdrachmen als private Darlehensschuld und zweihundert Drachmen geweiht dem Augustus; außerdem soll das oben Geschriebene maßgeblich bleiben, wobei dir die Vollstreckung an mir und meinem gesamten Vermögen zusteht wie aus einem Urteil, und was immer ich an Schutzbriefen und Protektion vorlege, soll nicht maßgeblich sein. Wenn ich vertragswidrig handle, soll es dir erlaubt sein, mich aus dem Mietverhältnis vor Ablauf der Frist hinauszuwerfen, hierauf an einen anderen zu vermieten und den durch die Neuvermietung entstehenden Minderertrag einzutreiben, worüber [ich dir] auch binnen fünf zur Regelung der Angelegenheit dienenden Tagen von dem Termin ab, an

---

1 Zur Vorlage wählte ich die Übersetzung des Editors in P. Köln III auf S. 107, aber die juristischen Fachwörter waren zum Teil zu präzisieren.

dem du es mir angekündigt hast ... die Sicherungsurkunde unverzüglich [ausstellen werde].“

Die Herkunft des Textes gilt als unbekannt: Der Herausgeber, R. HÜBNER, erwähnt die auffällige Ähnlichkeit in der Formulierung der Klauseln mit den alexandrinischen Urkunden aus der Mumienkartonage Abusir el-Melek; er zweifelt jedoch an der Zugehörigkeit unseres Papyrus zu diesem Fund[2]. Auf die alexandrinische Herkunft stellen hingegen D. RATHBONE und C. RÖMER ab[3]. Für diese Auffassung spricht, dass in Z. 4 der Hafen von Alexandria erwähnt wird und die Schrift mit den Dokumenten aus den Mumienkartonagen eine große Ähnlichkeit zeigt.

Der überlieferte Text ist leider unvollständig. Der obere Teil (der etwa die Hälfte des Vertragstextes enthalten haben durfte) ist verloren gegangen, dadurch fehlen Name und Herkunft der Parteien, die Nennung des Vertragsobjekts und der primären Leistungspflichten. Die Konturen der Vereinbarung sind trotz des fehlenden Anfangs zu rekonstruieren. In Z. 14 liest man *ek tes misthoseos* (aus dem Mietverhältnis) und *metamisthosai* (weitervermieten), in Z. 15 *exanamisthosin*. In Z. 9 findet man *naulon* (Frachtgeld) und in Z. 6 ist von einem *ploion* (Schiff) die Rede. Die Terminologie legt nahe, dass der Vertrag die Vermietung/Verpachtung eines Schiffes geregelt hat.

Der erhaltene Text setzt mit der Rückgabepflicht des Pächters nach Ablauf der Mietdauer ein. Der Erfüllungsort ist in Alexandria, über dessen Alltag und regen Schiffsverkehr der neulich von P. HEILPORN edierte P. Bingen 77 ein eindrucksvolles Bild zeichnet[4]. Die Formulierung weist darauf hin, dass in unserem Papyrus der Seehafen, und nicht der Nilhafen gemeint ist[5]. Der Inhalt lässt sich wie folgt zusammenfassen: Schiff und Zubehör sind unbeschädigt zurückzugeben, mit Ausnahme der normalen Abnutzung; die Seegefahr trifft den Vermieter. Anschließend folgen Strafklauseln wegen Leistungsstörungen, die uns indirekt über die Leistungspflichten informieren. Ab Z. 11 wird die Praxis-Klausel geregelt, die dem Vertragspartner die Vollstreckung einräumt. Von Interesse ist noch die Wendung ab Z. 13,

---

2 Verwandte Urkunden sind in BGU IV 1050-59 und 1098-1184 zu sehen; vgl. dazu R. HÜBNER im Kommentar zu P. Köln III 147, auf S. 104.

3 S. dazu D. RATHBONE, Misthoprasia: the lease-sale of ships, in: Akten des 23. Internationalen Papyrologenkongresses (2007), S. 600 Fn. 19.

4 Es geht um ein „Registre de navires marchands“, s. dazu P. HEILPORNs ausführlichen Kommentar zu P. Bingen 77, auf S. 344-347. Zum Handel in Alexandria s. P. J. SIJPESTEIJN, Hermeneus 57 (1985), S. 116-121.

5 RATHBONE, Misthoprasia (Fn. 3), S. 600 schließt aus der *kindynos*-Klausel auf ein Seeschiff; die Gefahr von Sturm, Piraten usw. wird jedoch auch in Transportverträgen auf dem Nil ausbedungen, s. dazu unten bei Fn. 45. Die Kriegsklausel ist ein weiteres Argument dafür, dass in P. Köln III 147 um einen Seetransport ging.

die dem Vermieter bei Vertragsbruch das Recht zur sofortigen Auflösung des Vertrags und zur Neuvermietung sichert.

Was vermittelt uns der Papyrus aus dem 1. Jh. über den Schiffstransport im östlichen Mittelmeer und über die Risikozuweisung in ihrem wirtschaftlichen und sozialen Kontext?

1. Bisherige Literatur

Den Text hat R. HÜBNER 1980 ediert und ausführlich kommentiert. Er bietet (auf den Spuren von D. HAGEDORN) eine gute Lesung und versucht den Vertrag vernünftig zu erläutern, zeigt aber Unsicherheiten bei den juristischen Problemen. Er betitelt das Dokument (bewusst oder unbewusst?) als Schiffspachtvertrag (*misthosis*), und grenzt es von den langfristigen Pachtverträgen (der sog. *misthoprasia*) entschieden ab. Der Ausschluss der Haftung für höhere Gewalt wundert ihn[6], weil nach MEYER-TERMEER die Seegefahr vom *naukleros* zu tragen wäre[7]. Seine Bemerkung zeigt, dass er sich zwischen „Schiffsmiete" – zu unterscheiden sind hier Miete von Schiff und Mannschaft zu Transportzwecken (Chartervertrag) und Pacht eines Schiffes zur gewerblichen Nutzung als Transportmittel – und Frachtvertrag nicht richtig entscheiden konnte.

Unter Juristen wird die entgeltliche Vergabe einer Sache zum Gebrauch als Miete, zum Gebrauch mit Nutzung als Pacht bezeichnet. Sybille von BOLLA-KOTEK, die Lehrerin des Jubilars, betont, dass in den griechischen Quellen beide Vertragstypen *misthosis* genannt wurden. Die Terminologie differenziert nur beim Entgelt[8]: Bei Tiermiete wird *misthos*, bei Tierpacht *phoros* geschuldet. Sie stellt auch fest, dass für Schiffe in den Papyri sowohl *misthos* als auch *phoros* gezahlt wurden[9].

Unsere Urkunde ist fragmentarisch; der überlieferte Text nennt weder *misthos* noch *phoros*, sondern *naulon,* was wörtlich „Frachtlohn" bedeutet. Da die

---

6 So R. HÜBNER im Kommentar zu P. Köln III 147, auf S. 103. Er nennt P. Oxy. XXII 2347 als den frühesten Beleg für den Gebrauch der Wendung *choris theou bias*; die Parallele zur unserer Urkunde stimmt aber nicht, weil P. Oxy. XXII 2347, aus dem Jahre 362, eher eine „Gestellungsbürgschaft" regelt: Ein gewisser Aurelius Zeuxis übernimmt die Haftung dafür, dass der genannte Schiffer seinen vertraglich vereinbarten Transportpflichten mit seinem eigenen Schiff nachkommen werde, außer höherer Gewalt. Diese höhere Gewalt kann jedoch nicht nur die Seegefahr, sondern auch etwa die Erkrankung des Schiffers bedeuten. Es geht dort also nicht nur um das Transportrisiko, sondern um jede Art der unverschuldeten Behinderung der Erfüllung.

7 S. J. M. MEYER-TERMEER, Die Haftung der Schiffer im griechischen und römischen Recht (1978), S. 9; zur Gefahrtragung s. jedoch die Korrekturen von E. JAKAB, Vertragsformulare im Imperium Romanum, ZRG-RA 123 (2006), S. 92.

8 S. v. BOLLA-KOTEK, Untersuchungen zur Tiermiete und Viehpacht im Altertum (1969), S. 17 f.

9 v. BOLLA-KOTEK, Tiermiete (Fn. 8), S. 26. Bei Bodenpacht wird auch *phoros* geschuldet, s. J. HERRMANN, Studien zur Bodenpacht im Recht der greaco-aegyptischen Papyri (1958), S. 99 f.

Terminologie keinen sicheren Anhaltspunkt bietet, kann erst nach sorgfältiger Prüfung des Vertragsinhalts entschieden werden, um welchen Vertragstyp es sich hier handelt.

J. HENGSTL behandelt P. Köln III 147 aus dem Aspekt der privaten Arbeitsverhältnisse und sieht darin ein „verdecktes Arbeitsverhältnis", das durch die Einbindung der Arbeitspflicht in einen „Mietvertrag" verwirklicht werde: Der Mietvertrag ersetze einen Dienstvertrag, die Arbeit werde dem verpachtenden Schiffseigentümer geschuldet[10]. Zweifelsohne verschafft der Schiffseigentümer dem Pächter durch die Überlassung seines Schiffes zu Transportzwecken eine Art Arbeitsmöglichkeit. Es ist jedoch offensichtlich, dass das Rechtsverhältnis unter den Parteien (insbesondere die Haftung und die Gefahrtragung) bewusst von einem Dienstvertrag abweichend geregelt wird. Das wirtschaftliche Risiko (ob das Schiff rationell eingesetzt wird) trägt bei einem Dienstvertrag der Dienstgeber, während das Kontrahieren etwa im Rahmen eines Pachtvertrags (Überlassung des Schiffes zur gewerblichen Nutzung) dieses Risiko auf den Pächter verlagert. Die Reduzierung unserer Urkunde auf ein Arbeitsverhältnis würde deshalb die juristisch relevanten Punkte eher verwischen, anstatt sie besser zu erläutern.

D. RATHBONE hat 2001 in seinem Vortrag auf dem Papyrologenkongress in Wien auch P. Köln III 147 im Umfeld der *misthoprasia* behandelt[11]. Die *misthoprasia* ist eine Mischform, die Verpachtung und Verkauf kombiniert[12]. Die Dokumente enthalten die langfristige (50 oder 60 jährige) Überlassung eines Schiffes gegen *phoros* (Pachtzins), die mit der Beurkundung des geschätzten Wertes als „Kaufpreis" in Form eines fiktiven Darlehens verbunden wird. Es sind insgesamt nur drei Dokumente erhalten, die eindeutig diesen Vertragstyp vertreten[13]. RATHBONE zieht unsere Urkunde zum Vergleich heran und kehrt als wesentliches Merkmal die Klausel in Z. 8/9 hervor: „whatever I may owe for the shares of the freight charges"[14]. Er meint also, dass der Pachtzins in P. Köln III 147 auch in einer Gewinnbeteiligung des Verpächters bestanden habe. Die drei Urkunden mit *misthoprasia* erklärt er nach demselben Schema der Gewinnteilung; den Unterschied sieht er allein in der Pachtdauer. Zu diesem Schluss kommt RATHBONE mit seiner

---

10 J. HENGSTL, Einige juristische Bemerkungen zu drei „Töpferei-Mieturkunden", in: Studi Biscardi IV (1983), S. 666 Fn. 1 nennt jedoch keinen zwingenden Grund für seine Interpretation. Aus J. HENGSTL, Private Arbeitsverhältnisse freier Personen in den hellenistischen Papyri bis Diokletian (1972), S. 74 ist zu folgen, dass er in P.Köln III 147 eine partiarische Teilpacht sieht, die er grundsätzlich als Arbeitsverhältnis einstufen will.

11 RATHBONE, Misthoprasia (Fn. 3), S. 600-602.

12 H.-A. RUPPRECHT, Einführung in die Papyruskunde (1994), 122 f.

13 BGU IV 1157; P. Lond. III 1164h, S. 163 und P. Oxy. XVII, S. 2136, s. dazu RATHBONE, Misthoprasia (Fn. 3), S. 597-600 mit weiterer Literatur.

14 RATHBONE, Misthoprasia (Fn. 3), S. 600 f.

neuen Auffassung der Wendung *ta ton naulon mere*: Von HÜBNER ist sie mit „Teilzahlungen der Schiffspachtsumme" übersetzt, während RATHBONE darin die Beteiligung am Frachtlohn sieht, der vom Pächter erwirtschaftet wird.

Dagegen ist einzuwenden, dass *ta ton naulon mere* hier kaum „Beteiligung am Frachtlohn" bedeuten kann. *Meris* hat ein breites Bedeutungsfeld; es kann ein genau umrissenes geographisches Gebiet, aber auch Portion, Anteil bezeichnen. In den früheren Quellen überwiegt der Gebrauch des Wortes im Sinne von „part, portion, share in a mine, contribution, quote"[15]. Der Kläger in Dem. 42,3 (Vermögenstausch) bezieht sich etwa darauf, dass er in der Pacht der Bergwerke involviert ist und dem Staat für jede *meris* noch ein Talent (insgesamt drei Talente) zahlen musste. *Meris* bedeutet hier etwa „einen vertraglich festgelegten Pachtanteil an den staatlichen Silbergruben"[16]. Das Wort wird also im Sinne von „Teil, Anteil, Portion" mit Genetiv des Wortes gebraucht, dessen Anteil gemeint ist. Der Anteil am Gewinn in P. Köln III 147 wäre damit nur dann bezeichnet, wenn „Gewinn" noch ausdrücklich daneben gestanden hätte. Stattdessen liest man bloß *naulon* im Genetiv als Bezugswort, was dafür spricht, dass die Parteien damit den Pachtzinsanteil gemeint haben. Es ist noch auf eine Petition von *naukleroi* zu verweisen, die im 3. Jh. v. Chr. in Ägypten im staatlichen Getreidetransport beschäftigt waren[17]. Der Bittsteller stellt sich vor als der *dioiketes* der *naukleroi* aus dem Hafen, die „königliches Getreide *eis ta metremata* transportieren". Das Wort *metrema* kommt in vielen ptolemäischen Urkunden im Sinne von „Portion, Anteil" vor[18]; nach PREISIGKE kann das Wort als Synonym zu *meris* verstanden werden. Diese Petition spricht also ebenfalls dafür, dass *meris* in P. Köln III 147 den Teil, Anteil des Pachtzinses und nicht des Gewinns bedeutet haben dürfte.

Gegen RATHBONE spricht weiterhin, dass die Gewinnbeteiligung als Entgelt für die Überlassung des Schiffes zur Nutzung das Rechtsverhältnis in die Nähe einer Gesellschaft rücken würde. Unter Gesellschaft ist die gemeinschaftliche Beteiligung an einem Geschäft zu verstehen, wobei der Akzent auf der Abrechnung unter den *socii* über Gewinn und Verlust liegt[19]. Eine *koinonia*, woran sich eine Partei mit ihrem Schiff, die andere mit seiner Arbeit beteiligt, wäre durchaus denkbar. In den überlieferten Gesellschaftsverträgen wird jedoch das gemeinsam geführte Konto und

15 S. LIDDEL/SCOTT, A Greek-English Lexicon, With a revised supplement (1996) mit weiteren Belegen.

16 Ähnlich bei den öffentlichen Werkverträgen, s. dazu G. THÜR, Bemerkungen zum altgriechischen Werkvertrag (die Bauvergabeordnung aus Tegea, IG V/2, 6A), in: Studi Biscardi V (1984), S. 475 ff.

17 P. Vindob. G 56636 (im Druck), das Manuskript wurde mir vom Editor, Dr. CS. LÁDA, freundlicherweise überlassen.

18 S. etwa P. Hels. I 6; SB VI 9367 Nr. 9; P. Tebt. III 1029.

19 RUPPRECHT, Einführung (Fn. 12), S. 129 f.

die Abrechnung unter den Parteien eindeutig und transparent festgehalten. Es wird konsequent vertraglich geregelt, dass die Kosten von den Einnahmen abgezogen werden, um den Rest unter den Parteien zu teilen[20]. Die Gewinnbeteiligung am erwirtschafteten Frachtlohn würde ein ähnliches Abrechnungsverhältnis unter unseren Parteien verlangen; niemals könnte sich ein Gesellschafter einen (ausstehenden) Anteil am Frachtlohn ohne Berücksichtigung der hierfür aufgewendeten Kosten mit einer Strafklausel sichern lassen.

Bleibt man beim erhaltenen Text, ist darauf abzustellen, dass es hier um die fälligen Teilbeträge des Pachtzinses geht (auch in dieser Bedeutung ist *naulon* belegt), wie es bereits HÜBNER aufgefasst hat[21]. Es kann hier dahingestellt bleiben, ob eine Gewinnbeteiligung des Verkäufers/Verpächters aus den drei von RATHBONE ausführlich besprochenen *misthoprasia*-Urkunden tatsächlich herauszulesen ist.

2. Ein funktioneller Vergleich

Vor der weiteren Analyse des papyrologischen Befundes bieten sich die Schriften der römischen Juristen zu einem funktionellen Vergleich an. Ausgehend vom *naulon* in P. Köln III 147 ist die Frage zu prüfen, wie der Schiffstransport und dabei vor allem die Risikozuweisung juristisch erfasst werden. Es wird nach Rechtsfiguren gesucht, die bei der Erläuterung von P. Köln III 147 behilflich sein könnten.

Der Frachtvertrag wurde in Rom im Rahmen des konsensualen Vertrags *locatio conductio* geregelt. Die Kompilatoren haben die relevanten Texte in den Digesten unter dem Titel 19.2 zusammengestellt. Blättert man die erhaltenen Sachverhalte durch, findet man insgesamt acht Fragmente, die das Frachtwesen behandeln. Davon verweist die Terminologie in sechs auf einen Frachtvertrag (*vehenda oneram conducere, locatio conductio operis*[22]) und in zwei auf eine Schiffsmiete (*navem locare, locatio conductio rei*[23])[24]. Beim Frachtvertrag übernimmt der Schiffer (*nauta, navicularius*) Waren zum Transport gegen Entgelt, die er im Zielhafen in unbeschädigter Qualität und Quantität abzuliefern hat[25]. Es handelt sich um ein Zielschuldverhältnis; der

---

[20] S. dazu E. JAKAB, Berenike vor Gericht. Apokeryxis, Gesellschaft und Buchführung in P. Oxy. XXII 2342, Tyche 16 (2001), S. 73 ff.

[21] R. HÜBNER, Kommentar zu P. Köln III 147, auf S. 106.

[22] D. 19.2.11.3 Ulp.; D. 19.2.13.1 Ulp.; D. 19.2.13.2 Ulp.; D. 19.2.19.7 Ulp.; D. 19.2.25.7 Gai.; D. 19.2.31 Afr.

[23] D. 19.2.15.6 Ulp. und D. 19.2.61.1 Scaev.

[24] S. dazu bereits J. A. C. THOMAS, Carriage by Sea, RIDA 3. Ser. 7 (1960), S. 489-505; auch E. JAKAB, Vectura pro mutua: Überlegungen zu TP 13 und Ulp. D. 19.2.15.6, ZRG-RA 117 (2000), S. 267-269.

[25] Vgl. etwa D. 19.2.13.1 Ulp.: *Si navicularius onus Minturnas vehendum conduxerit et, cum flumen Minturnense navis ea subire non posset, in aliam navem merces transtulerit eaque navis in ostio fluminis perierit ...* Zum Frachtvertrag s. M. KASER/R. KNÜTEL, Römisches Privatrecht, 18. Aufl. (2005), S. 281 ff.

Frachtlohn wird nach erfolgreichem Abschluss des Werkes geschuldet. Der *nauta* haftet für *culpa* und *custodia*; Schäden durch höhere Gewalt (Sturm, Piraten) trägt der Befrachter. Bei der Schiffsmiete ist es anders; hier gelten die Haftungs- und Gefahrtragungsregeln der *locatio conductio rei.* Der Befrachter mietet ein ganzes Schiff (oder dessen Laderaum), was ihm der *nauta* mit Ausrüstung und Mannschaft zur vereinbarten Zeit und Route bereitstellt[26]. Der Schiffer haftet für *culpa,* aber *casus minor* und *vis maior* treffen allein den Befrachter. Der Frachtlohn wird erfolgsunabhängig geschuldet.

Die Alternative *vehenda oneram conducere – navem locare* wird im Digestentitel 19.2 nie ausdrücklich erwogen. Untersucht man jedoch die Fragmente im Digestentitel 19.2, kommt man zu dem Ergebnis, dass im Alltagsleben der Frachtvertrag gegen die Schiffsmiete zu überwiegen scheint (das Verhältnis ist 6:2). Ein umgekehrtes Resultat ist festzustellen, wenn die Juristentexte aus anderen Titeln, etwa D. 14.1 - 14.2 über die adjektizischen Klagen, durchmustert werden. In diesem breiteren Kontext sind in zwei Fragmenten Frachtverträge, in acht Schiffsmieten behandelt; die Alternative zwischen den beiden wird in weiteren drei Fragmenten erwogen (das Verhältnis ist 2:8:3)[27]. Die Juristen akzeptieren diese Praktiken des Alltagslebens und gehen darauf in ihren Gutachten als auf etwas ganz Selbstverständliches ein. Ulpian bestätigt diese Einstellung in D. 4.9.3.1: *Sed si tota navis locata sit, qui conduxit ex conducto etiam de rebus quae desunt agere potest: si vero res perferendas nauta conduxit, ex locato conveniuntur.* Beim Kontrahieren über den Schiffstransport werden hier die beiden Varianten (*navem locare – oneram conducere*) als gleichwertige Lösungen diskutiert. Ulpian überlegt, welche Klagen dem Befrachter zustehen, wenn das Frachtgut am Zielhafen nicht vollständig übergeben wird. Wurde das ganze Schiff gemietet, kann der Befrachter/Mieter mit der *actio conducti* wegen des fehlenden Transportgutes klagen; hatte der Schiffer dagegen Sachen zum Transport übernommen, kann er mit der *actio locati* verklagt werden. Die Wahl zwischen Frachtvertrag und Chartervertrag betrifft die Risikozuweisung zwischen Befrachter und Verfrachter auf der ersten Ebene des Transports, die Seegefahr. Die oben zitierten Haftungs- und Gefahrtragungsnormen regeln allein das Transport- und Entgeltrisiko.

Im Digestentitel 19.2 beschränken sich die Juristen auf das dogmatisch zu bewertende primäre Rechtsverhältnis und betrachten es abstrahiert von seinem sozialen und wirtschaftlichen Kontext. Ich möchte hingegen zeigen, wie die Risikozuweisung beim Schiffstransport zu einem komplexen Bild zusammengestellt werden

---

26 S. etwa D. 19.2.61.1 Scaev.: *Navem conduxit, ut de provincia Cyrenensi Aquileiam navigaret olei metretis tribus milibus impositis et frumenti modiis octo milibus certa mercede.*

27 Eine Schiffsmiete schildern D. 6.1.62 pr. Papin.; D. 12.6.55 Papin.; D. 14.1.1.7 Ulp.; D. 14.1.1.12 Ulp.; D. 14.1.1.13 Ulp.; D. 14.1.1.15 Ulp.; D. 14.2.10.1 Lab. und D. 14.2.10.2 Lab. Einen Frachtvertrag behandeln D. 14.2.2 pr. Paul. und D. 14.2.10 pr. Lab. Die Alternative der beiden wird in D. 4.9.3.1 Ulp.; D. 14.1.1.3 Ulp. und D. 19.5.1.1 Papin. besprochen.

kann. Betrachtet man den Transport in seiner wirtschaftlichen Komplexität, sind folgende Risiken zu unterscheiden[28]: Transportrisiko, Lohngefahr, Schiffsgefahr, unternehmerisches Risiko.

Unter dem Transportrisiko ist der nicht zu vertretende Untergang oder die Beschädigung des Transportgutes zu verstehen. Es geht hier darum, welche Partei den Schaden zu tragen hat, wenn die auf das Schiff verladenen Waren aus Gründen, die außerhalb des Bereichs von *dolus* und *culpa* des *nauta* liegen, am Zielhafen nicht herausgegeben werden können. Es ist hier weiterhin zwischen *vis maior* (Untergang, Schaden durch höhere Gewalt) und *casus minor* (Diebstahl, Wasserschaden) zu unterscheiden. Die Schäden aus *casus minor* könnten eigentlich auch Betriebsrisiko genannt werden; es geht hier um Fälle des niederen Zufalls, die mit den vertragsspezifischen Risiken des Transportierens zusammenhängen. Unter der Lohngefahr ist das Risiko der Vergütung zu verstehen, ob der *nauta* für die Überlassung seines Schiffes zu Transportzwecken das Entgelt bekommt. Bei der Schiffsgefahr geht es darum, welche Partei den Verlust des Produktionsmittels, also den Schaden aus dem Untergang oder aus der Beschädigung des Schiffes zu tragen hat. Hier ist ebenfalls zwischen *vis maior* (Untergang, Verlust und Schaden durch höhere Gewalt) und *casus minor* (Diebstahl, Beschädigung durch Dritte) zu unterscheiden. Das unternehmerische Risiko bezeichnet das Nutzungsrisiko, ob die Transportkapazität des Schiffes voll ausgenützt ist, ob der Betrieb rentabel läuft.

Bei der Bewertung der Sachverhalte ist weiterhin darauf zu achten, dass die „Schiffsmiete“ in wirtschaftlicher und juristischer Hinsicht zweierlei Bedeutungen haben kann: Chartervertrag (Schiffsmiete als Alternative zum Frachtvertrag) oder Pachtvertrag (Nutzung zum unternehmerischen Zweck). Das Schiff als Vertragsobjekt kann für eine kurze Zeit, etwa eine Fahrt, mit Ausrüstung und Mannschaft überlassen werden oder für eine längere Zeit (einige Jahre), für freie Routen und ohne Mannschaft. Die Schiffspacht zu unternehmerischen Zwecken spricht Ulpian in D. 14.1.1.15 an: ... *sive a domino navem per aversionem conduxit vel ad tempus vel in perpetuum.* Das Fragment stammt aus dem Digestentitel 14.1, der die *actio exercitoria* behandelt. Der Jurist definiert hier den Begriff des *exercitor* und geht dabei auf die Strukturierung im Transportwesen nur beiläufig ein[29]. Der *exercitor* kann mit seinen eigenen Schiffen, aber auch mit gepachteten Schiffen seine Reederei betreiben. Das Schiff kann *ad tempus*, also relativ kurz befristet (für einige Monate oder Jahre), oder *in perpetuum,* für eine sehr lange Zeit (etwa die in den Papyri belegten 50 oder 60

---

28 Die Differenzierung innerhalb des Begriffes des *periculum* haben bereits TH. MAYER-MALY, Labeo 5 (1959), S. 390 ff.; F. WUBBE, Labeo zur Gefahrtragung im Bauvertrag, in: L'homme dans son environnement (1980), S. 131 ff. und W. ERNST, Periculum conductoris. Eine gleichlaufende Gefahrtragungsregel bei den Verträgen der locatio conductio, in: Festschrift H. Lange (1992), S. 59-97, insb. S. 81 ff., verlangt. S. dazu auch JAKAB, Vertragsformulare (Fn. 7), S. 74 ff.

29 Die Stelle behandelt B. SIRKS, Food for Rome (1991), S. 57 aus dem Aspekt der Privilegien der *navicularii.*

Jahre?) gepachtet worden sein. Wird die Reederei mit gepachteten Schiffen betrieben, ist dadurch die Schiffsgefahr geteilt: die Schäden aus *vis maior* trägt der Eigentümer, während das Betriebsrisiko (Diebstahl, kleinere Sturmschäden) den Pächter trifft. Ulpian erwägt es hier nicht, aber sogar das unternehmerische Risiko könnte geteilt werden, wenn der Pachtzins als Gewinnbeteiligung festgelegt worden wäre; der Jurist geht hier aber allein auf die Variante des pauschal festgelegten Pachtzinses ein (*per aversionem*).

Betrachtet man die zwölf „Schiffsmieten" in den Digesten näher, ist festzustellen, dass davon sieben Stellen Charterverträge und fünf Pachtverträge behandeln[30]. Bei den verschiedenen Varianten des Kontrahierens wird das Transportrisiko unterschiedlich zugewiesen. Schließt ein freier *nauta* mit seinem eigenen Schiff einen Frachtvertrag ab, trägt er allein das ganze Risiko. Wählt er als Schiffseigentümer den Chartervertrag, kann er das Betriebsrisiko und die Vergütungsgefahr auf den Partner abwälzen; das unternehmerische Risiko und die Schiffsgefahr bleiben aber allein bei ihm. Die Befrachter sind nicht einmal nach der *lex Rhodia* mit ihm in eine Risikogemeinschaft einbezogen (D. 14.2.6): *Navis adversa tempestate depressa ictu fulminis deustis armamentis et arbore et antenna Hipponem delata est ibique tumultuariis armamentis ad praesens comparatis Ostiam navigavit et onus integrum pertulit* ... Julian beschreibt, dass ein Schiff auf hoher See in Sturm und Blitzschlag geraten ist, dann mit schwer beschädigter Ausrüstung einen Hafen erreicht hat, um nach einer Notreparatur zum Zielhafen weiterzusegeln. Das Frachtgut wurde dort unbeschädigt abgeliefert. Der *nauta* dürfte versucht haben, die Befrachter für die Reparaturkosten in Anspruch zu nehmen. Julian verneint die analoge Anwendung der *lex Rhodia*: Die Risikogemeinschaft gilt nur für Preisgabe von Frachtgut, die unter den Befrachtern abgerechnet wird; Schäden am Schiff hat allein der *nauta* zu tragen.

Die Wirtschaftshistoriker haben untersucht, wie hoch die Baukosten eines Schiffes in der ausgehenden Republik anzusetzen seien[31]. Ein größeres Schiff von 300 Tonnen habe etwa 250.000 Sesterzen gekostet; für diesen Betrag wäre auch ein schönes Landgut in Italien zu haben gewesen[32]. Die Historiker sehen in diesem hohen Kapitalbedarf den Grund dafür, dass der Schiffstransport von Geldleuten finanziert wurde. Ich finde, dass die hohe Konzentration der betriebseigenen Risiken

---

30 Eine Schiffsmiete zu Transportzwecken (Chartervertrag) überliefern D. 14.1.1.7 Ulp.; D. 14.1.1.12 Ulp.; D. 14.1.1.13 Ulp.; D. 14.2.10.1 Lab.; D. 14.2.10.2 Lab.; D. 19.2.61.1 Scaev. und D. 19.2.15.6 Ulp. Von einer Schiffsmiete zu unternehmerischen Zwecken (Pachtvertrag) berichten hingegen D. 4.9.3.1 Ulp.; D. 6.1.62 pr. Papin.; D. 12.6.55 Papin.; D. 14.1.1.15 Ulp. und D. 14.1.1.3 Ulp.

31 D. RATHBONE, The Financing of maritime Commerce in the Roman Empire, I-II AD, in: Credito e moneta nel mondo romano (2003), S. 198 ff.; A. TCHERNIA, Rêves de richesse, emprunts et commerce maritime, in: L'exploitation de la mer (1986), S. 123-130; K. HOPKINS, Models, ships and staples, in: Trade and Famine in Classical Antiquity (1983), S. 84-109.

32 RATHBONE, Financing (Fn. 31), S. 202 f.

auch ein wichtiges Indiz dafür gewesen sein könnte, die Gefahren durch eine starke wirtschaftliche und soziale Strukturierung im Transportwesen auf ein erträgliches Maß zu reduzieren.

Stellt der Schiffseigentümer zum Kontrahieren einen *magister navis* ein, kann er die Lohngefahr auf ihn abwälzen. Noch breiter wird das Risiko gestreut, wenn der Eigentümer sein Schiff einem Reeder (*exercitor*) verpachtet. Die Schiffsgefahr wird unter ihnen geteilt: Höhere Gewalt trifft den Eigentümer, aber das Betriebsrisiko (*casus minor*) den Pächter. Bei einem pauschalen Pachtzins wird auch das unternehmerische Risiko auf den Pächter verlagert. Stellt der *exercitor* einen *magister navis* ein, teilt er auch das unternehmerische Risiko mit ihm. Es könnten noch beliebige weitere Ebenen eingeschaltet werden. Ulpian verweist in D. 14.1.1.5 darauf, dass der *exercitor* einen *magister* einsetzt, der wiederum einen „Unterkapitän" bestellt. Paulus bespricht den Fall eines Sklaven-*exercitor*, der seinen *vicarius* zum *magister navis* einsetzt (D. 9.4.19.2). Der *magister* kann das Schiff selbst steuern, kann es aber auch einem *kybernetes* anvertrauen.

Der Exkurs in die Alltagspraxis der römischrechtlichen Quellen zeigt, dass der Transport als wirtschaftliche Tätigkeit mit verschiedenen Arten des Risikos belastet war. Die Kautelarpraxis hat zahlreiche Vertragstypen entwickelt, um die bunte Vielfalt der Rechtsfiguren des Alltagslebens abzudecken. Dabei wurde auf die Risikozuweisung unter den Kontrahenten und in den verschiedenen Ebenen der Strukturierung besonders geachtet.

3. Fracht und Risiko in den Papyri

Kehren wir nach Ägypten zurück. Urkunden über Fracht auf dem Nil sind in reicher Fülle überliefert, aber die meisten enthalten nur Quittungen über das Frachtgut; nur wenige dokumentieren wechselseitige Vereinbarungen. Es sind bisher sieben Frachtverträge, sieben Schiffsmieten und drei *misthoprasiai* bekannt geworden.

Das typische Formular des Frachtvertrags setzt mit *enaulosen* ein[33]: Der Schiffer bestätigt, eine bestimmte Ladung in sein Schiff verladen zu haben und verpflichtet sich, es zu einem Zielhafen zu transportieren. Oft folgt darauf die Haftungsklausel, dass er die Ladung unversehrt, frei von Transportschäden abliefern werde. Kontrahiert er mit dem Staat, muss er meistens mit der *kindynos*-Klausel auch die Seegefahr auf sich nehmen. Das Formular einer Schiffsmiete setzt mit *emisthosen* ein: Der Vermieter stellt ein ausgerüstetes Boot (mit oder ohne Mannschaft) zur Verfügung; manchmal wird noch die Haftung bezüglich des Frachtgutes geregelt. Die Grenzen zwischen Frachtvertrag und Schiffsmiete sind aber in den Papyri

[33] Unter die Frachtverträge sind die folgenden Dokumente einzugliedern: P. Oxy. XLIX 3484 (27-33), fraglich ob Frachtvertrag oder eher Schiffsmiete; P. Oxy. XLV 3250 (63 n.Chr.); P. Laur. I 6 (1/2. Jh.); P. Lond. III 948 (236); P. Oxy. XLIII 3111 (257); SB XIV 12056 (3. Jh.); P. Lond. V 1851 (6. Jh.). Zum Formular s. MEYER-TERMEER, Haftung (Fn. 7), S. 75 ff.

unscharf. P. Oxy. XLV 3250 setzt etwa mit *enaulosen* ein, das Boot wird jedoch mit Ausrüstung und Mannschaft überlassen: offenbar werden hier Elemente des Fracht- und Mietvertrages gemischt. P. Oxy. XLIX 3484 wurde vom Herausgeber als Frachtvertrag definiert, es scheinen jedoch darin die Merkmale einer Schiffsmiete zu überwiegen.

Noch schwieriger ist es unter den „Schiffsmieten" die Charterverträge von der Schiffspacht zu trennen. Das Entgelt wird in Transportverträgen meistens *naulon* genannt, unabhängig vom Vertragstyp; allein in den *misthoprasiai* wird der terminus technicus *phoros* verwendet. Leicht feststellbare Merkmale der Differenzierung sind die Mietdauer, das Stellen der Mannschaft und ob der *naukleros* das Transportrisiko oder die Schiffsgefahr übernimmt[34]. Ein typischer Chartervertrag ist SB XIV 11552 (Ox., 221 n. Chr.): Zwei Oxyrhynchiten vermieten ihr eigenes Boot an einen gewissen Aurelius Demetrios. Das Boot wird mit Zubehör und Mannschaft für eine Retour-Fahrt nach Tebennythis, mit Navigationsvorschriften, bereitgestellt. Das Entgelt beträgt 500 Silberdrachmen und weitere Naturalleistungen (Wein, Öl, Getreide). Der Herausgeber ordnet den Vertrag als Schiffsmiete ein; juristisch präziser sollte man jedoch von einem Chartervertrag sprechen. P. Lond. V 1714 (570 n. Chr.) enthält eine Schiffspacht: Der Papyrus ist zwar von unserer Urkunde aus der augusteischen Zeit weit entfernt, aber eines Blickes wert. Flavius Theodorus hat sein Schiff für vier Jahre an Pekusis, einen *naukleros,* verdungen. Der Vertrag wird *misthosis* genannt, bestimmt aber kein Entgelt. Der ‚Mieter' darf auf dem Boot wohnen, damit berufsmäßig transportieren, und er verpflichtet sich, nach Bedarf dem ‚Vermieter' zu Diensten zu stehen. In diesem Vertrag überwiegt wirklich das Arbeitsverhältnis, deshalb kann nicht von einer echten Schiffsmiete die Rede sein.

In jene Gruppe der Pachtverträge, allerdings für die hohe See, ist auch P. Köln III 147 einzuordnen. Dafür spricht vor allem die Haftungsklausel: Der Pächter haftet für die unversehrte Rückgabe des Schiffes, er muss es also zu einem unternehmerischen Zweck, ohne Mannschaft, bekommen haben.

Die römischen Quellen haben für den Seetransport eine stark gegliederte Strukturierung im Frachtwesen gezeigt, die unter anderem der abgestuften Risikozuweisung gedient hat. Sind die Spuren einer ähnlichen Strukturierung in den Papyri festzustellen? RATHBONE verneint es. Er vertritt die Auffassung, dass die Nilschiffe in Ägypten relativ klein und billig gewesen seien[35]: Für den Wert einer einzigen Ladung Weizens sei bereits ein neues Schiff mittlerer Größe (250-300

---

34 Ein Chartervertrag zu Transportzwecken ist in P. Oxy. 3484 (27-33); P. Oxy. XLV, 3250 (63 n. Chr.); SB XIV 11552 (221 n.Chr.); P. Herm. 75 (5. Jh.) zu sehen. Einen Pachtvertrag zu unternehmerischen Zwecken überliefern P. Köln 147 (1. Jh.); P. Lond. V 1714 (570 n. Chr.) und P. Amh. II 127 (frühes 2. Jh.). Die drei langfristigen Pachtverträge, die ein mit Kauf gemischtes Formular aufweisen, sind die *misthoprasia* in BGU IV 1157 (10 v. Chr.); P. Lond. III 1164b (212 n. Chr) und P. Oxy. XVII 2136 (291 n. Chr.).

35 RATHBONE, Financing (Fn. 31), S. 211.

Tonnen) zu haben gewesen. Er schließt daraus, dass die Schiffer in Ägypten überwiegend mit eigenem Schiff unterwegs gewesen wären[36].

Mustert man die Urkunden durch, zeichnet sich jedoch ein etwas abweichendes Bild. In den Frachtverträgen und Quittungen wird der Eigentümer des Schiffes fast immer genannt; der Schiffer deklariert also, mit wessen Schiff er den Transport durchführen wird[37]. Das typische Formular zeigt etwa SB XII 11262 (Hibeh, 139 n. Chr.), wo der Zahlungsempfänger, der *kybernetes*, betont, dass er seinen eigenen Kahn steuert[38]. Nach dem derzeitigen Stand meiner Untersuchungen wird etwa in einem Drittel der Dokumente das eigene, aber in zwei Drittel ein fremdes Schiff gesteuert. Es muss also auch in Ägypten Financiers und Reeder gegeben haben, die in den Schiffbau investierten oder Schiffe betrieben, ohne selbst je ein Schiff betreten zu haben. Wir kennen etwa einen *naukleros* aus dem 3. Jh., der acht Schiffe gleichzeitig laufen hatte[39]; und einen anderen, der drei Schiffe im Transportwesen tätig hatte[40]. In P. Princ II 26 (154) kommandiert ein *kybernetes* drei Boote und liefert Getreide auf dem Nil nach Alexandria. Im 4. Jh. n. Chr. beschwert sich der wohlhabende Gerontius, dass Soldaten seine Verwalter und Schiffer misshandelten (P. Oxy. 67, 4628). Die Wendung „meine *nautae*" deutet an, dass in seinem Dienst, vermutlich auf seinen Booten, mehrere *nautae* im Schiffstransport beschäftigt waren.

Eine gewisse Strukturierung ist in SB XII 11262 (Hibeh, 139) zu beobachten: „Zahler: Lucius Egnatius Rufus, Tiberius Claudius Heraclius, Dionysios, der Sohn des ..., und Aphrodisios, der Sohn des Heron, diese vier und die übrigen *naukleroi* ihrer Gesellschaft. Empfänger: Heron, der Sohn des Pisys, aus dem Dorf Ankyron des Gaues von Herakleopolis, *kybernetes* eines eigenen Kahnes. Er hat von den Leuten um Rufus als Frachtgeld für die 40 Ladungen Sand, die er bis zum heutigen Tag von dem oben genannten Dorf Ankyron zum Hafen von Ptolemais im Arsinoites transportiert hat, die entsprechenden achtundachtzig Silberdrachmen, das macht 88 Dr., empfangen, für das im Bau befindliche neue Theater, wobei sie hinsichtlich der restlichen 23 Ladungen, die Heron ihnen schuldet, nicht beeinträchtigt werden ..."[41]. In der vorliegenden Abschrift einer Bankdiagraphe zahlt eine Gesellschaft von Schiffsspediteuren (*naukleroi*) an einen gewissen Heron, *kybernétes* seines eigenen Kahnes, das Frachtgeld für 40 Fuhren Sand zum Bau eines Theaters

36 RATHBONE, Financing (Fn. 31), S. 205.

37 W. CLARYSSE, Idion and idiotikon ploion, ZPE 89 (1991), S. 69 f. setzt sich mit der Terminologie auseinander.

38 Den Text s. sogleich unten.

39 P. Oxy. X 1259 (211/2).

40 P. Oxy. XVII 2125 /220/1). Vgl. RATHBONE, Financing (Fn. 31), S. 204.

41 Übersetzung nach D. HAGEDORN, ZPE 14 (1974), S. 283.

in Ptolemais Hormu (Faijum). Die Gesellschaft der *naukleroi* hat offenbar den Werkvertrag von der öffentlichen Hand ersteigert; zur Durchführung der Transporte haben sie mit Kleinunternehmern kontrahiert. Durch die Strukturierung konnte das betriebsspezifische Risiko verteilt werden.

In einer Urkunde aus 149 n. Chr. haben vier *naukleroi* aus Askalon ein Schiff im Miteigentum und nehmen ein Seedarlehen gemeinsam auf. Das Miteigentum erleichtert nicht nur die Anschaffung des Schiffes, sie wirkt sich auch durch die Risikoteilung günstig aus[42]. Auch die in den Quellen überlieferte Terminologie der Berufsbezeichnungen dürfte auf eine unternehmerische Hierarchie verweisen: *naukleros, nauklokybernetes, kybernetes.*

Die im Frachtwesen üblichen Formulare zeigen Klauseln, die ähnliche Risiken regeln, wie sie bei den römischen Juristen in einer gewissen Systematisierung erscheinen. Rechtsleben und Rechtswissenschaft reflektieren also dieselben Phänomene, nur aus unterschiedlichen Gesichtspunkten.

Die Vergütungsgefahr beim Frachtvertrag trägt der Schiffer. Das ist besonders plausibel, wenn der Frachtlohn nach der Quantität des Frachtgutes festgelegt wird. Die Charterverträge enthalten meistens die Navigationsklausel und eventuell die Haftung für Transportschäden (niederen Zufall). Hier wird vom Schiffer nie das volle Transportrisiko übernommen. Das Entgelt wird meistens pauschal festgelegt (keine Vergütungsgefahr).

Die Möglichkeiten der Teilung des unternehmerischen Risikos werden in P. Cair. Zen. IV 59649 spannend geschildert. Der Papyrus stammt zwar aus dem 3. Jh. v. Chr., ist aber trotzdem eines Blickes wert. Es handelt sich um ein Hypomnema (Pachtantrag) an Zenon über die Nutzung eines seiner Schiffe, das offenbar verpachtet werden sollte. Ständige Ausgaben bedeuten (nach der Aufstellung) die königliche Steuer, der Lohn der Schiffer und des *kybernetes.* Das Schreiben schlägt drei Varianten der Kosten-Nutzen-Verteilung vor: Entweder (1) zahlt Zenon der Mannschaft monatlich Weizenportionen, aber die Transporte für ihn werden verrechnet, und der Wert des Getreides davon abgezogen; oder (2) Zenon bekommt jährlich 500 Drachmen, zahlt auch die Steuer, dafür wird für ihn gratis transportiert; oder (3) der Pachtbewerber zahlt die Steuer und die Mannschaft, für Zenon wird nach Bedarf transportiert, dafür zahlt er eine pauschale Menge Weizen für die Mannschaft (72 Artaben) und zusätzlich noch 18 Artaben dem Pachtbewerber. Das Hypomnema überliefert raffiniert ausgefeilte Varianten, wie die Risiken des Schiffstransports unter den Kontrahenten kalkuliert und ausgeglichen werden können.

Zusammenfassend ist jedoch festzuhalten, dass die Strukturierung im Schiffstransport auf dem Nil in der Tat etwas weniger ausgeprägt gewesen zu sein scheint, als es nach den Juristenschriften für die hohe See zu beobachten war. Nach den

---

42 THÜR, Dike 3 (2000) S. 182.

Papyri hat meistens der Kleinunternehmer, der *kybernetes*, den Frachtvertrag in eigenem Namen abgeschlossen; er hat also das Transportrisiko, das unternehmerische Risiko und die Vergütungsgefahr getragen. Bloß der Schiffsgefahr kann er entkommen, wenn er ein fremdes Schiff steuert. Die untersten sozialen Schichten zitiert P. Oxy. 63,4388 (423 n. Chr.), worin zwei *kybernetai* einen Mietvertrag über Anker und Segel gegen Wein als Mietzins vereinbarten. P. Köln III 147 deutet hier (für den Seetransport) eine weitere Ebene in der Strukturierung an: Der Schiffseigentümer verpachtet sein Schiff; der Pächter kann damit selbst segeln oder es vielleicht auch an einen *kybernetes* in Unterpacht geben.

4. Zurück zur Urkunde

P. Köln III 147 ist fragmentarisch überliefert; der erhaltene Teil setzt mit der Rückgabepflicht des Pächters ein: Er ist verpflichtet, das Schiff mit Zubehör im Hafen von Alexandria zurückzugeben. Er haftet für alle Schäden am Schiff, mit der Ausnahme der normalen Abnutzung und der höheren Gewalt. Die Sachgefahr trägt also der Verpächter, wie es bei Pachtverträgen auch sonst üblich ist[43]. Die aufgezählten Fälle der höheren Gewalt sind für den Schiffstransport typisch. RATHBONE sieht darin den Beleg dafür, dass das Schiff auf hoher See eingesetzt worden sei[44]. Sturm, Brand, Angriff des Feindes oder der Piraten sind jedoch typische Fälle der *vis maior* in der Antike, die auch in Frachtverträgen oder im Alltagsleben des Niltransportes reichlich belegt sind[45]. Trotzdem neige ich auch dazu, angesichts des Erfüllungsortes, des Seehafens in Alexandria, in P. Köln III 147 ein Seeschiff zu unterstellen.

Von Interesse ist noch die Deklaration des Pächters, dass er die höhere Gewalt nachweisen werde. Die Beweislast trifft also ihn; von einem solchen Beweisverfahren dürfte P. Hibeh I 38 berichten (252/1 v. Chr.): Der Schiffer leistet einen Eid darüber, dass das von ihm gesteuerte Boot durch einen stürmischen Windstoß kenterte und darauf versank[46].

Der Pächter ist in unserer Urkunde verpflichtet, das *naulon* in Raten zu zahlen (Z. 8-9). Im Schiffstransport wurde das Entgelt, vom Vertragstyp unabhängig, meistens *naulon* genannt; die Terminologie liefert also kein entscheidendes Argument dafür, ob es um einen Frachtvertrag, Chartervertrag oder um eine Sachmiete geht. Bei Leistungsstörungen schuldet er das Hemiolion, das Eineinhalbfache, was im

---

43 HERRMANN, Bodenpacht (Fn. 9), S. 161 ff.

44 RATHBONE, Misthoprasia (Fn. 3), S. 600.

45 S. dazu E. JAKAB, Vertragsformulare (Fn. 7), S. 92 f.

46 C. H. BRECHT, Zur Haftung der Schiffer im antiken Recht (1962), S. 74 bringt aus griechischen Bauvergaben Parallelen dafür, dass der Unternehmer beim Werkvertrag die höhere Gewalt nachweisen musste.

griechischen Rechtskreis die übliche Vertragsstrafe bedeutete[47]. Das Hemiolion bezieht sich hier allein auf den fälligen Pachtzins, das *naulon.*

Anschließend wird eine Vertragsstrafe von 500 Drachmen festgelegt, die offenbar separat als Darlehensschuld beurkundet wurde. Es liegt nahe, dass dieser Betrag bei Leistungsstörungen als pauschaler Schadenersatz gedient hat. Das beim Vertragsschluss beurkundete fiktive Darlehen macht die prozessuale Lage des Verpächters leichter: Er braucht bloß auf die „Rückzahlung der Darlehensvaluta" zu klagen, ohne sich auf ein kompliziertes Beweisverfahren über die Höhe des Schadens einlassen zu müssen.

Die zusätzlichen 200 dem Augustus „geweihten" Drachmen bedeuten eine Fiskalmult, die im Falle des Vertragsbruches an die Staatskasse zu zahlen war[48]. Damit wollte der Gläubiger die größere Bereitwilligkeit des Schuldners zur Erfüllung sichern[49] oder, wie ich meine, die römische Behörde dafür interessieren, sich des Falles anzunehmen.

Es ist noch das dem Verpächter eingeräumte Recht zur Vertragsauflösung und Neuverpachtung von Interesse. Der Pächter haftet für den Minderertrag, also für den Schaden des Verpächters, wenn dieser erneut nur ungünstiger verpachten kann. Die Klausel ist sonst in alexandrinischen Land-Pachtverträgen überliefert; BERGER argumentiert, dass diese Strafklausel mit dem Hemiolion kumuliert. Der Pächter schuldet nämlich nur den bis zur Vertragsauflösung fälligen Pachtzins nebst Hemiolion; der Mindererwag bedeutet hingegen die Differenz zwischen dem alten und dem neuen Pachtzins bis zum Ablauf der ursprünglichen Pachtdauer. Das Spiegelbild dieser Ersatzpflicht ist in griechischen Inschriften, etwa bei der Vergabe eines Theaterbaus im Piräus oder des Zeus-Tempels in Lebadeia zu finden: Bei Vertragsbruch schreibt die Polis die noch fehlenden Arbeiten erneut aus und verrechnet dem Vertragsbrüchigen die Mehrkosten (in der Regel mit Hemiolion)[50]. Die kurze Frist (hier 5 Tage) zur Geltendmachung dieser Ansprüche durch den Verpächter ist auch in anderen Quellen belegt. *Asphaleia* übersetzt HÜBNER mit „Vertrag"; ich sehe darin eher eine Sicherungsurkunde: Der hinausgeworfene Pächter verpflichtet sich darin, vermutlich wieder mit Darlehensformular, den Schaden zu ersetzen und die Vertragsstrafen zu zahlen.

P. Köln III 147, ein fragmentarisch erhaltener Papyrus aus der augusteischen Epoche, bietet ein schönes Beispiel dafür, mit welchen vertraglichen Abreden die Praxis die vertragsspezifischen Risiken bewältigt hat. Das Dokument führte uns ins Transportwesen. Um den juristischen Inhalt präzise bestimmen zu können, war der

---

47 A. BERGER, Die Strafklauseln in den Papyrusurkunden (1911), S. 14 ff.

48 BERGER, Strafklauseln (Fn. 47), S. 32 ff.

49 BERGER, Strafklauseln (Fn. 47), S. 36.

50 G. THÜR, Werkvertrag (Fn. 16), S. 492, 499; DERS., IPArk 30.

soziale und wirtschaftliche Hintergrund und der breitere vertragliche Kontext zu prüfen. Der Exkurs zu den Sachverhalten des Schiffstransports bei den klassischen römischen Juristen hat geholfen, die verschiedenen Risiken dieses Unternehmens zu überlegen. Der mit *periculum* oder *kindynos* bezeichnete nicht zu vertretende Untergang des Vertragsobjekts (durch höhere Gewalt) deckt nur eine Art dieser Risiken. Die wirtschaftliche Tätigkeit umfasst daneben noch weitere Kategorien, die beim Kontrahieren von den Parteien erwogen und mit vertraglichen Abreden einander zugewiesen werden. P. Köln III 147 überliefert eine „Schiffsmiete" zu unternehmerischen Zwecken: Das Schiff wurde zur längeren Nutzung ohne Mannschaft überlassen. Es handelt sich also um keinen Chartervertrag (als Alternative zum Frachtvertrag), sondern um eine längerfristige Pacht. Darauf ist insbesondere aus den typischen Haftungs- und Gefahrtragungsregeln zu schließen.

Zu einem lateinischen *index* der Novelle Justinians zum Mönchswesen vom 16.(?) März 535

Wolfgang Kaiser, Freiburg

I. Zur Überlieferung. II. Die Versio antiqua der Novelle Justinians zum Mönchswesen als *index*. 1. Anderweitige *indices*. 2. Stilistische Eigenheiten der Übersetzung. III. Vergleich von Ep. Iul. Const. 4 und Versio antiqua. 1. Gemeinsamkeiten. 2. Unterschiede. III. Ausblick.

I. Zur Überlieferung

Außerhalb der Novellensammlungen ist eine lateinische Übersetzung der Novelle Justinians zum Mönchswesen vom 16.(?) März 535 überliefert, deren Herkunft aus dem Unterricht bislang nicht hinreichend beachtet wurde[1]. Der Text ist – gekürzt oder ungekürzt – noch in neun Handschriften erhalten, die vom ausgehenden achten bis ins zwölfte Jahrhundert reichen[2]. Hinzu kommt eine heute verlorene (unvollständige) Handschrift aus der Kathedrale von Beauvais, auf der die früheste Druckausgabe aus dem Jahre 1689 basiert[3].

Die Überlieferung teilt sich in zwei Stränge: Mit verkürztem Text erscheint die Übersetzung in den „Sacra privilegia concilii Vizaceni"[4] als sechstes Kapitel[5]. In den übrigen Handschriften ist der Text vollständig; ihm geht zudem noch ein lateinisches Kata poda der Praefatio der Novelle Justinians zum Kirchenvermögensrecht vom 1. Mai 546 (Coll. CLXVIII Novv. 123; Auth. 134; Ep. Iul. 115) voran. Der Überlieferungskontext ist hier uneinheitlich. In vier Handschriften schließen sich Kata poda

---

1 S. zu der Übersetzung nunmehr W. KAISER, Authentizität und Geltung. Studien zu den „Sacra privilegia concilii Vizaceni" (2007), S. 371-426; zur unsicheren Tagesangabe ebenda, S. 404.

2 So die Hs. Berlin Staatsbibl. Hamilton 132 (s. IXin.; wohl Nordfrankreich) ff. 126vb/29-128va/32, Cambrai Bibl. munic. 485 (s. IX-X; Cambrai) ff. 27v/18-33v/20, Hs. Leipzig UB Hänel 8+9 (Verona, Mitte 9. Jhd.), pp. 229b/8-231a/26, Hs. Paris BN lat. 3838 (s. IX$^{3/4}$; Frankreich) ff. 165v/27-167r/14, Hs. Paris BN lat. 3846 (s. IXin.; vielleicht Nordostfrankreich) ff. 123ra/35-125ra/4, Hs. Paris BN lat. 11711 (s. VIII-IX; Corbie) ff. 137ra/10–139va/29, Hs. Stuttgart Württemb. Landesbibl. iur. 4° (s. X-XI oder s. XI^1; Alamannien [Skt. Gallen?]) ff. 160r/7-161v/13, Hs. Vat. Ottob. lat. 312 (s. XI) ff. 130r/1-131v/1, Hs. Vat. Barb. lat. 535 (s. XII; Lucca) ff. 201r/18–204r/16; eine Abschrift der Hs. Vat. Barb. lat. 535 ist in der Hs. Paris BN lat. 12450-51 erhalten (s. Fn. 12). Zu den Handschriften s. die weiteren Angaben bei KAISER, Authentizität und Geltung (Fn. 1), S. 503-506 (Handschriftenregister).

3 S. dazu KAISER, Authentizität und Geltung (Fn. 1), S. 244-245, 381 und sogleich im Text.

4 S. zum Inhalt der Kapitel nur den Überblick bei KAISER, Authentizität und Geltung (Fn. 1), S. 1-3.

5 S. die Edition von Cap. 6 der „Sacra privilegia" bei KAISER, Authentizität und Geltung (Fn. 1), S. 401-403.

und Übersetzung an eine Collectio Dionysio-Hadriana an[6], in zweien stehen sie nach dem Concilium Ephesinum a. 431 (versio Dionysiana) und einem Auszug aus dem Capitulare seu canones concilii Vernensis a. 755[7]. Das Kata poda zur Praefatio der Novelle vom 1. Mai 546 begegnet zudem in der sogenannten Lex episcoporum et ceteris (!) clericorum, dort gefolgt von einem Kata poda des achten Kapitels derselben Novelle sowie deren Datierung[8]. Diese Überlieferung ist von derjenigen, in der die Praefatio mit der Novelle zum Mönchswesen verbunden ist, unabhängig[9].

Die Übersetzung nebst Kata poda machte erstmals François de DESMARÉS im Jahre 1689 im Rahmen einer Neuausgabe der Werke der Gebrüder PITHOU bekannt[10]. Er legte eine Abschrift zugrunde, die Pierre PITHOU nach einer Handschrift der Kathedrale von Beauvais angefertigt hatte; der Text brach allerdings bei Cap. 5, 2, 2 *appareat* ab. Vollständig veröffentlichte die Übersetzung erst F. C. von SAVIGNY im Jahre 1816[11] nach einer Handschrift der Collectio canonum des Anselm von Lucca[12]. Die Novellenausgaben von J. L. G. BECK, der Gebrüder KRIEGEL sowie die Edition des Authenticum durch G. HEIMBACH enthalten die Übersetzung (auf der Basis von PITHOU und SAVIGNY) als Anhang[13]. Eine kritische Edition bot kürzlich der Verfasser[14]. Die Übersetzung ist im folgenden als Versio antiqua der Novelle Justinians zum Mönchswesen (kurz Versio antiqua) bezeichnet.

Die Versio antiqua stammt noch aus justinianischer Zeit. Dies ergibt sich insbesondere aus den Fachkenntnissen des Verfassers im Erbrecht[15]. Die Herkunft aus

---

6 So in den Hss. Berlin Staatsbibl. Hamilton 132, Paris BN lat. 3846, Paris BN lat. 11711, Vat. Ottob. lat. 312; s. dazu KAISER, Authentizität und Geltung (Fn. 1), S. 239, 240, 242, 244. Auch in der verlorenen Handschrift aus Beauvais standen die beiden Texte hinter einer Collectio Dionysio-Hadriana, s. KAISER, aaO., S. 245.

7 So in den Hss. Cambrai Bibl. munic. 485 und Paris BN lat. 3838, s. KAISER, Authentizität und Geltung (Fn. 1), S. 236-237.

8 S. dazu KAISER, Authentizität und Geltung (Fn. 1), S. 228-254.

9 S. KAISER, Authentizität und Geltung (Fn. 1), S. 382-391.

10 PETRI et FRANCISCI PITHOEI jurisconsultorum observationes ..., curavit F. DE DESMARES (1689), S. 693-695. Zu der Ausgabe durch DESMARÉS s. KAISER, Authentizität und Geltung (Fn. 1), S. 28.

11 S. F. C. VON SAVIGNY, Beytrag zur Geschichte des lateinischen Novellentextes, nebst einigen ungedruckten Novellen, in: Zeitschrift für geschichtliche Rechtswissenschaft 2 (1816), S. 100-136, 128-136.

12 Savigny benutzte die Hs. Paris BN lat. 12450-51, eine Abschrift der Hs. Vat. Barb. lat. 535 (Fn. 2), s. dazu KAISER, Authentizität und Geltung (Fn. 1), S. 381-382.

13 S. Corpus iuris civilis, ed. J. L. G. BECK, Bd. 2 (1836), S. 1213-1217; DERS., Corpus iuris civilis (ed. stereotypa), Bd. 2 (1837), S. 507-508; Corpus iuris civilis, ... coeptum a D. ALBERTO et D. MAURITIO fratribus KRIEGELIIS, continuatum cura D. AEMILII HERMANNI, absolutum studio D. EDUARDI OSENBRÜGGEN, Bd. 3 (1833), S. 743-745; G. HEIMBACH, Authenticum, Bd. 2 (1851), S. 1136-1142.

14 S. KAISER, Authentizität und Geltung (Fn. 1), S. 392-400.

15 S. dazu KAISER, Authentizität und Geltung (Fn. 1), S. 416, 417 sowie hier unter III.1.

dem Schulunterricht indizieren mehrere Querverweise im Text sowie die Verwendung der ersten Person Singular bzw. Plural ohne Entsprechung in der Vorlage[16]. Ob die Versio antiqua im Osten oder im Westen entstanden ist, bleibt offen[17].

Der griechische Text, der der Versio antiqua zugrundeliegt, steht öfter einer Sonderüberlieferung der Novelle zum Mönchswesen in der Collectio Ambrosiana nahe[18], die vielfach von dem Text der Coll. CLXVIII Novv. abweicht. Im Folgenden ist zwar nach der Coll. CLXVIII Novv. zitiert, jedoch sind abweichende Lesungen der Collectio Ambrosiana (Sigle: A) angegeben. Freilich deckte sich der Text der Vorlage nicht vollständig mit dem der Collectio Ambrosiana[19].

Gelegentliche Fehler in der Versio antiqua gehen wohl bereits auf eine korrumpierte griechische Vorlage zurück[20].

II. Die Versio antiqua der Novelle Justinians zum Mönchswesen als *index*

1. Anderweitige *indices*

Bislang ist nur ein vollständiger lateinischer Index aus dem justinianischen Rechtsunterricht bekannt, der Novellenindex des *antecessor* Iulianus (sogenannte Epitome Iuliani)[21]. Die Vorlesung wurde (jedenfalls) bereits im Jahre 548 gehalten, die letzte greifbare Fassung stammt aus dem Jahre 556[22]. Der Index des Julian

---

16 S. dazu bereits KAISER, Authentizität und Geltung (Fn. 1), S. 418-419 sowie sogleich im Text.

17 S. dazu KAISER, Authentizität und Geltung (Fn. 1), S. 419-420.

18 Transkription des Novellentextes nach der Collectio Ambrosiana bei KAISER, Authentizität und Geltung (Fn. 1), S. 375-380; zu der Sammlung selbst s. SP. TROIANOS, Die Collectio Ambrosiana, in: Fontes minores 2 (Forschungen zur byzantinischen Rechtsgeschichte 3) (1977).

19 S. dazu KAISER, Authentizität und Geltung (Fn. 1), S. 407-409.

20 So beruht etwa die Formulierung *qui Christi laici appellantur* in Cap. 2 praef. (ed. KAISER, S. 394, 33) auf einem Verderbnis in der griechischen Vorlage, die für *τῶν καλουμένων χρῆσθαι λαικῶν* unrichtig *τῶν καλουμένων χριστοῦ λαικῶν* las, s. dazu KAISER, Authentizität und Geltung (Fn. 1), S. 409-410.

21 S. dazu ausführlich W. KAISER, Die Epitome Iuliani. Beiträge zum römischen Recht im frühen Mittelalter und zum byzantinischen Rechtsunterricht (2004); zur Wirkungsgeschichte der Epitome s. DERS., Wandlungen im Verständnis der Epitome Iuliani von der Spätantike bis zur Gegenwart. in: M. Avenarius (Hg.), Hermeneutik der Quellentexte des Römischen Rechts, Baden-Baden 2008, S.300-353.

22 S. KAISER, Die Epitome Iuliani (Fn. 21), S. 214, 257 sowie DERS., Wandlungen im Verständnis (Fn. 21) unter I.

erfreute sich größerer Beliebtheit, da ihn auch andere, namentlich nicht faßbare Rechtslehrer verwendeten und bearbeiteten[23].

Griechische Indizes sind mehrfach bezeugt. Am bekanntesten ist die (sogenannte) Paraphrase des Theophilos zu den Institutionen, zugleich der einzig nahezu vollständig erhaltene griechische Unterrichtstext[24]. Fragmentarische Indizes zu den Digesten sind erhalten von Stephanos[25], Theophilos[26], Dorotheos[27] und Isidoros[28]. Die Zuschreibung von PSI 55 ist streitig, teils wird Stephanus als Autor angenommen, teils Kobidas[29]. Für den Codex sind in nennenswertem Umfang Indizes des Thalelaios[30], des Isidoros[31] und des Anatolios[32] überliefert. Auch ein griechischer Novellenindex eines unbekannten Autors liegt in Fragmenten vor[33].

---

23 S. bereits D. LIEBS, Die Jurisprudenz im spätantiken Italien (1987), S. 263 (zu den Paratitla); KAISER, Die Epitome Iuliani (Fn. 21), S. 977 (Register s. v. Epitome Iuliani, Benutzung); vgl. auch bereits F. A. BIENER, Geschichte der Novellen Justinians (1824, Nachdruck 1970), S. 84.

24 S. zur Theophilosparaphrase und ihrem Fortwirken nur E. CORTESE, Il diritto nella storia medievale, Bd. 1: L'alto Medioevo (1995), S. 287-316; J. H. A LOKIN, Die Karriere des Theophilus antecessor, in: Subseciva Groningana 1 (1984), S. 43-68; DERS., Theophilos antecessor. I. The Codex Messanensis, hodie Kilianus, II. Was Theophilos the Author of the Paragraphase, in: TR 44 (1976), S. 337-344; P. PIELER, Byzantinische Rechtsliteratur, in: H. HUNGER, Die hochsprachliche profane Literatur der Byzantiner, Bd. 2 (1978), S. 341-480, 419-421; D. PUGSLEY, On Compiling Justinians Digest (7). Theophilus antecessor, in: J.-F. GERKENS/H. PETER/P. TRENK-HINTERBERGER/R. VIGNERON (Hg.), Mélanges Fritz Sturm, Bd. 1 (1999), S. 395-405; H. J. SCHELTEMA, Subseciva IV: Die Institutionenparaphrasis Theophili, in: TR 31 (1963), S. 92-94 (jetzt in: Opera minora ad iuris historiam pertinentia [2004], S. 119-121); DERS., L'enseignement de droit des antécesseurs (1970), S. 17-23. Zur handschriftlichen Überlieferung s. nur G. CAVALLO, La circolazione di testi giuridici in lingua greca nel mezzogiorno medievale, in: M. BELLOMO (Hg.), Scuole diritto e società nel mezzogiorno medievale d'Italia, Bd. 2 (1987), S. 87-136, 106.

25 S. PIELER, Byzantinische Rechtsliteratur (Fn. 24), S. 419-420; SCHELTEMA, Über die Werke des Stephanos, jetzt in: Opera minora (Fn. 24), S. 331-337; DERS., L'enseignement (Fn. 24), S. 24-29. Der Index ist verstreut überliefert, Nachweise bei G. E. HEIMBACH, Prolegomena, in: Basilicorum libri LX, Bd. 6 (1870), S. 1-215, 49-56.

26 S. PIELER, Byzantinische Rechtsliteratur (Fn. 24), S. 422; SCHELTEMA, L'enseignement (Fn. 24), S. 30-31; zum Text s. HEIMBACH, Prolegomena (Fn. 25), S. 33-36. Der Index ist sehr wortgetreu.

27 S. PIELER, Byzantinische Rechtsliteratur (Fn. 24), S. 422; SCHELTEMA, L'enseignement (Fn. 24), S. 61; F. BRANDSMA, Dorotheus and his Digest Translation (1996); Texte bei HEIMBACH, Prolegomena (Fn. 25), S. 36-47.

28 S. PIELER, Byzantinische Rechtsliteratur (Fn. 24), S. 422; SCHELTEMA, L'enseignement (Fn. 24), S. 29-30; Textnachweise bei HEIMBACH, Prolegomena (Fn. 25), S. 61-62. Es sind nur spärliche Reste erhalten.

29 Edition in: Papiri greci e latini, Bd. 1 (1912), Nr. 55, S. 107-121, 114-121; für Stephanus als Verfasser etwa W. WODKE, Ein bisher nicht erkannter Stephanustext? PSI 55, in: F. ALTHEIM/R. STEHL (Hg.), Christentum am Roten Meer, Bd. 1 (1971), S. 122-597, 236-248, 254-255 (Textedition S. 163-170), für Kobidas SCHELTEMA, L'enseignement (Fn. 24), S. 61.

30 S. PIELER, Byzantinische Rechtsliteratur (Fn. 24), S. 423-424 (mit weiteren Nachweisen), zu den zahlreichen Fragmenten s. HEIMBACH, Prolegomena (Fn. 25), S. 72-78.

2. Stilistische Eigenheiten der Übersetzung

Die Versio antiqua stellt keinen Kata poda dar, wie ein Vergleich mit dem Text derselben Novelle im Authenticum zeigt[34], s. als Beispiel nur einen Ausschnitt aus der Praefatio:

Coll. CLXVIII Novv. 5 praef.	**Authenticum 4 praef.**	**Versio antiqua praef.**
(ed. SCHÖLL/KROLL, S. 28, 23-29)	(ed. SCHÖLL/KROLL, S. 28, 23-29)	(ed. KAISER, S. 393, 8-13)
Ὠιήθημεν τοίνυν καὶ ἡμεῖς ὑφηγήσασθαι τὸ πρακτέον αὐτοῖς καὶ ἀγωνιστὰς αὐτοὺς ἀληθεῖς τῆς ἐπὶ τὸ θεῖον ὁδοῦ καταστῆσαι. Καὶ οὗτος ἡμῖν ὁ σκοπὸς τοῦ παρόντος ἐστὶ νόμου, ὥστε (ὡς A) μετὰ τὰ περὶ τῶν θεοφιλεστάτων ἐπισκόπων νενομοθετημένα καὶ τὰ περὶ τῶν εὐλαβεστάτων κληρικῶν διατεταγμένα μηδ᾽ τὸ μοναχικὸν ἔξω καταλιπεῖν τοῦ προσήκοντος.	*Credidimus igitur et nos explanare quod agendum est ab eis, et decertatores eos veros ad sacram viam constituere. Et ita nobis intentio praesentis est legis, ut post illa, quae de sanctissimis episcopis sancivimus et quae de reverentissimis clericis disposuimus, neque quod monachicum est extra quod competit relinquamus.*	*Necessarium ergo duximus et nos exponere, quid agere debeant, et eos verissimos luctatores eius viae, quae ad divinitatem perducit, constituere. Et haec est intentio praesentis legis, ut constitutis his, quae ad venerabiles episcopos vel ad reverentissimos clericos pertinebant, ad monachos provisionem nostram convertere.*

Die Versio antiqua hält sich zwar an die Vorlage, bildet aber – anders als das Authenticum – nicht getreu die griechische Wortstellung ab. Auch in der Wiedergabe einzelner Wendungen verfährt die Versio antiqua freier: So gibt das Authenticum das

---

31 S. PIELER, Byzantinische Rechtsliteratur (Fn. 24), S. 424; SCHELTEMA, L'enseignement (Fn. 24), S. 40-42; Textnachweise bei HEIMBACH, Prolegomena (Fn. 25), S. 64-69.

32 S. PIELER, Byzantinische Rechtsliteratur (Fn. 24), S. 424 (mit Nachweisen), zu den Texten s. HEIMBACH, Prolegomena (Fn. 25), S. 69-72.

33 Ediert von D. SIMON/SP. TROIANOS/G. WEISS, Zum griechischen Novellenindex des Julian, in: Fontes minores II (1977), S. 1-29, 15-29; die Herausgeber sowie PIELER, Byzantinische Rechtsliteratur (Fn. 24), S. 425 gehen von einer Verfasserschaft Julians aus, zu Recht skeptisch hierzu N. VAN DER WAL, Rezension zu Fontes minores II, in: TR 47 (1979), S. 284-287, 284 und DERS., Wer war der „Enantiophanes"?, in: TR 48 (1980), S. 125-136, 134, ihm folgend KAISER, Die Epitome Iuliani (Fn. 21), S. 178.

34 Zu weiteren Kata poda neben dem Authenticum s. nur die Nachweise bei KAISER, Authentizität und Geltung (Fn. 1), S. 417-418.

griechische Verbaladjektiv *τὸ πρακτέον αὐτοῖς* konsequent mit einem Gerundiv wieder (*agendum est ab eis*)[35], die Versio antiqua hingegen mit *debere* und Objektsinfinitiv (*agere debeant*). Die präpositionale Verbindung *τῆς ἐπὶ τὸ θεῖον ὁδοῦ* umschreibt das Authenticum mit *ad sacram viam*[36], während die Versio antiqua sie in einen Relativsatz umwandelt (*eius viae, quae ad divinitatem perducit*). Justinian weist auf eine andere Novelle über die Rechtsstellung der Bischöfe hin[37]; die Vorgängigkeit dieser Konstitution drückt die Novelle mit der Präposition *μετὰ* aus (*μετὰ τὰ περὶ τῶν θεοφιλεστάτων ἐπισκόπων νενομοθετημένα*), ebenso das Authenticum (*ut post illa, quae de sanctissimis episcopis sancivimus*). In der Versio antiqua steht hingegen ein Ablativus absolutus mit Nebensatz (*constitutis his, quae ad venerabiles episcopos vel ad reverentissimos clericos pertine*bant). Schließlich übernimmt das Authenticum eine Litotes der griechischen Vorlage (*μηδ᾽ τὸ μοναχικὸν ἔξω καταλιπεῖν τοῦ προσήκοντος*; *neque quod monachicum est extra quod competit relinquamus*), während die Versio antiqua positiv formuliert (*ad monachos provisionem nostram convertere*).

III. Vergleich von Ep. Iul. Const. 4 und Versio antiqua

Die Versio antiqua erlaubt für die Novelle zum Mönchswesen eine Gegenüberstellung der Vorgehensweise Julians (Ep. Iul. Const. 4) sowie des unbekannten Verfassers dieses Index bei der Wiedergabe des griechischen Textes.

1. Gemeinsamkeiten

Zwischen der Epitome Iuliani und der Versio antiqua bestehen eine Reihe von Gemeinsamkeiten sowohl in sprachlicher[38] wie in sachlicher Hinsicht, die die Einordung der Übersetzung als *index* bekräftigen.

---

35 S. zum Gebrauch des Verbaladjektivs nur E. BORNEMANN/E. RISCH, Griechische Grammatik, 2. Aufl. (1978), S. 256-257, zum Gerundiv s. M. LEUMANN/J. HOFMANN/A. SZANTYR, Lateinische Grammatik, Bd. 2: Lateinische Syntax und Stilistik (HdA 2, 2, 2) (1965), S. 371, 380.

36 Möglicherweise hat der Übersetzer in seiner griechischen Vorlage zu Unrecht *θεῖος* auf *ὁδός* bezogen; die Formulierung *sacra via* ist im Authenticum anderweitig nicht bezeugt, s. A. M. BARTOLETTI COLOMBO, Novellae, pars Latina (Legum Iustiniani imperatoris vocabularium), Bd. 8 (1979), S. 3779-3791 s. v. *sacer*.

37 Novelle vom 16. März 535 (Coll. CLXVIII Novv. 6; Auth. 6; Ep. Iul. Const. 6).

38 Das Vokabular der Epitome Iuliani ist erschlossen durch P. FIORELLI/A. M. BARTOLETTI COLOMBO, Iuliani epitome Latina novellarum secondo l'edizione die Gustav Hänel e col glossario d'Antonio Agustín. Testo, indici, concordanze (Legum Iustiniani imperatoris vocabularium) (1996).

Versio antiqua und Julian verweisen – ohne Vorbild im griechischen Text – im Fortgang des Textes auf früher Gesagtes zurück. Die Verweise sind teils persönlich (erste Person Plural oder Singular), teils objektiv (Partizip Perfekt Passiv) gehalten.

Die erste Person Plural erscheint sogar in der Versio antiqua und in Ep. Iul. Const. 4 in demselben Sachzusammenhang:

> Coll. CLXVIII Novv. 5, Cap. 3: ..., ἐν δύο τυχὸν ἢ καὶ πλείοσιν, οὐ μὴν ἰδίᾳ (ἰδιαζόντως A) καὶ καθ' ἑαυτούς, ἀλλ' ἐν κοινῷ (ἐν κοινῷ καθευδέτωσαν A). ὥστε μάρτυρας τῆς ἀλλήλων γίνεσθαι (γενέσθαι A) κοσμιότητός τε καὶ σωφροσύνης, καὶ μηδ' τὸν ὕπνον αὐτὸν (αὐτοὺς A) ῥᾴθυμον ἔχειν, ... (ed. SCHÖLL/KROLL, S. 31, 33-36).
>
> Versio ant. Cap. 3: ... *in duobus aut pluribus, non tamen, ut dixìmus, separatos, sed in unum, ut invicem sibi testimonium bonae conuersationis exhibeant* ... (ed. KAISER, S. 397, 89-91).
>
> Ep. Iul. Cap. 15: ... *in duabus pluribusve habitationibus dormiant, non autem separatim per se, sed in communi loco, sicut iam praediximus: nisi*[39] *forte quidam ex his tales sint* ... (ed. HÄNEL, S. 27, 13-15).

Julian bedient sich häufig der ersten Person Plural, aber anscheinend nur einmal der ersten Person Singular (*dixerim*)[40]. Die erste Person Singular kommt auch in der Versio antiqua vor:

> Coll. CLXVIII Novv. 5.1: ..., οὕτω (οὕτως A) τε ἄρξηται τῆς οἰκοδομίας, καλὸν δή (γέ A) τινα τοῦτον καὶ πρέποντα θεμέλιον ἀποθέμενος (ed. SCHÖLL/KROLL, S. 29, 7-9).
>
> Versio ant. Cap. 1: *Et ita demum incipiat fabricare, posita ut dixi, cruce pro fortissimo fundamento* ... (ed. KAISER, S. 393, 19-21).

Rückverweise in objektivierter Form kennt die Versio antiqua mehrfach, s. etwa Cap. 3: *Ita vero in memoratis coenobiis habitent, ut suis abbatibus ... oboediant* (ed. Kaiser, S. 397, 101–102) für Coll. CLXVIII Novv. 5.3: *οὕτω τε ἔστωσαν ἐν τοῖς κοινοβίοις τῷ σφῶν αὐτῶν ἡγεμόνι πειθόμενοι,* ... (ed. SCHÖLL/KROLL, S. 32, 9-11) und Cap. 5: ... *nihilo minus Falcidia memoratis filiis debeatur* (ed. KAISER, S. 398, 117-118) für Coll.

---

39 Die Erläuterung *ὥστε μάρτυρας – ὀψομένων ἐπιτίμησιν* (ed. SCHÖLL/KROLL, S. 31, 34-38) übersetzt Julian nicht, sein Index beginnt wieder bei *πλὴν εἰ μή τίνες αὐτῶν* ... (ed. SCHÖLL/KROLL, S. 31, 38).

40 Das einzige Beispiel findet sich in Ep. Iul. Cap. 189 (Coll. CLXVIII Novv. 54, 2): *Si ecclesia cum ecclesia, vel ptochium cum ptochio, vel ecclesia cum ptochio vel monasterio, et ut simpliciter dixerim, si venerabilis locus cum alio loco venerabili rerum immobilium permutationem facere maluerit* (ed. HÄNEL, S. 77, 5-7).

CLXVIII Novv. 5.5: ... *οὐδ̔̀ν ἧττον τὸ τέταρτον ὀφειλέσθω τοῖς παισὶν* ... (ed. SCHÖLL/KROLL, S. 32, 33-34). Julian verwendet entsprechende Konstruktionen, jedoch gebraucht er nicht *memoratus*[41], sondern *antedictus*, *antefatus* oder *praedictus*[42]. Persönliche und objektive Rückverweise finden sich auch in den griechischen Indizes[43].

Die Versio antiqua nutzt die erste Person Plural zudem dazu, den Novellentext umzuformulieren[44], s. Cap. 3: ... *Sed a praesenti huius legis articulo excipimus eos, qui perfectionem secuti et spiritalem omnino vitam adepti a communi se usu subducunt* für Coll. CLXVIII Novv. 5.3: *πλὴν εἰ μή τινες αὐτῶν τὸν ἐν θεωρίᾳ τε καὶ τελειότητι διαζῶντες βίον ἰδιάζον ἔχοιεν οἰκημάτιον* (ed. SCHÖLL/KROLL, S. 31, 38-32, 2) und Cap. 3 ..., *quos anachoretas, id est seccessores, siue <hesychastas>, id est quietos, vocamus* für Coll. CLXVIII Novv. 5.3: *οὓς δὴ καλεῖν ἀναχωρητάς τε καὶ ἡσυχαστὰς εἰώθασιν* ... (ed. SCHÖLL/KROLL, S. 32, 2-3). Zu excipimus finden sich bei Julian unmittelbare Parallelen in Ep. Iul. Capp. 468 und 470, s. nur Ep. Iul. Cap. 468: *Excipimus autem ab huiusmodi poenis illa litigia, quae ex consensu litigatorum in iudiciis ventilantur* (ed. HÄNEL, S. 123, 27)[45]. Für *vocamus* fehlt hingegen ein Pendant in der Epitome Iuliani[46]. Julian

---

41 Der Kata poda zur Novelle vom 18. 12. 542 (Coll. CLXVIII Novv. 117), der in der Erweiterung der Appendix B zur Epitome Iuliani in den Hss. Berlin, Staatsbibl. lat. fol. 269, Vercelli Bibl. Cap. CXXII, Leipzig UB Hänel 8+9, Wien ÖNB 2160 überliefert ist, übersetzt εἰρημένος statt mit *praedictus* mit *memoratus*, vgl. Kata poda Cap. 2: *uni ex eis testimonium qualibet autem memoratarum* (!) *praebeat causas* (!) *sufficit etiam aliis* ... gegenüber Auth. 112.2: *uni ex eis testimonium quolibet ex praedictis praebuerit modis. sufficere etiam aliis* ... (ed. SCHÖLL/KROLL, S. 553, 14). Der Kata poda stimmt ansonsten weitestgehend mit Auth. 112 überein, s. dazu KAISER, Die Epitome Iuliani (Fn. 21), S. 362-366 (dort auch Angabe der Varianten).

42 S. etwa für *antedictus* Ep. Iul. Cap. 94: *Sin autem antedictis spectabilibus proconsulibus* ... (ed. HÄNEL, S. 48, 15) zu Coll. CLXVIII Novv. 23.4 am Anfang, für *antefatus* Cap. 140: ... *secundum antefatam divisionem* (ed. HÄNEL, S. 60, 32) zu Nov. 22.21 am Ende, zu *praedictus* s. nur Cap. 548: ... *Quod si non inveniatur, qui praedictam suscipiat possessionem* ... (ed. HÄNEL, S. 174, 27). – Zu *memorare* s. die Nachweise bei FIORELLI/BARTOLETTI COLOMBO (Fn. 38), S. 311 (hier ist allerdings stets ein Pendant in der griechischen Vorlage vorhanden).

43 S. zu Rückverweisen in der ersten Person Plural nur Theophilos, Inst. paraphr. 1, 2, 1: *Εἰρήκαμεν ἐν τοῖς προλαβοῦσιν* ... (ed. FERRINI, S. 5, 23). Für den Digestenindex des Stephanus s. nur HEIMBACH, Prolegomena (Fn. 25), S. 50 (1. Sp., 2. Absatz; *εἰρήκαμεν*), für Thalelaios s. HEIMBACH, aaO., S. 48-49.

44 S. dazu bereits KAISER, Authentizität und Geltung (Fn. 1), S. 413-414.

45 Vgl. dazu Coll. CLXVIII Novv. 112.2 (am Ende): *Τὰς δ̔̀ δίκας τὰς κατὰ συναίνεσιν ἑκατέρου μέρους ἐν δικαστηρίῳ κινουμένας τῆς ποινῆς τῆς τῇ παρούσῃ διατάξει ἐγκειμένης ἐλευθέρας ἓναι θεσπίζομεν* ... (ed. SCHÖLL/KROLL, S. 526, 28-31); s. ebenso Cap. 470: *Excipimus autem illa rescripta, quae iudices iubent sine tarditate et moras causas dirimere* ... (ed. HÄNEL, S. 124, 26) für Coll. CLXVIII Novv. 113.2 *τὴν δ̔̀ μὴ τυποῦσαν ... οὐ κωλύομεν* (ed. SCHÖLL/ KROLL, S. 531, 26-34).

46 Im Sinne von *ad hereditatem vocare* gebraucht in Ep. Iul. Capp. 118, 395; bei Ep. Iul. Cap. 364 ist eine Vorlage für *vocamus* in der Vorlage vorhanden (Coll. CLXVIII Novv. 109 praef.; ed. SCHÖLL/KROLL, S. 518, 12: *καλοῦμεν*), ebenso in Cap. 458 (Coll. CLXVIII Novv. 123.19; ed. SCHÖLL/KROLL, S. 608, 23).

verwendet nur *dicimus*[47]. Diese Umformulierungen führen dazu, daß die Worte des Kaisers und die des Interpreten nicht mehr zu unterscheiden sind[48].

Erläuterungen griechischer Wörter mit *id est* kommen sowohl in der Versio antiqua (Cap. 8: *id est seccessores ... id est quietos*; s. soeben) wie bei Julian vor, s. nur Ep. Iul. Cap. 29: ... *vel quos dicere solent ἀγαπητούς, id est dilectos*[49]. In Ep. Iul. Cap. 15 läßt Julian die Anachoreten und Hesychasten unübersetzt, weist aber darauf hin, daß die Griechen Mönche höchster Lebensführung so nennen, s. Cap. 15: ... *quos summae vitae constitutos Graeci ἀναχωρητὰς et ἡσυχαστὰς dicunt* (ed. HÄNEL, S. 27, 16)[50].

Die Versio antiqua schiebt gelegentlich Zusätze ein, um den Inhalt der Regelung zu verdeutlichen. So heißt es in Cap. 2.1: *Quibus probatis continuo eum recipiat, licet forte biennium retro concurrerit ex quo monasterium non amore conscientiae, sed uitiis trahentibus introivit* (ed. KAISER, S. 395, 58-59) für Coll. CLXVIII Novv. 5.2.1: *καὶ εἰ μ῀ν ἀληθεύων ἀποδειχθείη, καὶ φανείη διὰ τοιαύτην αἰτίαν μοναχικὴν ὑποδυόμενος ἄσκησιν, ἢ καὶ δι' αἰσχρότητα βίου τυχὸν ἀποδρὰς καὶ οὐ ταῖς ἀληθείαις ἀσκήσεως ἐρῶν, τοῦτον ἀποδίδοσθαι τῷ κεκτημένῳ μεθ' ὧν ὡς εἰκὸς ὑφείλετο*, ... (ed. SCHÖLL/KROLL, S. 30, 24-29). Für den Zusatz *licet biennium retro concurrerit* fehlt ein griechisches Pendant. Er hebt hervor, daß die Dreijahresfrist vollständig verstrichen sein muß, damit der Status des Mönchs von Dritten nicht mehr in Frage gestellt werden kann. Ähnliche Verdeutlichungen finden sich auch bei Julian[51].

Ausnahmsweise faßt die Versio antiqua auch den Novellentext stark zusammen, s. Cap. 9: *qui si minus idoneus reperitur, in alteros eligentis intentio dirigatur* für Coll. CLXVIII Novv. 5.9 pr.: *δεῖ γὰρ διακρίνοντας τὸ κρεῖττον ἐκ τοῦ φαυλοτέρου τὸ*

---

47 Vgl. nur das Wortverzeichnis bei FIORELLI/BARTOLETTI COLOMBO (Fn. 38); zur möglichen Lesung von *vocant* statt *dicunt* in Ep. Iul. Cap. 15 am Ende s. Fn. 50.

48 Vgl. als Beispiel nur Ep. Iul. Cap. 332 (Coll. CLXVIII Novv. 91.1): ... *In summa autem dicimus: priori matrimonio hypothecarum privilegia validiora praestamus, ubi ipsa mulier agit vel liberi eius ex eo matrimonio nati. Liberorum autem appellatione omnes descendentes personas complectimur. Quod non per innovationem a nobis introductum est, sed magis per interpretationem priorum constitutionum. Dicimus* besitzt kein Vorbild in der Novelle, hingegen ist *a nobis introductum est* dort im Text angelegt (s. ed. SCHÖLL/KROLL, S. 456, 5-7), s. hierzu schon KAISER, Die Epitome Iuliani (Fn. 21), S. 181 Fn. 55.

49 Zu Erläuterungen durch *id est* im Text der Epitome Iuliani, die wohl nicht mehr von Julian stammen s. KAISER, Die Epitome Iuliani (Fn. 21), S. 238.

50 Mit *dicunt* folgt Hänel der Lesung der Handschriften der Textgruppe B, s. nur Hss. Berlin Staatsbibl. lat. fol. 269 f. 24r/5, Vercelli Bibl. Cap. CXXII f. 21ra/24, Wien ÖNB 2160 f. 20v/10 und Leipzig UB Hänel 6 f. 8v/8. Die Textgruppe A liest hingegen *vocant*, s. die Hss. Paris BN lat. 4568 f. 23v/10, Mailand Archivio storico Trivulziano 688 f. 21r/8, Paris BN lat. 4418 f. 53ra/25, Paris BN lat. 12448 f. 95rb/4; vgl. auch bereits ed. HÄNEL, S. 166b* Anm. x) zu Ep. Iul. Cap. 15. Zu den Handschriften s. die Übersicht bei KAISER, Die Epitome Iuliani (Fn. 21), S. 11-21.

51 S. nur als Beispiel für *licet* Ep. Iul. Cap. 532: *Gratis autem nullatenus volumus sumptus accicpere milites a collatoribus, licet minime eis apparatae fuerint annonae; neque autem introita a collatoribus exigenda esse permittimus* ... (ed. HÄNEL, S. 171, 27-29) für Coll. CLXVIII Novv. 130.1: *καὶ κατὰ μηδένα τρόπον δωρεὰν ἀναλίσκειν τοὺς στρατιώτας παρὰ τῶν συντελεστῶν, εἴτε προφάσει τοῦ μὴ γίνεσθαι ὡς εἰκὸς ἑτοιμασίαν εἴτε introitων ὀνόματι* ... (ed. SCHÖLL/KROLL, S. 651, 10-13).

μ῝ν ἡγεμονεῖν (ἡγεμονεύειν A) *ἐᾶν, θάτερον δ῝ ὑποκεκλίσθαι συγχωρεῖν, καὶ τῇ κατ' ὀλίγον παιδαγωγίᾳ καὶ τοῦτο* (*καὶ τοῦτο* om. A) *πρὸς τὸ κρεῖττον ἐμβαίνειν* (*πρὸς - ἐμβαίνειν: πρὸς τὴν εὐσέβειαν ἕλκειν* A). (ed. SCHÖLL/KROLL, S. 34, 24-28). Diese freie Zusammenfassung entspricht der allgemeinen Vorgehensweise von Julian. In dem vorliegenden Kapitel spitzt Julian die Regelung der Novelle sogar noch zu, indem er die Anciennität unter den Mönchen für gänzlich bedeutungslos erklärt[52]. Die Novelle hingegen legt die Anciennität als Leitlinie zugrunde, verwahrt sich aber gegen einen Automatismus[53].

Die Novelle bezeichnet das Viertel, das den gesetzlichen Erben am Nachlaß zusteht, schlicht als *τέταρτον*, Julian und Versio antiqua gebrauchen stattdessen *Falcidia*, Julian zudem *Lex Falcidia*[54]:

> Coll. CLXVIII Novv. 5.5: ... εἰ δέ γε παῖδας ἔχοι, εἰ μ῝ν ἔτυχεν ἤδη πράγματά (πράγματα ἤδη A) τινα δωρησάμενος (χαρισάμενος A) αὐτοῖς, ἢ κατὰ προγαμιαίαν δωρεὰν ἢ κατὰ προικὸς πρόφασιν ἐπιδούς, καὶ ποιεῖ ταῦτα τὸ τέταρτον τῶν ἐξ ἀδιαθέτου τῆς αὐτοῦ περιουσίας, ... (ed. SCHÖLL/KROLL, S. 32, 26-30)[55].
>
> Versio ant. Cap. 5: *Quod si filios habuerit, si quidem iam eis aliquanta donaverat sive per ante nuptias donationem sive dotis occasionem et haec ipsa faciunt Falcidiam ...* (ed. KAISER, S. 398, 113-115).
>
> Ep. Iul. Cap. 17: *Si vir vel mulier liberos habens ad solitariam vitam pervenerit, si quidem iam donaverit filio suo vel filiae suae tantum, quantum lex Falcidia facit, sive occasione propter nuptias donationis, quam pro filio suo dedit, sive dotis causa, quam pro filia sua praestitit* (ed. HÄNEL, S. 27, 23-25).

---

52 S. Ep. Iul. Cap. 21: *Primi monachi creatio non secundum ordinem temporis fiat, neque qui tempore prior est, primi loci creationem sibi praesumat, nec qui secundus forte vel tertius est, sed qui et vitae castitate, et divinarum rerum scientia, et animi gravitate praecellit, is habeat loci prioris honorem, idque procedere debet secundum electionem atque iudicium religiosissimi episcopi* (ed. HÄNEL, S. 28, 19-22).

53 S. Coll. CLXVIII Novv. 5.9 praef.: ... *ἀλλὰ τὸν θεοφιλέστατον τῶν τόπων ἐπίσκοπον* (*τὸν ἐπίσκοπον τῶν τόπων* A) *χωρεῖν μ῝ν ἐφεξῆς* (*καθεξῆς* A) *διὰ πάντων* (*οὐδ῝ γὰρ ἀτιμαστέον πάντως τὸν* [*πάντως τὸν* om. A] *χρόνον καὶ τὴν ἐξ αὐτοῦ τάξιν*), ... (ed. SCHÖLL/KROLL, S. 34, 13-15).

54 S. außer Ep. Iul. Cap. 17 nur Cap. 114: ... *relinquant Falcidiae nomine* ...; weitere Beispiele in Capp. 116, 164, 204; *lex Falcidia* begegnet etwa in Capp. 2, 17, 14, 115, 145, 164, 519; vgl. insgesamt die Nachweise bei FIORELLI /COLOMBO (Fn. 38), S. 281 s. v. *Falcidia* etc.

55 So auch Auth. 5, 5: *Si vero filios habuerit, si quidem contigit iam eum res aliquas donasse eis, aut per antenuptialem donationem aut per dotis occasionem obtulisse, et faciunt haec quartam ab intestato eius substantiae* ... (ed. SCHÖLL /KROLL, S. 32, 25-29).

Coll. CLXVIII Novv. 5.5: ... εἰ δ῀ ἢ (ἢ om. A) οὐδ῀ν αὐτοῖς δωρήσηται (δωρήσεται A) ἢ ἔλαττον τοῦ τετάρτου, καὶ μετὰ τὸ παραγγεῖλαι (συναριθμηθῆναι A) τὸν ἀποταττόμενον εἰς μοναχοὺς οὐδ῀ν ἧττον τὸ τέταρτον (τοῦ τετάρτου A) ὀφειλέσθω τοῖς παισὶν ἢ (ἢ om. A) εἰς ἀναπλήρωσιν ... (ed. SCHÖLL/KROLL, S. 32, 31-35)[56].

Versio ant. Cap. 5: *Sin autem aut nihil eis donasse aut minus reperiat, tunc demum licet monachorum iam sit pater societati coniunctus, nihilo minus Falcidia memoratis filiis debeatur, sive quod compleatur, ubi aliquid eis donatum fuerat, sive ut tota detur, ubi nihil acceperat* (ed. KAISER, S. 398, 116-119).

Ep. Iul. Cap. 17: *Quod si nihil eis vel minus Falcidia pater vel mater praestiterit, tunc etiam monacho facto patre vel consecrata matre, libera facultas filiis sit vel totam Falcidiam, vel quod ei deest, a monasterio vindicare* (ed. HÄNEL, S. 27, 28-30).

Die Kurzbezeichnung *Falcidia* (neben *Lex Falcidia*) verwenden auch die justinianischen Novellen[57].

2. Unterschiede

In der lateinischen Wiedergabe des Griechischen besitzen Versio antiqua und Ep. Iul. Const. 4 keine signifikanten Übereinstimmungen. Dies gilt auch für das Kata poda der Novelle im Authenticum (Auth. 5). So gibt die Versio antiqua etwa *μονήρης βίος*, *ἄσκησις* und *ὁ ἐν ἀσκήσει βίος* durchgängig mit *vita singularis* wieder, Julian hingegen mit *vita solitaria*[58]; das Authenticum gebraucht verschiedene Ausdrücke[59].

---

56 So auch Auth. 5, 5: *sin autem aut nihil eis donaverit aut minus quarta, et postquam abrenuntians conversatus fuerit inter monachos nihilominus quarta debeatur filiis aut ad supplementum* (ed. SCHÖLL/KROLL, S. 32, 30-33).

57 S. für Justinians Novellen nur die Angaben bei A. M. BARTOLETTI COLOMBO, Novellae, pars Graeca (Legum Iustiniani imperatoris vocabularium), Bd. 7 (1989), S. 3336 s.v. ***Φαλκίδιος***; s. auch Const. Tanta § 6a: ... *legatis quidem legis Falcidiae narratio* ... und demgegenüber Const. Dedoken § 6a: *καὶ ἐπειδήπερ ὁ τοῦ Falcidiu λόγος ...*

58 S. Coll. CLXVIII Novv. 5.2 praef.: *καὶ* (om. A) *πόθεν αὐτοὺς* (*αὐτοῖς* A) *ἐπιθυμία τοῦ μονήρους εἰσῆλθε βίου* ... (ed. SCHÖLL/KROLL, S. 29, 28-29), Versio ant. Cap. 2 praef.: *et unde eos uitae singularis amor ingressus est* (ed. KAISER, S. 394, 34), Ep. Iul. Cap. 13: *causas, propter quas ad solitariam vitam migrare desideraverit* (ed. HÄNEL, S. 26, 20), s. auch Nov. 5.2.1: *μένειν αὐτὸν ἐπὶ τῆς ἀσκήσεως βουλόμεθα* (ed. SCHÖLL/KROLL, S. 31, 6-7), Ep. Iul. Cap. 13: *sed omni modo solitariae vitae permaneat* (ed. HÄNEL, S. 27, 1) und Cap. 17: *Si vir vel mulier liberos habens ad solitariam vitam pervenerit* (ed. HÄNEL, S. 27, 23) sowie für die Versio antiqua Coll. CLXVIII Novv. 5 praef.: *Ὁ ἐν ἀσκήσει μοναχικῇ βίος οὕτως ἐστὶ σεμνός* ... (ed. SCHÖLL/KROLL, S. 28, 14) und Versio ant. praef.: *Vita singularis haec est honesta* ... (ed. KAISER, S. 393, 3), Nov. 5.2 praef.: *τοὺς εἰς* (*εἰς τὸν* A) *μονήρη βίον παραγγέλλοντας* (*μέλλοντας παραγίνεσθαι* A) (ed. SCHÖLL/KROLL, S. 29, 19), Versio ant. 2 praef.: ... *eos, qui singularem uitam affectant* (ed. KAISER, S. 394, 28-29), Nov. 5.2.1: *τινα τῶν εἰς ἄσκησιν παραγγελλόντων* (*παραγεγονότων* A) (ed. SCHÖLL/KROLL, S. 29, 8), Versio ant. 2.1: *qui singularem vitam affectant* (ed. KAISER, S. 394, 28).

59 S. nur Auth. 5 praef.: *Conversationis monachilis vita sic est honesta* (ed. SCHÖLL/KRoll, S. 28, 14-15); 5.2 praef.: *eos qui singularem conversationem profitentur* (ed. SCHÖLL/KROLL, S. 29, 18-19); 5.2 praef.: *et*

Julian verwendet *liberi* (auch) in der Bedeutung „Kinder“, die Versio antiqua hingegen (und ebenso das Authenticum) benutzen hierfür nur *filii* [60]. Die Unterschiedlichkeit der Übersetzungen mag ein Ausschnitt aus Coll. CLXVIII Novv. 5, 2, 2 illustrieren:

Coll. CLXVIII Novv. 5.2.2 (ed. SCHÖLL/KROLL, S. 30, 37-38)	**Auth. 5.2.2** (ed. SCHÖLL/KROLL, S. 30, 36-37)	**Versio antiqua 2.2** (ed. KAISER, S. 420, 32-33)	**Ep. Iul. Cap. 13** (ed. HÄNEL, S. 26, 31)
Κἂν (κἄνγε A) μήπω τύχοι πεπερασμένος ὁ τῆς (π.ο.τ.: πεπε-ρατωμένος τῆς A) τριετίας χρόνος	*vel si nondum forte completum est triennii tempus* ...	*licet necdum triennale tempus transierit* ...	*etsi nondum triennium praeterierit* ...

Die Modalpartikel *κἂν* (*κἄνγε* A) übersetzt das Authenticum mit *vel si*, die Versio antiqua mit *licet*, Julian mit *etsi*. Das Partizip Perfekt Passiv des Griechischen (*πεπερασμένος*) behält das Authenticum bei (*completum est*), Versio antiqua und Julian ersetzen es durch ein aktives Futurum exactum (*transierit* bzw. *praeterierit*). Die Zeitangabe (*ὁ τῆς τριετίας χρόνος*) übernimmt das Authenticum wörtlich (*triennii tempus*), die Versio antiqua verwandelt den Genitiv in ein Adjektiv (*triennale tempus*) und Julian ersetzt die Konstruktion durch ein Substantiv (*triennium*).

Die Versio antiqua gibt den Novellentext weit ausführlicher wieder als der Index des Julian. So verfügt die Novelle über die Inskription (ed. KAISER, S. 393, 1-2), das Prooemium (ed. KAISER, S. 393, 3-13) sowie den Ausführungsbefehl (ed. KAISER, S. 400, 166-177). Bei Julian hingegen fehlen Inskription und der Ausführungsbefehl stets, die Praefatio zumeist[61]. Die ursprüngliche Rubrik der Novelle ist für die Versio antiqua nicht überliefert[62], auch für den Index des Julian ist die

unde eis desiderium vitae singularis accesserit (ed. SCHÖLL/KROLL, S. 29, 26-27); 5.2.1: *qui conversationem professi sunt* (ed. SCHÖLL/KROLL, S. 30, 7-8); 5.2.2: *manere eum in conversatione volumus* (ed. SCHÖLL/KROLL, S. 31, 6).

60 S. für *liberi* nur Ep. Iul. Cap. 17: *Si vir vel mulier liberos habens ad solitariam vitam pervenerit* ... (ed. HÄNEL, S. 27, 23), s. dazu bereits KAISER, Authentizität und Geltung (Fn. 1), S. 417.

61 S. KAISER, Die Epitome Iuliani (Fn. 21), S. 181; zu den vier Inskriptionen und zwei Prooemien in der Hs. Berlin Staatsbibl. lat. fol. 269 s. KAISER, Die Epitome Iuliani (Fn. 21), S. 240-246.

62 Die Rubrik *Lex pro episcopis et monasteriis* zu Cap. 6 der „Sacra privilegia concilii Vizaceni“ (s. KAISER, Authentizität und Geltung [Fn. 1], S. 401) ist jedenfalls eine frühmittelalterliche Zutat, s. KAISER, Authentizität und Geltung (Fn. 1), S. 426.

zugehörige Konstitutionenrubrik nicht erhalten[63]. Die Rubrik des ersten Kapitels der Konstitution in der Epitome Iuliani lautet *De monasteriis* (Ep. Iul. Cap. 12 rubr.) und entspricht dem Anfang der Rubrik zu Coll. CLXVIII Novv. 5[64].

Der Verfasser der Versio antiqua hält sich an den Gedankengang des Novellentextes und läßt nur einmal ein Textstück gänzlich weg[65]. So fehlt das Ende von Cap. 8 (*αὐτὸς – τὴν ἀπολογίαν;* ed. SCHÖLL/KROLL, S. 34, 4-6), das lediglich den delinquierenden Mönch zur Gewissensprüfung anhält[66] und das auch Julian nicht erwähnt. In viel größerem Umfang kürzt Julian den Text. So übergeht er in der Novelle zum Mönchswesen größere Passagen, so etwa Cap. 2 praef., eine Digression in Cap. 2.1[67] sowie das Ende von Cap. 3 (*ἐπείτοιγε - τηροῦντες*; ed. Schöll – Kroll, S. 32, 4-12), das noch einmal die Pflicht der Mönche zum koinobitischen Leben festsetzt und dessen Vorzüge hervorhebt.

Julian faßt auch – anders als Versio antiqua – die Bestimmungen der Novelle selbst zusammen. So handelt Coll. CLXVIII Novv. 5.5 vom Eintritt eines Ehegatten in ein Kloster und stellt für die auftretenden Rechtsfragen auf den Ehemann ab. Erst am Ende erstreckt das Kapitel die Regelungen auf die Ehefrau[68]. Julian hingegen spricht von vornherein von beiden Ehegatten[69]. Die Versio antiqua gibt hier lediglich die Vorlage wieder[70]. Julian scheut auch Wiederholungen nicht, um eine Bestimmung der Novelle seinen Zuhörern einzuprägen, s. Ep. Iul. Cap. 17: *Si vir vel mulier liberos*

---

63 S. zur Überlieferung der Konstitutionenrubriken KAISER, Die Epitome Iuliani (Fn. 21), S. 205-206, 209-212.

64 S. Coll. CLXVIII Novv. 5 rubr.: *Περὶ μοναστηρίων καὶ μοναχῶν καὶ ἡγουμένων*; im Authenticum lautet *De monachis*. Zu den Besonderheiten bei den Rubriken des ersten Kapitels einer Konstitution in der Epitome Iuliani s. KAISER, Die Epitome Iuliani (Fn. 21), S. 273-277.

65 Zu einer Zusammenfassung in Cap. 9 praef. s. oben S. 11.

66 Der Text endet mit ... *a nobis comminatis suppliciis subiacere* (ed. KAISER, S. 399, 147) für Coll. CLXVIII Novv. 5.8 *ἠπειλημένοις παρ' ἡμῶν ὑποπεσεῖν ἐπιτιμίοις* (ed. SCHÖLL/KROLL, S. 34, 3-4); nahezu identisch auch Ep. Iul. Cap. 20: *nisi forte velit in antefatas poenas incidere* (ed. HÄNEL, S. 28, 16). Anzeichen für einen Textausfall (omissio ex homoioteleuto etc.) liegen nicht vor.

67 Der Kaiser erwähnt, daß ihm der fast 120-jährige lykische Bischof Zosimus einen Fall berichtet habe, in dem der Eigentümer einen entlaufenen Sklaven, der in ein Kloster eingetreten war, vor Ablauf der Dreijahresfrist von dort zu entfernen suchte.

68 S. Coll. CLXVIII Novv. 5.5: *πάντων τῶν* (om. A) *ἐπὶ μοναχοῖς περὶ τούτου* (*π.τ.*: *τῶν* A) *ῥηθέντων καὶ ἐπὶ γυναικῶν εἰς μοναστήριον* (*μοναστήρια* A) *εἰσιουσῶν κρατούντων* (ed. SCHÖLL/KROLL, S. 33, 3-5).

69 S. Ep. Iul. Cap. 17: *Si vir vel mulier liberos habens ad solitariam vitam pervenerit* ... (ed. HÄNEL, S. 27, 23) sowie im Fortgang des Kapitels: *ab omni inquietudine liberentur, sive pater sit sive mater, qui quaeve in monasterium introierit* (ed. HÄNEL, S. 27, 26-27) und *Quod si nihil eis vel minus Falcidia pater vel mater praestiterit, tunc etiam monacho facto patre vel consecrata matre* (ed. HÄNEL, S. 27, 28-30).

70 S. Versio antiqua Cap. 5: *Quod si filios habuerit, si quidem iam eis aliquanta donaverat sive per ante nuptias donationem sive dotis occasionem et haec ipsa faciunt Falcidiam, nullum sibi ius in reliquis rebus filii exigant. Sin autem aut nihil eis donasse aut minus reperiat, tunc demum licet monachorum iam sit pater societati coniunctus, nihilo minus Falcidia memoratis filiis debeatur, sive quod compleatur, ubi aliquid eis donatum fuerat, siue ut tota detur, ubi nihil acceperat* (ed. KAISER, S. 398, 113-119).

habens ad solitariam vitam pervenerit, si quidem iam donaverit filio suo vel filiae suae tantum, quantum lex Falcidia facit, sive occasione propter nuptias donationis, quam pro filio suo dedit, sive dotis causa, quam pro filia sua praestitit: si igitur habeant legis Falcidiae quantitatem, cetera bona eius ab omni inquietudine liberentur, sive pater sit sive mater, qui quaeve in monasterium introierit, ut in reliquis rebus eorum nullam habeant liberi communionem, utpote cum lege Falcidia satis eis factum sit (ed. HÄNEL, S. 27, 23-28). Die Regelung der Novelle – kein Pflichtteil bei lebzeitiger Zuwendung der *quarta Falcidia* – ist gleich zweimal dargelegt (*si vir vel mulier – liberentur*; *sive pater sive mater – factum sit*). Auch die *donatio propter nuptias* (bei Eheschließung eines Sohnes) und die *dos* (bei der Heirat einer Tochter) präzisiert Julian (Sohn und Tochter sind in der Novelle nicht erwähnt).

Julian bezieht spätere Konstitutionen ein, die die vorliegende Novelle modifizieren, s. Ep. Iul. Cap. 16: *Si quis in monasterio se consecraverit, et postquam religiosa veste vestitus est, a monasterio recesserit, omnia bona ipsius, quae in monasterium introduxit, ad ipsum monasterium pertineant. Idem est ex alia constitutione, et si non introduxerit; omnes enim res eius dominii monasterii sint* (ed. HÄNEL, S. 27, 18-21). Gemeint ist mit *alia constitutio* die umfassende Novelle zum Kirchenvermögensrecht vom 1. Mai 546 (Coll. CLXVIII Novv. 123; Ep. Iul. Const. 115), die dem Mönchswesen mehrere Abschnitte widmet[71]. Coll. CLXVIII Novv. 123, 38 (Ep. Iul. Cap. 485) setzt fest, daß das Vermögen des Eintrittswilligen, wenn er kinderlos ist, dem Kloster zufällt, nach Cap. 42 praef. (Cap. 490) steht bei einem Wechsel des Klosters das gesamte Vermögen dem ersten Kloster zu, nach Cap. 42.1 (Cap. 492) gehört bei einem Übertritt in den Laienstand aller späterer Zuerwerb dem Kloster. Julian versteht die Bestimmung in Cap. 5.4 der Novelle zum Mönchswesen von vornherein im Lichte der späteren Regelung dahingehend, daß (nur) das Vermögen, das der Novize mit in das Kloster bringt, in das Eigentum des Klosters fällt, sonstiges, außerhalb des Klosters befindliches Vermögen hingegen nicht. Dies habe erst die spätere Konstitution geändert. Der griechische Wortlaut von Cap. 5.4 zwingt nicht zu diesem Verständnis[72]. Auch in Ep. Iul. Cap. 13 arbeitet Julian die spätere Novelle ein. In Coll. CLXVIII Novv. 5.2 praef. heißt es, daß ein Novize seinen Status offenlegen soll, wobei nur von Freien und Sklaven die Rede ist[73]. Julian übersetzt in Cap. 13 jedoch: ... *et confiteatur suam condicionem, id est, utrum ingenuus sit, an servus, vel alterius*

---

71 Im Dictatum de consiliariis (zu Beginn) verweist Julian seine Zuhörer für das Recht der Bischöfe, Kleriker und Mönche nur noch auf diese Novelle (vgl. ed. HÄNEL, S. 198, 3-7). Die Paratitla zu Ep. Iul. Const. 4 gehen davon aus, daß die spätere Konstitution die vorliegende abgeändert habe, s. ed. LIEBS (Fn. 23), S. 247.

72 Coll. CLXVIII Novv. 5.4: ... *τὰ πράγματα μέντοι, ὁπόσα ἂν ἔχοι* (*μ. ο. α. ε.*: *δ*˜, *ὁποῖα ε*˜*χεν* A), *ἡνίκα εἰς τὸ μοναστήριον εἰσῄει, ταῦτα* (om. A) *τῆς δεσποτείας ἔσται τοῦ μοναστηρίου*, (*τ. μ.*: *τῆς μονῆς, ἐν ᾗ ἀπεκείρατο* A) (ed. SCHÖLL/KROLL, S. 32, 16-19); zu den Lesungen in der Collectio Ambrosiana s. KAISER, Authentizität und Geltung (Fn. 1), S. 375.

73 S. Coll. CLXVIII Novv. 5.2 praef.: … *εἴτε ἐλεύθεροι καθεστήκοιεν εἴτε οἰκέται* ... (ed. SCHÖLL/KROLL, S. 29, 27-28; der Satzteil fehlt in A).

cuiuscumque status, et narret [74] *causas* ... (ed. Hänel, S. 26, 18-20). *Mit dem Einschub vel alterius cuiuscumque status* nimmt Julian auf die Novelle vom 1. Mai 546 Bezug, s. Coll. CLXVIII Novv. 123.35: ... *ἀναφυῇ τις λέγων ἢ δοῦλον ἢ κολωνὸν ἢ ἐναπόγραφον* ... (ed. SCHÖLL/KROLL, S. 618, 25-26) Die *adscripticii vel coloni* erwähnt die Novelle zum Mönchswesen noch nicht. In der Versio antiqua fehlen solche Verweise völlig. Wenngleich das genaue Alter der Übersetzung unbekannt ist und daher möglicherweise die Novelle vom 1. Mai 546 bei ihrer Entstehung noch nicht vorlag, würden solche Querverweise dem ganzen Stil der Übersetzung widersprechen. Auch gibt es Parallelen aus dem griechischen Rechtsunterricht: Sowohl der Digestenindex des Theophilos als auch der des Dorotheos scheinen nicht auf Parallel- oder Konträrstellen verwiesen zu haben[75], anders etwa der Digestenindex des Stephanus[76].

III. Ausblick

Bereits der Index des *antecessor* Iulianus wurde von anderen Rechtslehrern herangezogen und verändert[77]. Die Versio antiqua zeigt, daß der lateinische Rechtsunterricht in justinianischer Zeit noch weiter zu differenzieren ist. Es gab für die Novellen knappe Indizes, wie etwa den des Julian, aber auch umfangreichere wie die Versio antiqua. Insoweit nähert sich das Bild des lateinischen Rechtsunterrichts in justinianischer Zeit weiter dem (deutlich besser bezeugten) zeitgleichen griechischen Unterricht an.

---

74 Zum Textbefund s. KAISER, Die Epitome Iuliani (Fn. 21), S. 567-568.

75 S. zu Theophilos die bei HEIMBACH, Prolegomena (Fn. 25), S. 33-36 nachgewiesenen und abgedruckten Texte, zu Dorotheos dort S. 37-43.

76 S. zu Stephanos HEIMBACH, Prolegomena (Fn. 25), S. 50 (1. Sp.) und als Beispiel den Index des Stephanos zu D. 2.15.1 ff. in H. J. SCHELTEMA, Florilegium iurisprudentiae Graeco-Romanae (1950), S. 27-31, 30.

77 S. dazu KAISER, Die Epitome Iuliani (Fn. 21), S. 235-246.

Die Hexabiblos im Patriarchatsregister Oder: Die Verdienste eines alten Aufsatzes von Peter E. Pieler

Eleftheria Sp. Papagianni, Athen

Im Jahre 1970 publizierte der Universitätsassistent Dr. Peter E. PIELER einen Aufsatz unter dem Titel „Die Entscheidungen des Patriarchalgerichts von Konstantinopel in zivilrechtlichen Streitfällen und das System der Quellen des Byzantinischen Rechts“[1]. Eine solche Arbeit gehörte damals gewissermaßen zur wissenschaftlichen Avantgarde, weil die Erforschung des byzantinischen Rechts nach den grundlegenden Werken der Rechtshistoriker des 19. Jahrhunderts an Schwung verloren hatte[2], besonders aber weil sie dem Studium von Zeugnissen der kirchlichen Rechtsprechung gewidmet war. In seiner Arbeit betonte PIELER, es sei erstaunlich, daß die bereits 1860 von Franz MIKLOSICH und Josef MÜLLER edierten Patriarchatsentscheidungen bis zur zweiten Hälfte des 20. Jahrhunderts für die Geschichte des byzantinischen Rechts immer noch nicht voll ausgeschöpft worden seien[3]. Diese Urteile waren nämlich zu jener Zeit, als sich die neue Edition der Urkunden des Patriarchatsregisters im Rahmen der Series Vindobonensis des Corpus Fontium Historiae Byzantinae erst in Planung befand, Gegenstand nur weniger spezieller Arbeiten gewesen. Im Jahre 1948 untersuchte sie Anastasios CHRISTOPHILOPULOS summarisch unter dem Gesichtspunkt der episcopalis audientia gemeinsam mit anderen Zeugnissen kirchlicher Rechtsprechung[4], und kurz danach erschien ein eher historisch orientierter Aufsatz von Paul LEMERLE, der sich haupsächlich der Erforschung der juridiktionellen Kompetenz der Patriarchalsynode widmete[5]. Schließlich erschien 1962 die ausführliche rechtshistorische Studie von

---

1 Österreichische Landesreferate zum VIII. Internationalen Kongreß für Rechtsvergleichung in Pescara (1970), S. 7-16 (im folgenden zitiert: PIELER, Entscheidungen).

2 H. J. Scheltema und seine Mitarbeiter arbeiteten zwar schon seit 1953 an der neuen Edition der Basiliken und auch andere Gelehrte leisteten wichtige Beiträge zum byzantinischem Recht, die Wiederbelebung dieser Forschung im 20. Jahrhundert war aber erst durch die 1974 erfolgte Gründung des Projekts „Byzantinische Rechtsquellen“ in Frankfurt am Main unter der Leitung von Dieter Simon geprägt. Über die Forschungsgeschichte des byzantinischen Rechts, s. SP. TROIANOS/I. VELISSAROPULU-KARAKOSTA, Ἱστορία Δικαίου, 3. Auflage (2002), S. 206-209.

3 PIELER, Entscheidungen (Fn. 1), S. 9-10.

4 Vgl. A. CHRISTOPHILOPULOS, Ἡ δικαιοδοσία τῶν ἐκκλησιαστικῶν δικαστηρίων ἐπὶ ἰδιωτικῶν διαφορῶν κατὰ τὴν βυζαντινὴν περίοδον, ἐπετηρὶς ἑταιρείας Βυζαντινῶν Σπουδῶν 18 (1948), S. 192-201 = DERS., Δίκαιον καὶ ἱστορία. Μικρὰ Μελετήματα, Athen 1973, S. 244-254.

5 Vgl. P. LEMERLE, Recherches sur les institutions judiciaires à l'époque des Paléologues. II: Le tribunal du patriarcat ou tribunal synodal, Analecta Bollandiana 58 (1950), S. 318-333.

Nikolaos MATSES, der die familienrechtlichen Entscheidungen des Patriarchatsregisters untersuchte und die Rechtsentwicklung auf diesem Gebiet von 1315 bis 1401 darstellte[6].

In seinem Aufsatz aus dem Jahre 1970 beschäftigte sich PIELER nur mit ausgewählten, damals noch nicht kommentierten Urteilen[7], die er in Vergleichung mit den juristischen Quellen dieser Zeit untersuchte. Es ging ihm dabei um zwei Entscheidungen des Patriarchen Johannes XIII. Glykys, aus dem Jahre 1316[8] und um eine weitere des Patriarchen Kallistos I., aus dem Jahre 1359[9]. PIELER äußerte sich eher zurückhaltend über die Übereinstimmung der beiden ersten Entscheidungen mit dem offiziellen Recht[10], seine Schlußbemerkung über den letzten Fall ist aber sehr bestimmt und lautet: *„Zusammenfassend kann zu dieser Entscheidung gesagt werden, daß auch hier der Patriarch sich bemüht ‚nach den Gesetzen' zu entscheiden, wenngleich er, um einer höheren Gerechtigkeit willen, sich mit bloßem Fristablauf nicht begnügt. Allerdings ist ein Verständnis der rechtlichen Grundlagen und der – wie ich meine – aus der Hexabiblos gewonnenen Regel in diesem Fall nicht gegeben"* [11].

Die Ansicht PIELERs, daß die Hexabiblos im Patriarchat verwendet wurde, scheint heute selbstverständlich, da die Erforschung der juristischen Quellen der zweiten Hälfte des 14. Jahrhunderts Fortschritte gemacht hat[12]. Sie läßt sich auch aus dem Text anderer Synodalentscheindungen der Zeit beweisen[13]. Im Jahre 1970 war diese Äußerung eines jungen Rechtshistorikers aber eine originelle Bemerkung, die damals leider nicht hinreichend gewürdigt wurde. Es ist beachtenswert, daß MATSES, – der in seinem Werk von 1962 die „Gesetze", auf die sich das Patriarchatsgericht in

---

6 Vgl. N. P. MATSES, Τό οικογενειακόν δίκαιο κατά τήν νομολογίαν τού πατριαρχείου Κωνσταντινουπόλεως τών ετών 1315-1401 (1962).

7 Diese Entscheidungen gehören zu denen, die Christophilopulos, aaO., S. 199-251 unter dem Stichwort Κληρονομική διαδοχή zitiert, vgl. auch PIELER, Entscheidungen, S. 10 Fn. 16.

8 Vgl. H. HUNGER/O. KRESTEN, Das Register des Patriarchats von Konstantinopel, (im folgenden zitiert: PRK), Bd. 1 [Corpus Fontium Historiae Byzantinae, XIX/1.] (1981), Nr. 28, 47 S. 250-252, 318-323.

9 PRK (Fn. 8), Bd. 3 [Corpus Fontium Historiae Byzantinae, XIX/3.] (2001), Nr. 217, S. 232-242.

10 Vgl. PIELER, Entscheidungen (Fn. 1), S. 11-13.

11 PIELER, Entscheidungen (Fn. 1), S. 16.

12 Vgl. z. B. Eleftheria PAPAGIANNI/SP. TROIANOS, Μιά νομική βιβλιοθήκη στή Μονεμβασία τό 15° αιώνα, Βυζαντιναί Μελέται 2 (1990), S. 19-34 (hier S. 31-32); A. SCHMINCK, Zur Einzelgesetzgebung der „makedonischen" Kaiser, Fontes Minores XI (2005), S. 269-323 (hier S. 312-313).

13 Vgl. z. B. Eleftheria PAPAGIANNI, Η νομολογία τών εκκλησιαστικών δικαστηρίων τής βυζαντινής καί μεταβυζαντινής περιόδου σέ θέματα περιουσιακού δικαίου, Bd. I, ενοχικό δίκαιο - εμπράγματο δίκαιο. [Forschungen zur byzantinischen Rechtsgeschichte-Athener Reihe, 6.] (1992), S. 24 Fn. 2, 142 Fn. 5, 171 Fn. 113, 114, 117, 118; Bd. 2, Οικογενειακό δίκαιο. [Forschungen zur byzantinischen Rechtsgeschichte-Athener Reihe, 11.] (1997), S. 99 Fn. 26, 117 Fn. 17, 18, 204 Fn. 118, 120.

seinen Urteilen berief, bisweilen zu identifizieren versuchte[14] – die Rolle der Hexabiblos eindeutig unterschätzte. Sogar noch 1971 meinte K. PITSAKES, daß *die Präsenz der Hexabiblos im Rechtsleben des letzten byzantinischen Jahrhunderts fraglich sei*, obwohl er selbst betonte, daß die Vollständigkeit und systematische Gliederung des Rechtsbuches seine weite Verwendung wahrscheinlich machten, und begründete diese Behauptung mit seiner bedeutenden handschriftlichen Überlieferung[15].

Was die weiteren Äußerungen PIELERs über die Arbeitsmethode des Patriarchatsgerichts unter Kallistos I. betrifft, so wollte ich ihre Verallgemeinerungsfähigkeit für die Rechtsprechung des Patriarchatsgerichts an Hand eines anderen Textes prüfen. Dazu wählte ich eine Entscheidung des Patriarchen Matthaios I.[16] aus, die sich mit dem veralteten Recht der *peculia* befaßt[17]. Unter diesem Patriarchen entwickelte sich nämlich aus sozialpolitischen Gründen eine Rechtspraxis, die manchmal neue Regelungen neben den schriftlichen Vorschriften einführte[18]. So schien es mir anregend, PIELERs rechtspositivistische These im Licht eines Zeugnisses aus der Zeit einer vom Gesetz besonders emanzipierten Jurisprudenz zu betrachten.

Nach dieser Entscheidung hatte sich ein gewisser Philippos Dukas Aprenos 45 *Hyperpyra*[19] von einer Anna Laskarina ausgeliehen. Der Schuldner konnte wahrscheinlich nicht zahlen, weshalb ihn Laskarina vor dem Kaisergericht verklagte, nach dessen Entscheidung die Gläubigerin das *adelphaton*[20], das Aprenos im Kloster der Gottesmutter von Marules hatte, als Pfand zugesprochen erhielt; es wurde auch entschieden, daß sie, wenn die Schuld in zwei Jahren nicht getilgt worden sei, das Eigentum an dem *adelphaton* erhalte. Da der Schuldner nicht zahlte, erlangte Anna Laskarina das Eigentum an dem *adelphaton*. Einige Jahre später wandte sich Laskarina noch einmal an das Kaisergericht und verlangte eine Bestätigung der alten Entscheidung, da die diesbezügliche Urkunde verloren gegangen sei. Die neuen Mitglieder des Kaisergerichtes untersuchten den Fall nochmals, hörten von Aprenos

---

14 Vgl. z. B. MATSES, a.a.O, S. 73-74, 118-123, 158-163.

15 Vgl. K. PITSAKES, Κωνσταντίνου Ἀρμενοπούλου. Πρόχειρον Νόμων ἢ ἑξάβιβλος (1971), S. πγ' - πε'.

16 F. MIKLOSICH/J. MÜLLER, Acta et diplomata graeca medii aevi sacra et profana, Bd. II, Vindobonae 1862 (im folgenden zitiert: MM II), Nr. 597 S. 424-426 (an. 1400); vgl. J. DARROUZES, Les Regestes des Actes du Patriarcat de Constantinople, Bd. 4 (1979), Nr. 3157.

17 Über die Entwicklung des byzantinischen Rechts des Kindeguts vgl. M. TH. FÖGEN/D. SIMON, Tractatus de peculiis, Fontes Minores X (1998), S. 261-318 (hier S. 307-318 mit Literatur).

18 Vgl. E. PAPAGIANNI, Un témoin de la réalité juridique byzantine: la jurisprudence patriarcale au XIVe siècle, Fontes Minores XI (2005), S. 213-227 (hier S. 216).

19 Über die Hyperpyra in dieser Zeit vgl. C. MORRISSON, Monnaie et finances dans l'empire byzantin Xe-XIVe siècle, in: Hommes et richesses dans l'empire byzantin, Bd. 2: VIIIe-XVe siècle. [Réalités byzantines, 3.] (1991), S. 291-315 (hier S. 311-315).

20 Über die *adelphata* vgl. J. KONIDARES, Νομική θεώρηση τῶν μοναστηριακῶν Τυπικῶν, 2. Auflage (2003), S. 225-228.

nur die alten Ausreden und bestätigten das alte Urteil. Gleich darauf wandte sich aber Aprenos' Tochter namens Iakobina an die Patriarchatssynode und stellte die Behauptung auf, daß das *adelphaton* der Laskarina unrechtmässig zugesprochen worden sei, weil es nicht zum Vermögen ihres Vaters, sondern als ihr von ihrem Großvater hinterlassenes *peculium* ihr selbst gehört habe. Das Urteil des Patriarchen fiel aber nicht zu Iakobinas Gunsten aus: „... ἐπεὶ κατὰ τοὺς θείους καὶ φιλευσεβεῖς νόμους διαρρήδην ὁριζομένους καὶ λέγοντας περὶ τῶν ἰδιοκτήτων πεκουλίων καὶ τῶν παγανικῶν, ἤτοι τῶν ἀπ' ἰδίων κινδύνων προσελθόντων δ` καὶ μόχθων καὶ τῶν ἀπὸ κληρονομίας καὶ χάριτος εὕρομεν, ὅτι τῶν μ`ν μὴ ἔχειν ἄδειαν τοὺς τέκοντας καὶ ἐξουσίαν, τῶν δ` παγανικῶν ἔχειν ἐξουσίαν, ὥστε λαμβάνειν αὐτὰ καὶ διδόναι εἰς χρέη καὶ εἰς ἑτέρας ἀνάγκας αὐτῶν, ἡ μετριότης ἡμῶν διαγινώσκει καὶ ἀποφαίνεται, ὡς ἐπεὶ καὶ τὸ ἀδελφάτον τοῦτο οὐκ ἰδιόκτητον ἦν, ἐξ εὐεργεσίας δ` μᾶλλον τοῦ πρὸς πατρὸς πάππου τῆς Ἰακωβίνης (...) μὴ ἔχειν ἄδειαν ὅλως ἢ αὐτὸν τὸν Ἀπρηνὸν ἢ τὴν θυγατέρα αὐτοῦ, τὴν εἰρημένην Ἰακωβίναν, ὡς πεκούλιον δῆθεν καὶ λεγάτον αὐτῆς ἀνακαλεῖσθαι τοῦτο καὶ ἀναζητεῖν ἀπὸ τῆς Λασκαρίνης, (...) ἐπεὶ παρὰ τῶν θείων καὶ φιλευσεβῶν νόμων δεδομένον ἐστὶ τοῦτο, τὸ τὰ τῶν παίδων πεκούλια τὰ ἀπὸ χάριτος καὶ δωρεᾶς περιελθόντα αὐτοῖς ἄδειαν ἔχειν τοὺς τέκοντας ὑπ`ρ ἑαυτῶν χρῆσθαι ..."[21].

Der zitierte Auszug der Gerichtsentscheidung erweist eine ungenaue Kenntnis der Einteilung der *peculia* im byzantinischen Recht. Der Patriarch macht nämlich nur einen Unterschied zwischen *peculia pagana* bzw. *profecticia* und *peculia castrensia*. Die *peculia adventicia* läßt er unbeachtet. Die Einordnung der durch Arbeit erworbenen Gegenstände unter die *peculia castrensia* und nicht unter die *bona adventicia* hängt sicherlich mit der Tendenz des postjustinianischen byzantinischen Rechts zusammen, den Hauskindern eine möglichst große finanzielle Unabhängigkeit zu bewahren; eine Tendenz, die die Erweiterung des Begriffes *peculium castrense* zur Folge hatte[22]. Wie aber schon MATSES bemerkte[23], ist die Qualifizierung von Gegenständen, die von den Kindern geerbt wurden oder ihnen geschenkt wurden, als *peculia pagana*, die Eigentum des Vaters waren, merkwürdig und steht dieser Tendenz entgegen. Was aber die andere Äußerung von MATSES anbelangt, daß es nämlich schwierig sei, das von der Synode benutzte und mißverstandene Rechtsbuch zu identifizieren[24], so ist noch einmal darauf hinzuweisen[25], daß er anscheinend nicht

---

21 MM II, Nr. 597 S. 425^{30}-426^{18}.

22 Vgl. A. CHRISTOPHILOPULOS, Σχέσεις γονέων καὶ τέκνων κατὰ τὸ βυζαντινὸν δίκαιον μετὰ συμβολὴν εἰς τὸ ἀρχαίον καὶ τὸ ἑλληνιστικόν (1946), S. 52-57.

23 AaO., S. 186.

24 Vgl. MATSES, a.a.O, S. 187-188.

25 S. auch Fn. 14.

darauf kam, daß die nach 1345 gefällten Patriarchatsentscheidungen, die sich auf das Gesetz berufen, damit die Hexabiblos meinten, selbstverständlich nur dann, wenn diese Regelungen enthielt, die für die Entscheidung des Falles relevant waren.

In der Hexabiblos liest man dazu folgendes: „Τὸ πεκούλιον ἐν τοῖς ὑπεξουσίοις ὁρᾶται. Ὅθεν τῶν πεκουλίων τὰ μέν εἰσιν ἰδιόκτητα τὰ δ᾽ παγανικά. Καὶ ἰδιόκτητα μέν εἰσιν ὅσα ἰδικῶς τις ἐξ ἰδίου ἐπιτηδεύματος ἢ στρατείας ἢ βαθμοῦ τοῦ οἱουδήποτε ἢ κλήρου κέκτηται. Παγανικὰ δ᾽ ἅπερ παρὰ τῶν γονέων αὐτοῖς ὑπηρεσίας λόγῳ καὶ χρείας ἐδόθησαν ἢ ἐκ τῶν δοθέντων ἐπεκτήθησαν. Πολλαὶ δ᾽ διαφοραὶ παγανικοῦ καὶ ἰδιοκτήτου πεκουλίου. (...) Τρίτη διαφορά, ἐὰν πολλοῖς ἐποφείλων τις ὑποστῇ διάπρασιν ὑπὸ τῶν ἑαυτοῦ δανειστῶν, τὸ μ᾽ν παγανικὸν τοῦ παιδὸς συνδιαπιπράσκεται πεκούλιον, τὸ δ᾽ ἰδιόκτητον οὐδαμῶς.“[26]. Diese Stellen, die Vorschriften aus der Eisagoge und dem Procheiros Nomos wiedergeben[27] und nur zwei Kategorien von *peculia* anerkennen[28], konnten die Patriarchatsrichter der spätbyzantinischen Periode zu dem erwähnten falschen Ergebnis verleiten, weil der Iakobina das *adelphaton* als Vermächtnis von ihrem Großvater hinterlassen wurde.

Es gibt aber noch eine andere Hexabiblosstelle, in der eine andere Einteilung der *peculia* vorgenommen wird und sowohl die Erbschaft von Verwandten der mütterlichen Seite als auch die Gegenstände, die das Hauskind durch Schenkungen und eigene Arbeit erwarb, als *peculia adventicia* bezeichnet werden[29]. Es ist auch wegen des Wortlauts der Entscheidung von Matthaios[30] denkbar, daß die Synode diese Stelle gleichfalls berücksichtigte. Die Stelle, die sich auch in der Synopsis Minor befindet[31], beinhaltet aber neben den justinianischen Vorschriften auch die

---

26 Hexabiblos 5.2.1, 2.

27 Eis. 31.1, Proch. 22.1-5. Es sei hier noch auf die Bemerkung von CHRISTOPHILOPULOS, a.a.O (Fn. 22), S. 54 hingewiesen, daß der Terminus „κλῆρος“ in diesem Zusammenhang nicht als „Erbschaft“ sondern als Klerikerstand aufzufassen ist.

28 Über diese Einteilung vgl. auch CHRISTOPHILOPULOS, a.a.O, S. 53-56.

29 Hexabiblos 5.2.4: „Τὰ πεκούλια τετραχῶς εἰσίν. Ἀπροσπόριστα, παγανικά, καστρένσια καὶ ὡσανεὶ καστρένσια. Καὶ ἀπροσπόριστα μέν ἐστιν, ὅσα ἐκ μητρικῆς κληρονομίας καὶ πάππων καὶ προπάππων καὶ ἄλλων συγγενῶν μητρόθεν, καὶ τούτων τὴν μ᾽ν χρῆσιν ἔχει ὁ πατήρ, τὴν δ᾽ δεσποτείαν οἱ παῖδες. Τούτοις ὅμοια καὶ τὰ ἀπὸ φιλοτιμίας τυχὸν καὶ καμάτων ἰδίων κτώμενα τοῖς παισί, καὶ ἀπὸ γαμικῆς αἰτίας, (...) τὴν γὰρ χρῆσιν τούτων ἔχει ὁ πατήρ, τὴν δεσποτείαν δ᾽ οἱ παῖδες. Τὰ δ᾽ παγανικά εἰσιν, ἃ καὶ προσπορίζονται, ὅσα ἐξ αἰτιῶν καὶ πραγμάτων τοῦ πατρὸς προσέλθοι τῷ παιδί. Ἅπαντα γὰρ ταῦτα τοῦ πατρός εἰσιν. Ἔχει δ᾽ τούτων τὴν χρῆσιν καὶ τὴν δεσποτείαν ὁ πατήρ ...“.

30 Die Stelle Hexabiblos 5.2.4 ist die einzige im Titel 5, in der von der χρῆσις des Kindesvermögens seitens des Vaters die Rede ist, und außerdem steht der Ausdruck „... ἀπὸ φιλοτιμίας τυχὸν καὶ καμάτων“ mit dem Passus „... τὴν ἀπ' ἰδίων κινδύνων προσελθόντων τε καὶ μόχθων καὶ τῶν ἀπὸ κληρονομίας καὶ χάριτος ...“ der Patriarchatsentscheidung in Zusammenhang; vgl. Fn. 21.

31 Synopsis Minor Π 116. Die Synopsis Minor ist auf das Ende des 13. Jahrhunderts zu datieren und zählt zu den Quellen der Hexabiblos, s. ST. PERENTIDIS, L'empereur né le jour de Pâques.

konstantinische Verordnung, die nur die Erbschaft der Großeltern mütterlicherseit zu den *peculia adventicia* rechnete. So ging in das Urteil ein Koglomerat von Vorschriften aus Rechtsbüchern der „makedonischen" Dynastie und aus vorjustinianischem Recht ein, weswegen einerseits die *peculia* in nur zwei Arten, nämlich παγανικὰ und ἰδιόκτητα, eingeteilt wurden und andererseits die ἀπὸ κληρονομίας καὶ χάριτος erworbenen Sachen unter den Begriff der *peculia pagana* subsumiert wurden.

Vielleicht war es der Synode nicht bekannt, daß Justinian selbst *„omnia quae extrinsecus ad filios familias perveniunt, et non ex paterna substantia'*[32] schließlich zu den *bona adventicia* gezählt hatte, und vielleicht waren sowohl das römische Recht der *patria potestas* als auch die byzantinischen Entwicklungen, die die Funktion der *peculia* immer komplizierter machten, den empirischen „Juristen" des Patriarchats am Ende des 14. Jahrhunderts nicht geläufig. Dem Wortlaut des Urteils nach ist es auch nicht auszuschließen, daß den Richtern der Begriff „χρῆσις" der *bona adventicia* von Seiten des Vaters, die in Hexabiblos 5.2.4 erwähnt wird[33], unverständlich war. Die Synode meinte nämlich, daß Iakobina das *adelphaton* nicht beanspruchen könne, weil die Eltern das gesetzmäßige Recht, die *peculia* „ἀπὸ χάριτος καὶ δωρεᾶς ὑπ῀ρ ἑαυτῶν χρῆσθαι" gehabt hätten. Nach der Einteilung in dem Urteil gehörten jedoch die den Hauskindern geschenkten Gegenstände zu den *peculia pagana*, an denen der Vater Eigentum und nicht bloß Nießbrauch hatte; wäre andererseits von den *peculia adventicia* die Rede gewesen, so hätte die Synode ebenfalls einen falschen Terminus benutzt, weil der Nießbrauch nicht beinhaltet, daß der Vater über dieses Vermögen verfügen kann[34]. Der vorliegende Prozeß ist allerdings der einzige Fall, in welchem die Patriarchatssynode Veranlassung hatte, sich zum Recht der *peculia* zu äußern.

In Matthaios' Urteil konstatiert man als Jurist also einen Mangel des *Verständnisses der rechtlichen Grundlagen*, genau wie dies Peter E. PIELER in der Entscheidung des Kallistos vor 36 Jahren tat[35]. Der damalige Universitätsassistent wies aber ebenso darauf hin, daß sich der Patriarch bemühte, *nach den Gesetzen* zu entscheiden, obwohl sein heimlicher Wunsch war, einer *höheren Gerechtigkeit* zu dienen. Derselbe Gedanke liegt beim Studium der Entscheidung des Matthaios nahe. In diesem Fall war die Gläubigerin nach zwei Gerichtsentscheidungen überzeugt, daß das Darlehen durch ein *adelphaton* gesichert sei; dann erfuhr sie aber, daß diese

---

Michel IX Paléologue et la date de la *Synopsis minor*, Fontes Minores VII (1986), S. 253-257 und SP. TROIANOS, Οἱ πηγές τοῦ βυζαντινοῦ δικαίου, 2. Auflage (1999), S. 283-285 (mit Literatur).

32 C. 6.61.8pr. (an. 531). Vgl. Auch C. 6.61.6.1 (an. 529).

33 S. Fn. 29, 30.

34 Sehr treffend wurde gesagt: *„Wirtschaftlich gesehen, ist das Stammgut ein gesperrtes Sparkonto des Gewaltunterworfenen, dessen Zinsen der Vater erhält"* (FÖGEN/SIMON, aaO., S. 312).

35 In diesem Fall war dem Patriarchen der Begriff der *bona fides* nicht geläufig, s. PIELER, Entscheidungen (Fn. 1), S. 15-16.

Sicherung gar nicht existierte, weil dem Schuldner nur die Nutzung, nicht jedoch das Eigentum zustand. Es ist dennoch nicht auszuschließen, daß die Synode über die Funktion der *peculia* nicht so schlecht informiert war, wie es scheint. Sie wollte vielleicht bloß eine „gerechte“ Entscheidung treffen und benutzte dazu die verfügbaren Regelungen in einer Weise, die zur gewünschten Lösung führen konnten.

Im Jahre 1973 bestätigte Dieter SIMON diesen Umgang mit dem Gesetz bei der Analyse der Rechtsfindungsmethoden der Richter am Reichsgericht des Hippodroms[36]. In seiner 1978 erschienenen hervorragenden *Rechtsliteratur* schrieb Peter E. PIELER nach einer eingehenden Darstellung von SIMONs Ansichten unter Bezug auf das Patriarchatsgericht: *„Eine andere Methode der Rechtsfindung scheint vor diesem Tribunal grundsätzlich nicht gewaltet zu haben. Da aber Patriarch und Synode zur Rechtfertigung vor dem Kaiser nicht gezwungen sind, begegnet das Gesetz als ausdrücklicher Berufungsgrund nicht so häufig. Seine Anwendung scheint daher auch weniger gezwungen als in der Peira. Aber auch dort, wo eine Entscheidung nicht mit dem Hinweis auf die Gesetze begründet wurde, steht sie dennoch im Zusammenhang mit dem offiziellen Recht“*[37].

Diesen Zusammenhang sieht man in der Entscheidung des Matthaios. Wie schon erwähnt, schien dieser Patriarch vom Gesetz sehr emanzipiert[38]. Diese Emanzipation läßt sich in den Fällen feststellen, in denen er der Gerechtigkeit Gottes dienen wollte, und besonders, wenn er bestrebt war, die Machtlosen und Schutzbedürftigen zu schützen. In diese Kategorie gehörten für ihn auch die Schuldner[39]. Aprenos und Iakobina waren aber aller Wahrscheinlichkeit nach Menschen, die die Gläubigerin zu betrügen beabsichtigten. Zu ihren Gunsten hätte es also keiner Gnade bedurft, und das Gesetz hätte der Synode die Möglichkeit gegeben, ihnen entgegenzutreten. Ein anderer Beleg für diese Einstellung des Patriarchen Matthaios ist ein Fall, in dem der minderjährige Johannes Chrysaphes seinen Schwager Phokas verklagte, weil er ein von ihm verwaltetes, aber Johannes zustehendes Vermächtnis verschwendete; der Patriarch entschied hier, daß Johannes aus dem Vermögen des Phokas entschädigt werden müsse, und verweigerte dessen Ehefrau, die an dieser Veruntreuung mitgewirkt hatte, jeden vom Gesetz für ihre Mitgift vorgesehenen Schutz mit dem Argument: „... ταῖς ἀπατωμέναις γὰρ ὁ νόμος καὶ οὐ ταῖς πανουργοῖς βοηθεῖ“[40]

---

[36] S. D. SIMON, Rechtsfindung am byzantinischen Reichsgericht, Frankfurt a.M. 1973.

[37] P. E. PIELER, Byzantinische Rechtsliteratur, in: Die hochsprachliche profane Literatur der Byzantiner. [Handbuch der Altertumswissenschaft, XII.5.2 = Byzantinisches Handbuch, 5.2.] Bd. 2 (1978), S. 351 Fn. 30.

[38] Vgl. Fn. 18.

[39] Vgl. PAPAGIANNI, a.a.O (Fn. 18), S. 226-227.

[40] MM II, Nr. 587 S. 413[23-24] (an. 1400, vgl. DARROUZÈS, a.a.O [Fn. 16], Nr. 3146); zu dieser Thematik vgl. auch PAPAGIANNI, a.a.O (Fn. 13), Bd. 2, S. 101-103.

Der Kaiser, der Krieger und die Konkubine: Eine Analogie zum Verbot der Ehegattenschenkung in C. 5.16.2?

Guido Pfeifer, München

I. Äußere Umstände und Charakteristika der Konstitution C. 5.16.2

Der uns in Justinians Codex in C. 5.16.2 überlieferte Text macht auf den ersten Blick einen unspektakulären Eindruck, da er eine recht lapidare kaiserliche Entscheidung zu enthalten scheint. Bei näherem Hinsehen wirft er jedoch eine ganze Reihe von Fragen auf, die zum einen im Zusammenhang mit dem Rechtsinstitut der Schenkung stehen und zum anderen die Lebens-, Familien- und Vermögensverhältnisse einfacher Soldaten in den Provinzen des römischen Imperiums und damit gleich mehrere Aspekte eines vielschichtigen sozialen Phänomens der Antike betreffen. Doch zunächst zum Text selbst:

> *C. 5.16.2: Idem [Imperator Antoninus] Augustus Marco militi. Si ancillam nummis tuis comparatam esse praesidi provinciae probaveris donationisque causa focariae tuae nomine instrumentum emptionis esse conscriptum, eam tibi restitui iubebit. nam licet cessante iure matrimonii donatio perfici potuerit, milites tamen meos a focariis suis hac ratione fictisque adulationibus spoliari nolo. Proposita duodecim kalendas Martiae Antonino Augusto quartum et Balbino consules.*
>
> Derselbe [Imperator Antoninus] Augustus an den Soldaten Marcus. Wenn du dem Provinzstatthalter nachgewiesen haben wirst, daß die Sklavin mit deinem Geld erworben worden und die Kaufurkunde zum Zweck einer Schenkung auf den Namen deiner *focaria*[1] ausgestellt worden ist, so wird er anordnen, daß jene (Sklavin) dir zurückerstattet wird. Denn auch wenn die Schenkung zustande kommen konnte, weil das Eherecht keine Anwendung findet, will ich doch nicht, daß meine Soldaten von ihren *focariae* derart und durch erheuchelte Schmeicheleien ausgeplündert werden. Erlassen am zwölften Tag vor den Kalenden des März (18. Februar) im vierten Konsulat des Antoninus Augustus und dem des Balbinus (213 n. Chr.).

---

1 Der sowohl im ersten wie im zweiten Satz auftauchende Begriff der *focaria* wurde im Titel möglichst neutral mit „Konkubine" wiederzugeben versucht. Da er aber näherer semantischer und inhaltlicher Bestimmung bedarf (dazu siehe unten), soll er an dieser Stelle zunächst unübersetzt bleiben.

Inskription und Subskription mit Epoymendatierung weisen die Konstitution dem dritten Regierungsjahr des Kaisers Marcus Aurelius Antoninus zu, besser bekannt als Caracalla. Die Konstitution ist in der justinianischen Sammlung von Kaisergesetzen systematisch unter dem Titel C. 5.16 eingeordnet, der überschrieben ist mit „De donationibus inter virum et uxorem et a parentibus in liberos factis et de ratihabitatione", übersetzt etwa „Von Schenkungen zwischen Ehemann und Ehefrau und von Eltern an ihre Kinder und von ihrer Genehmigung". Der Sache nach haben wir es mit einem kaiserlichen Gesetz in der Form eines Reskripts zu tun. Über diese Form der Gesetzgebung berichtet uns neben anderen Formen beispielsweise Ulpian im ersten Buch seiner Institutionen, überliefert in D. 1.4.1.1:

> *D. 1.4.1.1: Quodcumque igitur imperator per epistulam et subscriptionem statuit vel cognoscens decrevit vel de plano interlocutus est vel edicto praecepit, legem esse constat. haec sunt quas vulgo constitutiones appellamus.*
>
> Alles, was der Kaiser durch Brief oder Vermerk auf der Eingabe bestimmt, aufgrund streitiger Verhandlung entscheidet, ohne streitige Verhandlung verfügt oder durch Edikt verordnet, ist daher anerkanntermaßen Gesetz. All dies bezeichnen wir gewöhnlich als Konstitutionen.

Mit Reskripten reagierte die kaiserliche Kanzlei auf die Eingaben, mit denen im Zusammenhang mit einem laufenden gerichtlichen Verfahren entweder die zuständigen Gerichtsmagistrate oder aber die Parteien selbst um Rechtsauskunft ersuchten. Die Beamte erhielten die Antwort meist in Form selbständiger *epistulae*, die Parteien in Gestalt einer beglaubigten Abschrift des auf die Eingabe gesetzten Vermerks, der zudem öffentlich ausgehängt wurde – erkennbar am Vermerk „Proposita" in der Subskription der Konstitution. Zwar waren die Gesuche primär auf eine Klärung der bestehenden Rechtslage gerichtet. Nicht selten aber waren die Grenzen zwischen einer authentischen Interpretation des geltenden Rechts und neuer Rechtsetzung fließend, so daß die Reskripte zu einer eigenständigen Rechtsquelle avancierten[2].

In unserem Fall wird aus der Inskription, die als Adressaten eine Privatperson enthält („Marco militi") ersichtlich, daß es sich um ein Reskript auf die Anfrage einer Prozeßpartei hin handelt. Das Verfahren findet offenbar in einer Provinz statt, wobei der Statthalter als Gerichtsmagistrat fungiert. Genaueres läßt sich nicht sagen, lediglich Ägypten kann als Schauplatz ausgeschlossen werden, da in diesem Fall der Statthalter nicht mit der allgemeinen Bezeichnung „praeses provinciae", sondern mit

---

2 Dazu grundlegend Paul KRÜGER, Geschichte der Quellen und Literatur des römischen Rechts, 2. Aufl. (1912; Nachdr. 2000), S. 103 ff.; Leopold WENGER, Die Quellen des römischen Rechts (1953; Nachdr. 2000), S. 427 ff.

dem besonderen Titel *praefectus* (*Alexandriae et*) *Aegypti* bezeichnet wäre[3]. Die Sachentscheidung des Beamten ist – eine entsprechende Beweislage vorausgesetzt – im Reskript vorweggenommen. Zu beachten ist allerdings, daß bei der Aufnahme von Kaisergesetzen in Reskriptform in die justinianische Konstitutionensammlung diese fast durchweg stark verkürzt worden sind: Regelmäßig sind nur die Entscheidung selbst sowie die zu ihrem Verständnis unbedingt notwendigen Gesichtspunkte des zugrunde liegenden Sachverhalts übernommen worden[4] – eine Tatsache, welche die Rekonstruktion dieser Sachverhalte nicht gerade erleichtert.

Vor dem Versuch, unseren Sachverhalt zu rekonstruieren, sei noch auf einen Gesichtspunkt hingewiesen, der im Zusammenhang mit dem hier behandelten Text eine gewisse Rolle spielen könnte: In den *consilia* der römischen Kaiser, also ihren Beratungsgremien in Rechtsfragen, sowie bei der Leitung der kaiserlichen Kanzlei begegnen uns immer wieder Juristen, die zugleich einen besonderen Rang innerhalb der römischen Rechtswissenschaft einnehmen[5]. Unter Caracalla und bereits unter seinem Vater Septimius Severus finden sich mit Aemilius Papinianus, Iulius Paulus sowie Domitius Ulpianus die drei wohl berühmtesten Juristen der Spätklassik sowohl im *consilium* wie auch in leitender Funktion in der kaiserlichen Kanzlei. Papinian wurde bereits im Jahr 212 hingerichtet, Paulus und Ulpian aber dürfen wir zur Entstehungszeit unseres Reskripts im Jahr 213 in unmittelbarer persönlicher Nähe Caracallas sowie in Sachnähe zu seinen rechtlichen Entscheidungen vermuten[6].

II. Materieller Gehalt der erteilten Auskunft

Aus den spärlichen Informationen, die das Reskript über den der Entscheidung zugrunde liegenden Sachverhalt enthält, können wir folgendes, ungefähres Bild gewinnen: Ein Soldat verlangt von seiner *focaria* die Herausgabe einer Sklavin, deren Kauf er finanziert hatte. Die Kaufurkunde war auf den Namen der *focaria* ausgestellt worden; der ganze Vorgang stellte eine schenkweise Zuwendung durch den Soldaten dar. Damit sind die nach der Formulierung des Reskripts beweiserheblichen Fakten bereits erschöpft. Sie reichen allerdings aus, um die rechtlichen Argumente der Parteien zumindest in groben Zügen zu erschließen: Da wir mangels gegenteiliger

---

3 Vgl. nur Werner ECK, Art. „Praefectus Aegypti“, in: Der Neue Pauly, Bd. 10 (Pol-Sal) (2001), Sp. 246 ff.

4 Hierzu WENGER, Quellen (Fn. 2), S. 449.

5 Man denke etwa an Celsus und Julian, die Vorstände der prokulianischen bzw. sabinianischen Rechtsschule in der ersten Hälfte des zweiten Jahrhunderts n. Chr., die beide Mitglieder im *consilium* Hadrians waren.

6 Vgl. auch KRÜGER, Geschichte (Fn. 2), S. 220 ff. und 227 ff.; Wolfgang KUNKEL, Die Römischen Juristen. Herkunft und soziale Stellung, 2. Aufl. (1967; Nachdr. 2001), S. 224 ff. und 244 ff.

Hinweise den Eigentumserwerb der Frau unterstellen dürfen, wird der Soldat sein Klagebegehren auf eine *condictio* stützen. Naheliegend ist, daß die Frau dem den Rechtsgrund der Schenkung entgegenhält. Deren Wirksamkeit scheint nun wiederum seitens des Soldaten auf irgendeine Weise in Abrede gestellt zu werden; dies ergibt sich aus den folgenden, bereits zur Begründung der Entscheidung gehörenden Ausführungen im Reskript, die auf das – allerdings als nicht anwendbar bezeichnete – Eherecht hinweisen.

1. Verbot der Ehegattenschenkung

Daran läßt sich eine erste rechtliche Problematik festmachen, in deren Kontext die Entscheidung offenbar gesehen wird: das Verbot der Ehegattenschenkung. Regelungen hierüber sind außer in C. 5.16, aus dem auch unser Reskript stammt, vor allem im Digestentitel 24.1 überliefert. Dieser beginnt mit einem Fragment Ulpians, aus dessen Kommentar zum *ius civile* des Sabinus:

> *D. 24.1.1: Moribus apud nos receptum est, ne inter virum et uxorem donationes valerent. hoc autem receptum est, ne mutuo amore invicem spoliarentur donationibus non temperantes, sed profusa erga se facilitate.*
>
> Gewohnheitsrechtlich ist bei uns anerkannt, daß Schenkungen zwischen Ehemann und Ehefrau nicht wirksam sind. Dies wurde aber anerkannt, damit sie sich nicht aus Liebe zueinander gegenseitig beraubten, indem sie bei Schenkungen nicht Maß halten, sondern untereinander von verschwenderischer Willfährigkeit sind.

Hinter der moralisch gefärbten Begründung Ulpians läßt sich als Hauptzweck des Verbots der Ehegattenschenkung der Gedanke ausmachen, daß Vermögensverschiebungen zwischen den Eheleuten unterbleiben sollen, die nicht wirtschaftlich gerechtfertigt sind[7]. Das damit verbundene Bemühen, die jeweiligen Familienvermögen nach Möglichkeit separiert zu halten, ist übrigens auch für viele andere antike Rechte, etwa im altorientalischen oder griechischen Rechtskreis charakteristisch[8]. Weitere „hehre“ Motive für das Verbot, aber auch eine Erörterung, unter welchen Voraussetzungen es greift, finden sich in einem anderen Fragment aus Ulpians

---

7 Vgl. nur Max KASER/Rolf KNÜTEL, Römisches Privatrecht, 18. Aufl. (2005), S. 293 f.

8 Siehe etwa Viktor KOROŠEC, Keilschriftrecht, Handbuch der Orientalistik, Erste Abteilung: Der nahe und der mittlere Osten, Ergänzungsband III: Orientalisches Recht (1964), S. 130 f. sowie Moses I. FINLEY, Marriage, Sale and Gift in the Homeric World, in: RIDA 2 (3e série, 1955), S. 167 ff.

Sabinuskommentar in D. 24.1.3 pr.+1 – übrigens mit einem Zitat aus einer Senatsrede Caracallas:

> *D. 24.1.3 pr.+1: Haec ratio et oratione imperatoris nostri Antonini Augusti electa est: nam ita ait: „Maiores nostri inter virum et uxorem donationes prohibuerunt, amorem honestum solis animis aestimantes, famae etiam coniunctorum consulentes, ne concordia pretio conciliari viderentur neve melior in paupertatem incideret, deterior ditior fieret." 1. Videamus, inter quos sunt prohibitae donationes. et quidem si matrimonium moribus legibusque nostris constat, donatio non valebit. sed si aliquod impedimentum interveniat, ne sit omnino matrimonium, donatio valebit: ergo si senatoris filia libertino contra senatus consultum nupserit, vel provincialis mulier ei, qui provinciam regit vel qui ibi meret, contra mandata, valebit donatio, quia nuptiae non sunt. sed fas non est eas donationes ratas esse, ne melior sit condicio eorum, qui delinquerunt. divus tamen Severus in liberta Pontii Paulini senatoris contra statuit, quia non erat affectione uxoris habita, sed magis concubinae.*
>
> Dieser Grund wird auch in der Senatsrede unseres Kaisers Antoninus Augustus angeführt; denn er sagt dort: „Unsere Vorfahren haben Schenkungen zwischen einem Mann und seiner Ehefrau verboten, indem sie eine ehrbare Liebe nur nach den Gesinnungen beurteilten und auch für den Ruf der Verbundenen sorgten, damit die Eintracht nicht durch einen Preis erkauft schiene und auch nicht der bessere Ehegatte in Armut geriete, der schlechtere aber reicher würde." Wir wollen prüfen, zwischen welchen Personen Schenkungen verboten sind. Und wenn eine Ehe nach unserem Gewohnheitsrecht und nach unseren Gesetzen besteht, ist die Schenkung unwirksam. Wenn aber irgendein Hindernis dazwischenkommt, so daß eine Ehe überhaupt nicht besteht, dann ist die Schenkung wirksam. Wenn also die Tochter eines Senators entgegen dem Senatsbeschluß einen Freigelassenen heiratet oder eine Frau aus einer Provinz entgegen den kaiserlichen Dienstanweisungen denjenigen, der die Provinz verwaltet oder der dort Dienst tut, so ist die Schenkung wirksam, weil eine Ehe nicht besteht. Aber es widerspricht dem Recht, daß solche Schenkungen wirksam sind, weil die Rechtslage derer, die ein Rechtsgebot übertreten haben, nicht besser sein darf. Dennoch hat der vergöttlichte Severus in der Angelegenheit der Freigelassenen des Senators Pontius Paulinus entgegengesetzt entschieden, weil sie nicht mit der Zuneigung zu einer Ehefrau gehalten war, sondern eher mit der zu einer Konkubine.

Die Anwendung des Verbots setzt also voraus, daß eine wirksame Ehe besteht. Sind die Partner hingegen nicht durch eine wirksame Ehe verbunden, etwa weil ein Eheverbot besteht, sind Schenkungen zwischen ihnen ohne weiteres wirksam. Als Beispiele für verbotene Ehen nennt Ulpian die Verbindung zwischen einer Angehörigen des Senatorenstandes und einem Freigelassenen, deren Sanktionierung aus Statusgründen auf die augusteische Ehegesetzgebung zurückgeht[9], sowie die Beziehung zwischen einem Provinzialbeamten und einer Frau aus der dortigen Bevölkerung, die durch kaiserliche Dienstanweisung (*mandatum*) untersagt ist. Außerdem reflektiert Ulpian hier über die Widersprüchlichkeit, die sich daraus ergibt, daß die Übertretung eines Eheverbots mit der Wirksamkeit von Schenkungen einhergeht, welche die Partner untereinander vornehmen, und die so trotz rechtswidrigen Verhaltens über einen größeren rechtlichen Spielraum verfügen als rechtmäßig verbundene Ehegatten. Seine Zweifel überspielt Ulpian jedoch mit einem Hinweis auf eine Entscheidung von Septimius Severus, dem Vater Caracallas: in dieser wird die Wirksamkeit einer Schenkung an die illegitime Ehefrau zusätzlich darauf gestützt, daß die Frau als Konkubine betrachtet wurde – ein Indiz dafür, daß Schenkungen an Konkubinen offenbar grundsätzlich als zulässig erachtet wurden[10].

Für das Verständnis unseres Reskripts können wir aus alldem zunächst Folgendes festhalten: Der in der Begründung enthaltene Hinweis auf das Eherecht (*ius matrimonii*) kann schwerlich anders gedeutet werden, als daß hier auf das Verbot der Ehegattenschenkung angespielt wird. Mangels dessen Anwendbarkeit habe die Schenkung jedoch wirksam zustande kommen können. Dies wiederum läßt sich schlüssig nur damit erklären, daß zwischen dem Soldaten und seiner *focaria* keine wirksame Ehe bestehen konnte. Allerdings mutet dieser Befund etwas banal an und wirft zum einen die Frage auf, warum der Hinweis auf das Eherecht in einer derart knappen Wiedergabe des Reskripts überhaupt erhalten geblieben ist, da er offensichtlich die im Ergebnis abweichende Entscheidung, daß die Sklavin zurückgefordert werden kann, nicht trägt. Die Kompilatoren Justinians, die das Reskript in den Codex aufgenommen haben, scheinen diesem Umstand dennoch eine gewisse Bedeutung beigemessen zu haben. Unterstellt man zum anderen, wie hier bereits angedeutet, daß die Ehegattenschenkung möglicherweise seitens des Soldaten als Argument ins Spiel gebracht wurde, um den Rechtsgrund der Schenkung zu entkräften, führt dies zur Frage, welche Unklarheit der Rechtslage oder welches sonstige Motiv dazu geführt hat, daß ein Ersuchen um Rechtsauskunft an die kaiserliche Kanzlei gerichtet wurde. Daß der als Gerichtsmagistrat fungierende Provinzstatthalter und sein *consilium* vor Ort nicht über die Grundsätze des Verbots der Ehegattenschenkung im Bilde waren, erscheint jedenfalls wenig wahrscheinlich[11].

---

9 Vgl. KASER/KNÜTEL, Römisches Privatrecht (Fn. 7), S. 287.

10 Dazu grundlegend Paul MEYER, Der römische Konkubinat nach den Rechtsquellen und den Inschriften (1895), S. 79.

11 Zu den *consilia* der Gerichtsmagistrate siehe Wulf Eckart VOß, Art. „Consilium", in: Der Neue Pauly, Bd. 3 (Cl-Epi) (1997), Sp. 132 mit weiter Literatur.

2. Verbot der Soldatenehe

Aufschluß über diese Fragen gibt vielleicht der Zusammenhang mit einer weiteren rechtlichen Problematik. In der romanistischen Forschung gilt heute als anerkannt, daß in der Prinzipatszeit der ersten beiden Jahrhunderte für Soldaten ein Ehe- bzw. Heiratsverbot galt[12]. Die Details dieses Eheverbots sind in den vergangen einhundert Jahren ausführlich und kontrovers diskutiert worden[13] – an dieser Stelle müssen einige wenige, skizzenhafte Bemerkungen dazu genügen: Als Hintergrund des Eheverbots werden disziplinarische Gründe angenommen[14], die im Zusammenhang mit der Heeresreform durch Augustus stehen[15]. Formal war das Verbot wohl als *mandatum*, also als kaiserliche Dienstanweisung gefaßt, ähnlich dem Eheverbot, das für Provinzialbeamte galt und das uns bereits in D. 24.1.3.1 begegnet ist[16]. Ehen, die vor der Aufnahme des Militärdienstes geschlossen wurden, werden suspendiert; während des Dienstes geschlossene Ehen sind unwirksam[17]. Dies hat Folgen insbesondere für den Status der aus solchen Ehen hervorgehenden Kinder, die nicht legitim sind[18], aber auch für das Ehegüterrecht – so sind etwa entsprechende Mitgiften unwirksam[19]. Nach Beendigung des Dienstes leben frühere Ehen wieder auf, die während der Dienstzeit geschlossenen Ehen und die in dieser Zeit geborenen Kinder können legalisiert werden. In Fällen der Verbindung von römischen Soldaten und Frauen aus der Provinzialbevölkerung erfolgt dies durch die Verleihung des sogenannten *conubium*; solche Verleihungen sind uns in großer Zahl durch Militärdiplome überliefert, die den Soldaten nach Beendigung ihres Dienstes ausgehändigt wurden[20].

---

12 Vgl. grundlegend Jost Henrich JUNG, Das Eherecht der römischen Soldaten, in: ANRW II 14, (1982), S. 302 ff.; zur wohl wenig restriktiven Handhabung siehe WENGER, Nachträgliche Bemerkungen zu „Zwei lateinische Papyri zum römischen Eherechte", in: Anz. phil.-hist. Kl. Akad. d. Wiss. Wien (1945), S. 95 ff., S. 104 ff.; Albertina MENKMAN, Het huwelijksverbod voor soldaten ten tijde van het Romeinsche principaat en zijn invloed op vorm et lot van de dos, in: TR 17 (1945), S. 311 ff.; ferner Miroslava MIRKOVIC, Die römische Soldatenehe und der Soldatenstand, in: ZPE 40 (1980), S. 259 ff. sowie Hans-Julius WOLFF, Zur Wirksamkeit des Eheverbots für römische Soldaten, in: Mnem. Petropoulos I (1984), S. 81 ff., 83. Für Ägypten jüngst Mohamed Ahmed GOUDA, The Roman soldiers in marriage in Egypt, in: Minima Epigraphica et Papyrologica, Anno IX (2006), fasc. 11, S. 182 ff.

13 Siehe die Literaturübersicht bei JUNG, Eherecht (Fn. 11), S. 345 f.

14 Ableitbar etwa aus Herodian 3, 8, 4 f.; dazu auch unten.

15 Vgl. JUNG, Eherecht (Fn. 12), S. 334 f.

16 JUNG, Eherecht (Fn. 12), S. 335.

17 JUNG, Eherecht (Fn. 12), S. 345.

18 Dazu Gottfried SCHIEMANN, Zur Rechtsstellung der Soldatenkinder in vor-severischer Zeit, in: Iuris Professio. FG Kaser 80 (1986), S. 233 ff.

19 Siehe etwa die in P.Catt. recto I 5-13 (= BGU I 114 = Mitt. Chr. 372) dokumentierte Entscheidung; dazu sogleich.

20 Vgl. D. 23.2.65.1 (Paul. 7 resp.) zur Legalisierungswirkung bei Beendigung des Dienstes von Pro-

Die Annahme des Eheverbots für Soldaten steht allerdings unter dem Vorbehalt, daß es – anders als dasjenige für die Provinzialbeamte – durch Rechtsquellen mit Normcharakter nicht unmittelbar bezeugt ist. Mittelbare Belege finden sich in literarischen Texten und Zeugnissen der Rechtspraxis. So berichtet etwa Cassius Dio in seiner Geschichtsschreibung aus der Severerzeit, Kaiser Claudius habe die Wirkungen des Eheverbots für Soldaten dadurch abgemildert, daß er ihnen den rechtlichen Status von Verheirateten verlieh:

> Dio, 60, 24, 3: […]τοῖς τε στρατευομένοις, ἐπειδὴ γυναῖκας οὐκ ἐδύναντο ἔκ γε τῶν νόμων ἔχειν, τὰ τῶν γεγαμηκότων δικαιώματα ἔδωκε.
>
> […] Den Streitkräften gewährte er, weil sie nach dem Gesetz keine Frauen haben konnten, die Rechte von Verheirateten.

Die Privilegierung im Status wirkt sich vor dem Hintergrund der augusteischen Ehegesetzgebung insbesondere auf die Erbfähigkeit aus, die für Unverheiratete und Kinderlose eingeschränkt war[21]. Für unsere Zwecke ist von Bedeutung, daß mit der Formulierung „γυναῖκας οὐκ ἐδύναντο ἔκ γε τῶν νόμων ἔχειν" der rechtliche Charakter des Eheverbots bezeugt ist[22].

Einen weiteren deutlichen Hinweis enthält der Auszug aus dem Protokoll eines Verfahrens vor dem *Praefectus Aegypti* Marcus Rutilius Lupus in Alexandria vom 5. Januar 117, das uns auf der ersten Kolumne der Rektoseite des sogenannten Papyrus Cattaoui überliefert ist:

P.Catt. recto I 5-13:
5 (ἔτους) 20 Θεοῦ Τραιανοῦ Τῦβι δεκάτῃ
6 Λουκίας Λου[κ]ίας Μακρίνας διὰ Φανείου ῥ[ήτ]ορος εἰπούσης
7 ἀπαιτεῖν παρακαταθήκην ἐξ ὑπαρχόντων
8 Ἀντωνίου Γερμανοῦ στρατιώτου τετελευτηκό-
9 τος Λοῦπος ε῏πεν· νοοῦμεν ὅτι αἱ παρακα-
10 ταθῆκαι προῖκές εἰσιν. ἐκ τῶν τοιούτων αἰτιῶν
11 κριτὴν οὐ δίδωμι. οὐ γὰρ ἔξεστιν στρατιώτην
12 γαμεῖν. εἰ δ᾽ προῖκα ἀπαιτεῖς, κριτὴν διδοὺς δίδωμ[ι]
13 δόξω πεπεῖσθαι νόμιμον ε῏ναι τὸν γάμον.

---

vinzialbeamten. Zum in Militärdiplomen erteilten *conubium* siehe JUNG, Eherecht (Fn. 12), S. 337.

21 Vgl. nur KASER/KNÜTEL, Römisches Privatrecht (Fn. 7), S. 287 f.

22 Zu dessen detaillierteren Bestimmung als *mandatum* vgl. JUNG, Eherecht (Fn. 12), S. 335.

> Im zwanzigsten Jahr des Divus Traianus, am zehnten Tybi (5. Januar 117 n. Chr.). Da Lucia Macrina, vertreten durch Phaneus, ihren Anwalt, verwahrtes Gut aus dem Vermögen des Antonius Germanus, eines verstorbenen Soldaten, verlangte, erklärte Lupus: Wir wissen, daß solche Verwahrungsverträge (tatsächlich) Mitgiften sind. Aus diesen Gründen gebe ich keinen Richter. Denn ein Soldat darf nicht heiraten. Wenn du aber eine Mitgift einforderst (und) ich einen Richter gebe, könnte der Eindruck entstehen, ich sei der Meinung, es läge eine gesetzmäßige Ehe vor.

Auf die zahlreichen und überaus interessanten Fragen, die dieser Text aufwirft, kann hier leider nicht eingegangen werden[23]; für unsere Untersuchung reicht es aus zu sehen, daß der als Gerichtsmagistrat fungierende *Praefectus Aegypti* das Begehren der Klägerin abweist, indem er die geltend gemachte Verwahrung als verschleierte Mitgift enttarnt und ausdrücklich auf das für Soldaten geltende Eheverbot hinweist, das auch die Mitgiftsbestellung unwirksam macht. Der Text ist zudem ein schönes Beispiel dafür, daß die uns zahlreich belegten nichtehelichen Beziehungen von Soldaten zu Frauen zwar wohl faktisch geduldet wurden, im Falle eines Falles aber gerade den Frauen ein entsprechender Rechtsschutz versagt blieb[24].

Einen weiteren Beleg liefert uns schließlich die Geschichtsschreibung Herodians, der geringfügig später als Cassius Dio datiert und ebenfalls Zeitgenosse der Severerkaiser war, in der er über die Aufhebung des Eheverbots durch Septimius Severus berichtet:

> Herodian, 3, 8, 4 f.: […] τοῖς τε στρατιώταις ἐπέδωκε χρήματα πλεῖστα, ἄλλα τε πολλὰ συνεχώρησεν ἃ μὴ πρότερον εἶχον· καὶ γὰρ τὸ σιτηρέσιον πρῶτος ηὔξησεν αὐτοῖς, καὶ δακτυλίοις χρυσοῖς χρήσασθαι ἐπέτρεψε γυναιξί τε συνοικεῖν, ἅπερ ἅπαντα σωφροσύνης στρατιωτικῆς καὶ τοῦ πρὸς τὸν πόλεμον ἑτοίμου τε καὶ εὐσταλοῦς ἀλλότρια ἐνομίζετο. [...]
>
> […] Seinen Soldaten machte er außerordentliche Geldgeschenke, und verlieh ihnen außerdem vieles andere, was sie vorher nicht gehabt hatten. So vergrößerte er zuerst ihre Lebensmittellöhnung, er gestattete ihnen, goldene Ringe zu tragen und mit Frauen zusammenzuleben, lauter Dinge, die

---

23 Eine ausführlichere Auseinandersetzung mit dem Text, insbesondere mit dem Verständnis der Z. 12+13, enthält der IV. Abschnitt des Historischen Teils der Habilitationsschrift d. Verf. „Fortschritt auf Umwegen: Schein- und Umgehungsgeschäfte und Verwendung fiktiver Strukturen in Rechtsurkunden des Altertums“ (Publikation in Vorbereitung); vgl. ferner PFEIFER, Das *depositum* als funktionale Mitgift in D. 16.3.27 (Paul. 7 resp.), in: ZRG-RA 123 (2006), S. 309 ff.

24 Siehe dazu bereits WENGER, Nachträgliche Bemerkungen (Fn. 12), S. 104 ff.

> bis dahin mit der Militärdisziplin und der schnellen Einsatzbereitschaft für unvereinbar gegolten hatten. [...]

Ein Hintergrund der hier belegten Aufhebung des Eheverbots ist sicher in den veränderten sozialen Gegebenheiten zu sehen, nachdem sich im Laufe der Zeit um die römischen Militärlager herum dauerhafte Siedlungen gebildet hatten, in denen die Familien der stationierten Soldaten lebten[25]. Soweit man die Formulierung „γυναιξὶ συνοικεῖν“ im Sinne des Zusammenlebens in Form eines *matrimonium iustum* versteht, wie es überwiegend getan wird[26], folgt daraus, daß jedenfalls im Jahr 213, von dem unser Reskript datiert, das Eheverbot bereits nicht mehr in Geltung war.

Inwieweit kann demnach das Verbot der Soldatenehe überhaupt eine Rolle für unsere Entscheidung spielen? Zumindest vorstellbar wäre etwa folgender Verlauf der rechtlichen Argumentation in dem Verfahren: Der Soldat versucht den Rechtsgrund der Schenkung dadurch zu entkräften, daß er anführt, diese unterfalle dem Verbot der Ehegattenschenkung. Dem könnte die *focaria* dadurch begegnen, indem sie darauf verweist, daß aufgrund des Eheverbots keine wirksame Ehe zwischen ihr und dem Soldaten bestehe und die Schenkung daher valid sei. Schließlich mag der Soldat noch repliziert haben, das Eheverbot sei nicht mehr gültig – in einer solchen Situation erschiene es zumindest schlüssig, daß Gericht wie Parteien ein Bedürfnis nach Klärung der Rechtslage verspüren, das ein entsprechendes Ersuchen an die kaiserliche Kanzlei motivieren könnte. Allein, alle diese Erwägungen sind rein spekulativ, da sie durch den Wortlaut des Reskripts in keiner Weise gestützt werden. Der Exkurs zum Eheverbot für Soldaten kann aber vielleicht an späterer Stelle dennoch zum Verständnis der Konstitution beitragen.

3. Schenkung und Konkubinat

Wenden wir uns aber zunächst noch einmal dem Wortlaut der Entscheidung zu: Die Juristen Caracallas betrachten die Schenkung grundsätzlich als wirksam. Auch wenn sich das Zusammenleben des Soldaten mit seiner *focaria* als Konkubinat darstellen sollte, steht dies der Wirksamkeit der Schenkung nicht entgegen, wie wir bereits aus D. 24.1.3.1 ersehen konnten. Im Digestentitel 39.5 (De donationibus) findet sich ein weiteres Fragment aus dem zweiunddreißigstes Buch von Ulpians Sabinuskommentar; der Text zeigt, daß die Schenkung, die nach klassischem römischen Recht eine bloße Zuwendung mit Rechtsgrundcharakter, aber ohne obligatorische Wirkung darstellt, als sittlich neutral betrachtet wird[27]:

---

25 Dazu JUNG, Eherecht (Fn. 12), S. 335.

26 Vgl. beispielsweise JUNG, Eherecht (Fn. 12), S. 337 f., bes. Fn. 219 mit weiterer Literatur.

27 Siehe hierzu Jacques MICHEL, Gratuité en droit romain (1962), S. 295.

> *D. 39.5.5: Affectionis gratia neque honestae neque inhonestae donationes sunt prohibitae, honestae erga bene merentes amicos vel necessarios, inhonestae circa meretrices.*
>
> Schenkungen aus Zuneigung, seien sie ehrbar oder nicht, sind nicht verboten; ehrbar sind diejenigen gegenüber verdienten Freunden oder Angehörigen, unehrenhaft diejenigen an Prostituierte.

Nachdem sogar Schenkungen an Prostituierte zulässig waren, galt dies erst recht für solche an Konkubinen, zumal der Konkubinat als Form des nichtehelichen Zusammenlebens gerade für solche Fälle etabliert war, in denen etwa aus Statusgründen eine legitime Eheschließung ausschied[28]. Insoweit kann vielleicht ein Blick auf die Rechtsstellung einer *focaria* weiteren Aufschluß über den juristischen Hintergrund des Reskripts bringen.

4. Rechtliche Stellung der *focaria*

Etymologisch betrachtet ist die *focaria* die „Frau am Herd" (*focus*) und bezeichnet daher unter anderem die Küchensklavin – so wie das Wort „*focarius*" ihr männliches Pendant, den Sklaven, der für das Herdfeuer zuständig ist[29]. In Inschriften und Papyri des zweiten und dritten Jahrhunderts begegnet uns *focaria* vermehrt als Bezeichnung für die Frau, mit der ein Soldat zusammenlebt[30] – im neunzehnten Jahrhundert führt dies zur verbreiteten Übersetzung mit „Haushälterin", wohl nicht zuletzt inspiriert durch zeitgenössische klerikale bzw. professorale Lebensformen[31]. In Rechtsquellen normativen Charakters taucht der Begriff indes lediglich sporadisch auf – so in drei Digestenstellen[32], die unter anderem Küchensklavinnen als Beispiel für das Zubehör eines Grundstücks anführen, sowie im Codex Justinianus an einer einzigen weiteren Stelle neben unserem Reskript, in der ein Vermächtnis unter die Bedingung gestellt wird, daß der Vermächtnisnehmer mit der *focaria* und ihrer Mutter zusammenbleibt[33]. Da der Erkenntniswert der genannten Texte für die rechtliche Stellung der *focaria* überaus dürftig ist, drängt sich die hier behandelte Konstitution

---

28 Vgl. nur KASER/KNÜTEL, Römisches Privatrecht (Fn. 7), S. 292 f.

29 Vgl. nur Hermann Gottlieb HEUMANN/Emil SECKEL, Handlexikon zu den Quellen des römischen Rechts, 9. Aufl. (1907), S. 218; Heinrich GEORGES, Ausführliches Lateinisch-Deutsches Handwörterbuch, Bd. 1, 8. Aufl. (1913; Nachdr. 1976), Sp. 2804.

30 Dazu Raimund FRIEDL, Der Konkubinat im kaiserzeitlichen Rom (1996), S. 122 f.

31 Vgl. auch MEYER, Konkubinat (Fn. 10), S. 100.

32 D. 33.7.12.5 (Ulp. 20 Sab.), D. 33.7.12.6 (Ulp. 20 Sab.) und D. 33.7.15 pr. (Pomp. 6 Sab.). Vgl. auch PS 3, 6, 37.

33 C. 6, 46, 3 (a. 215).

Caracallas naturgemäß als Anknüpfungspunkt auf. Auf ihrer Grundlage wird die *focaria* ganz überwiegend schlicht als Konkubine des Soldaten verstanden, auch und gerade vor dem Hintergrund des bereits erörterten Eheverbots[34]. Dagegen hat Paul MEYER in seiner Untersuchung über den römischen Konkubinat aus dem Jahr 1895 den *focariae* den Status von *stupro cognitae*, also von Frauen, mit denen ein Mann außerehelichen Geschlechtsverkehr hat, beigelegt und sie damit zwischen Konkubinen einerseits und Prostituierten andererseits verortet, etwa im Sinne von Marketenderinnen[35]. Den *stupro cognitae* fehlte nach römischem Recht das sogenannte *ius capiendi ex testamento*, also die Fähigkeit des Erwerbs aufgrund letztwilliger Zuwendungen. MEYER übertrug dies auf Zuwendungen unter Lebenden, nicht zuletzt im Hinblick auf eine Erklärung der hier bislang noch nicht problematisierten Entscheidung in C. 5.16.2 und im Zusammenhang mit den dort erwähnten „*adulationes fictae*", mit denen die Soldaten ausgeraubt zu werden drohen, und wegen derer die *focaria* der ihr zugewendeten Sklavin verlustig geht[36]. Die Entscheidung wäre demnach als Sanktion des sittenwidrigen Verhaltens der *focaria* zu verstehen. Der Interpretation MEYERs widerspricht jedoch bereits die grundsätzliche sittliche Neutralität der Schenkung als Zuwendung, wie sie uns D. 39.5.5 präsentiert hat.

Ein weiteres Argument gegen eine abwertende Deutung der *focaria* und die Annahme einer minderen Rechtsstellung bietet die undatierte Inschrift auf dem Grabstein eines Flottensoldaten aus Ravenna (CIL XI, 39), die gerade die Erbenstellung einer *focaria* bezeugt[37]:

> CIL XI, 39: M AVRELI VITALIS MILITIS CL PRAET ANTONINIANE R*AV*ENN NATI*O*NE PAN*N* III PR*O*VID*ENTIA* STIP XXVII VAL*E*RIA FAV*S*TINA F*OCARI*A ET HERES EIVS BENEMERENTI POSVIT
>
> (Grabstein des) Marcus Aurelius Vitalis, Soldat der prätorianischen Antoninianischen Flotte in Ravenna, von pannonischer Herkunft, an Bord der Trireme Providentia, 27 Dienstjahre. Valeria Faustina, seine *focaria* und Erbin, hat dem Wohlverdienten (diesen Grabstein) gesetzt.

Ähnliches ergibt sich aus ägyptischen Papyrusurkunden aus dem zweiten und dritten Jahrhundert, in denen *focariae* neben der testamentarisch erbenden Ehefrau als

34 Vgl. etwa FRIEDL, Konkubinat (Fn. 30), S. 122 f.

35 MEYER, Konkubinat (Fn. 10), S. 97 ff.; kritisch demgegenüber bereits Bernhard KÜBLER, Bspr. Meyer, in: ZRG-RA 17 (1896), S. 357 ff., S. 362 ff. sowie auch FRIEDL, Konkubinat (Fn. 30), S. 122 f.

36 MEYER, Konkubinat (Fn. 10), S. 99

37 Zu diesem Text und zur *focaria* allgemein siehe auch Theodor MOMMSEN, CIL III (1902), S. 2011 ff.

Vermächtnisnehmerinnen eingesetzt sind, vielleicht weil sie Nebenfrauen des Erblassers waren[38]. Allerdings darf aus derartigen Befunden im Gegenzug zur Interpretation MEYERs nicht vorschnell auf eine besonders günstige rechtliche Stellung der *focariae* geschlossen werden: Auch Sklaven setzten mitunter ihren Eigentümern Grabsteine, vor allem dann, wenn sie von ihnen testamentarisch bedacht und freigelassen worden waren[39]. Sollte man dennoch versucht sein, „focaria" heute mit „Lebensgefährtin" zu übersetzen und sie vor dem Hintergrund einer nichtehelichen Lebenspartnerschaft zu sehen, ist man gut beraten, sich der eigenen Abhängigkeit vom jeweiligen Zeitgeist bewußt zu sein.

III. Gründe für die Entscheidung

Wir können uns schließlich nicht länger der Frage entziehen, warum die Entscheidung in unserem Reskript im Ergebnis doch zugunsten des Soldaten ausfällt, obwohl das wirksame Zustandekommen der Schenkung außer Zweifel steht. Nach dem bisher Gesagten erfolgt die Entscheidung insoweit jedenfalls *contra legem* bzw. stellt eine *derogatio iuris* im Hinblick auf die geltende Rechtslage dar.

Ein denkbares Erklärungsmodell könnte die Annahme bieten, daß wir es hier mit einer Einzelfallentscheidung zu tun haben, die sich mehr oder weniger in einer Art Gunstbezeugung erschöpft. Dafür könnte etwa die fürsorglich wirkende Bezeichnung der „*milites mei*", die dem „*fictis adulationibus spoliari*" ausgesetzt sind, sprechen, zumal nicht zuletzt im Zusammenhang mit zahlreichen Feldzügen belegt ist, daß Caracalla wie seinem Vater Septimius Severus an einem guten Verhältnis zu seinen Soldaten gelegen war[40]. Auch die Abfassung des Reskripts in der zweiten bzw. ersten Person Singular, die zwar keine besondere Ausnahme, aber auch nicht die Regel darstellt, könnte eine gewisse Empathie und persönliche Einflußnahme des Kaisers vermuten lassen[41]. Allerdings dürfte dieser Erklärungsansatz zu kurz greifen, wenn man nach den Gründen fragt, aus denen die Entscheidung für allgemein verbindlich erklärt wurde und schließlich auch Eingang in die justinianische Konstitutionensammlung fand.

Zumindest rechtspolitisch nicht völlig abwegig erschiene es, wenn hinter der Entscheidung der juristische Gedanke an eine Analogie zum Verbot der Ehegatten-

---

38 P.Oxy. 2951, P.Wisc.14 sowie BGU II 600; dazu auch FRIEDL, Konkubinat (Fn. 30), S. 122. Zu BGU II 600 siehe ferner Hans KRELLER, Erbrechtliche Untersuchungen auf Grund der gräkoägyptischen Papyrusurkunden (1919; Nachdr. 1970), S. 30 f.

39 Zu den sozialgeschichtlichen Aspekten der Freilassung siehe etwa Ingomar WEILER, Die Beendigung des Sklavenstatus im Altertum: ein Beitrag zur vergleichenden Sozialgeschichte (2003).

40 Dazu Paul VON ROHDEN, Art. „Aurelius" 46, in: RE, Bd. 2 (1896), Sp. 2451.

41 In diesem Sinne etwa Jean-Pierre CORIAT, Le prince législateur (1997) S. 568 f.

schenkung stünde. Dessen Ratio, ungerechtfertigte Vermögens-verschiebungen unter Eheleuten zu unterbinden, wäre so auf das sozial durchaus erhebliche Institut des Soldatenkonkubinats ausgedehnt worden – vielleicht weil dieses größere strukturelle Ähnlichkeit zur rechtswirksamen Ehe aufwies als andere Formen des Konkubinats? Dieser Erklärungsversuch trägt zugegebenermaßen weitgehend spekulative Züge; am Text des Reskripts läßt er sich allenfalls an der syntaktischen Struktur des Begründungssatzes festmachen, der mit „*licet*" im konzessiven Sinn eingeleitet wird: hierin könnte ein Hinweis auf eine, wenn schon rechtlich nicht mögliche, so doch sinngemäß intendierte Anwendung des Schenkungsverbots zu sehen sein.

Ein abschließendes Fazit erscheint nicht ohne weiteres möglich: Der hier erörterte Text steht vor dem Hintergrund der Herrschaft des severischen Kaiserhauses. Diese Zeit ist geprägt von gewissen Umbrüchen in der römischen Gesellschaft, die sich besonders sinnfällig im Bereich des Militärwesens zeigen. In dieser Zeit erlebt aber auch die spätklassische Rechtswissenschaft ihre Blüte. Daß sozialer Wandel auch Veränderungen im Recht bedingt und umgekehrt, ist ein Gemeinplatz – die Annäherung an die Details derartiger Wechselwirkungen bleibt eine lohnenswerte Herausforderung, auch wenn die Zahl der offenen Fragen die der stichhaltigen Antworten und Erklärungsversuche zuweilen übersteigt.

Bemerkungen zu Ciceros Rede für Caecina

Johannes Platschek, München

1. Inszenierte Gewalt im römischen Prozess: „manum conserere" und „vis ac deductio"

Bevor ich mich Ciceros Rede für Caecina zuwende, muss ich einiges vorwegschicken. Unlängst hatte ich Gelegenheit, mich über symbolische Gewaltanwendung im römischen Eigentumsprozess um Grundstücke in seiner älteren Form, also im Legisaktionenverfahren, zu verbreiten[1]. *Ex iure manum conserere* - „handgemein werden nach dem Recht" bezeichnet dort einen gegenseitigen Gewaltakt, den die Parteien auf dem streitigen Grundstück veranstalten. Von den Gewalthandlungen, die sie jeweils am anderen vornehmen, kann nur eine rechtens sein: die des Eigentümers am Eindringling. Nur einer kann Eigentümer sein. Der jeweils andere ist zwangsläufig in der Rolle des Eindringlings. Er begeht ein *Handlungsunrecht.* Um zu beurteilen, auf welcher Seite das Handlungsunrecht vorliegt, muss geklärt werden, wer Eigentümer des Grundstücks ist. Handlungsunrecht wird verfolgt mit der *legis actio sacramento in personam.* Mithilfe des Gewaltakts auf dem Grundstück wird diese Klage für den Streit über das Eigentum nutzbar gemacht, sie wird zur *legis actio sacramento in rem* [2].

In zwei Ciceroreden begegnet ein anders bezeichneter, *einseitiger* Gewaltakt: die *vis ac deductio* – „Gewalt und Hinausführen". Die neuere Literatur vermutet dahinter den vorbereitenden Akt eines Interdikten-, also Besitzschutzverfahrens[3]. Im Interdiktenverfahren wird der Besitz an der Sache einer Seite zugewiesen, der wiederum von entscheidender Bedeutung für die Rollenverteilung und damit für die Beweislast im *Eigentums*prozess ist: Der Nichtbesitzer klagt und trägt die Beweislast für sein Eigentum. Mit der *vis ac deductio* würden die Parteien also einen Besitzprozess herbeiführen, um darin die Rollenverteilung für den angestrebten Eigentumsstreit zu klären.

---

1 J. PLATSCHEK, Ex iure manum conserere. Zur symbolischen Gewalt im frühen römischen Eigentumsprozess, TRG 74 (2006), S. 245-260.

2 So im Ergebnis schon J. G. WOLF, Zur legis actio sacramento in rem, in: Römisches Recht in der europäischen Tradition. Symposion aus Anlaß des 75. Geburtstages von Franz Wieacker (1985), S. 27 f.

3 M. KASER/K. HACKL, Das römische Zivilprozeßrecht, 2. Auflage (1996), S. 418 mit Fn. 22; eingehend G. FALCONE, Ricerche sull'origine dell'interdetto Uti possidetis, in AUPA 44 (1996), S. 274 ff.; zuletzt A. BÜRGE, Römisches Privatrecht (1999), S. 55.

Man hat sogar angenommen, die *vis ac deductio* selbst sei bereits die rituell eingekleidete, einvernehmliche, außerprozessuale Festlegung von Besitz und Nichtbesitz im Hinblick auf den Eigentumsstreit: „a purely customary ceremony"[4].

Beide Ansichten überzeugen nicht[5]. Mit einem Interdiktenverfahren ist ein vorgängiger, einseitiger, inszenierter Gewaltakt geradezu inkompatibel[6]. Auch dass man *vis ac deductio* üben sollte, um unmittelbar die Rollen des Eigentumsprozesses festzulegen, will mir nicht einleuchten: Welchen Sinn hätte diese Symbolik? Wozu bedarf es der Gewalt, um eine Einigung zu dokumentieren?

Macht man sich von den bisherigen Lösungsansätzen frei, bleiben (a) die Worte *vis ac deductio* selbst, es bleibt (b) der Vergleich mit dem Gewaltakt bei der *legis actio sacramento in rem*, sowie (c) der konkrete Zusammenhang der beiden einzigen Quellen, um ein Verständnis des Instituts zu entwickeln.

(a) *Deductio* ist das „Hinunterführen" von einem Grundstück. Die eine Partei nimmt die andere beim Arm und führt sie so lange, bis eine Grenze überschritten ist. Das Grundstück als begrenzter Teil der Erdoberfläche kommt ins Spiel. Dieser Aspekt ist dem *deducere* immanent.

(b) Die Parteien, die das eingangs erwähnte *manum conserere* vornehmen, um den Eigentumsstreit einzuleiten, streiten über das Recht an einem namentlich bezeichneten Grundstück. Die Parteien der *vis ac deductio* fassen darüber hinaus eine Grenze ins Auge. Der Gewaltakt erstreckt sich. Das *manum conserere* gibt dem Richter Anlass zu der Frage: *Wer* von A und B war bei dem gegenseitigen Gewaltakt gerechtfertigt? Der Prozess geht sodann über die Zuordnung des *Rechts als solchem.* Könnte die *vis ac deductio* nicht die Frage herbeiführen: War die Gewalt des A gegen B *in ihrer räumlichen Erstreckung* gerechtfertigt? Der Prozess ginge dann über die Zuordnung des *Rechts in seiner räumlichen Erstreckung.*

(c) Gerade darum, um die räumliche Erstreckung des Eigentums, geht es im Streit zwischen den Akteuren in Ciceros Rede für M. Tullius. Tullius und Fabius sind Grundstücksnachbarn auf dem Lande. Zwischen ihren unstreitigen Besitztümern verortet Cicero eine *centuria Populiana* – „das Populianische Flurstück". Auf der *centuria Populiana* hat Tullius ein Gebäude errichtet. Fabius protestiert dagegen: Die

---

[4] B. FRIER, The Rise of the Roman Jurists. Studies in Cicero's *Pro Caecina* (1985), S. 84.

[5] Nach G. NICOSIA, Studi sulla „deiectio" I (1965), S. 37 gehört die *deductio* in ein ansonsten unbekanntes Verfahren.

[6] Ein vorgängiger und einseitiger Gewaltakt würde für den aktiven Teil (*deducens*), der nach der *deductio* im Besitz bleibt, *zwangsläufig* zur Niederlage im Verfahren *Uti possidetis* führen: Er würde von vornherein gewaltsam besitzen. Im Verfahren *Unde vi* übernähme der *deducens* als Vertreiber freiwillig die alleinige Beweislast, nämlich über die Fehlerhaftigkeit des Besitzes des Vertriebenen im Moment der Vertreibung (mit Tull. 20 unvereinbar). Die *vis ex interdicto* bei Gaius (4,170) und in der lex Irnitana (c. 84, Z. 6-8), die ins Verfahren *Uti possidetis* gehört und nach Erlass des Interdikts geübt wird, kann mit der *vis ac deductio* nicht identifiziert werden; so aber KASER/HACKL, Zivilprozessrecht (Fn. 3), S. 418 Fn. 22. Genauer dazu J. PLATSCHEK, Überlegungen zur „vis ac deductio", in: Studi L. Labruna (2007), Bd. 6, S. 4410-4413.

Hütte stehe auf seinem Grund und Boden. Tullius respektive Cicero besteht darauf, dass die *centuria Populiana* seit jeher seiner Familie gehört habe. Fabius befand sich im Irrtum, so Cicero, weil ihm der Verkäufer, von dem er jüngst sein Grundstück erworben hatte, „die Grenzen noch nicht gezeigt hatte". Der Streit, den Cicero als einen solchen über die *centuria Populiana* darstellt, geht also letztlich um die Grenze zwischen den beiden Nachbarn. In dieser Situation bringt Fabius die *deductio* ins Spiel: Entweder er werde Tullius „hinausführen" oder Tullius ihn. Tullius entscheidet sich für letzteres.

> *Cic. Tull. 20. appellat Fabius, ut aut ipse Tullium deduceret aut ab eo deduceretur. dicit deducturum se Tullius, vadimonium Fabio Romam promissurum.*
>
> „Fabius macht den Vorschlag, dass er entweder selbst Tullius hinausführe oder von ihm hinausgeführt werde. Tullius sagt, er werde hinausführen und Fabius seine Gestellung in Rom versprechen."

Es scheint, als käme der Rollenverteilung bei der *deductio* kein entscheidendes Gewicht zu: Fabius stellt sie zur Wahl. Man schloss daraus, dass die *deductio* zwar ein einseitiger Akt sei, aber ein zweiseitiges Verfahren ermögliche, in dem es *nicht* auf Kläger- und Beklagtenrolle, Besitz und einseitige Beweislast ankommt[7]. Dies ist tatsächlich der Fall, wenn die beiden einen Prozess einleiten wollen, in dem ein Richter über die Lage der Grenze befindet.

2. Der Sachverhalt von Ciceros Rede für Caecina

Nun aber zur Rede für Caecina. Das bisher gewonnene Verständnis der *deductio* lässt sich dort weiterverwenden und -entwickeln. Folgendes ist geschehen: Eine gewisse Caesennia war mit M. Fulcinius aus Tarquinii in Etrurien verheiratet. Der Mann betrieb in Rom eine *argentaria* – ein Finanzierungsunternehmen – und hatte von Seiten seiner Frau eine Mitgift in Bargeld (*dos numerata*) erhalten. In einer Zeit schwerster Liquiditätsprobleme „benutzte" Fulcinius dieses Geld – offenbar für seine *argentaria*. Gleichzeitig „legte er die Mitgift in einem Grundstück an", „damit das Vermögen der Frau sicherer sei." Es handelt sich dabei um ein eigenes Grundstück des Fulcinius in der Nähe von Tarquinii, von dem Cicero sagt, Fulcinius habe es seiner Frau „verkauft".

---

7 FALCONE, Ricerche (Fn. 3), S. 274 ff.

> *11. Huic Caesenniae fundum in agro Tarquiniensi vendidit temporibus illis difficillimis solutionis; cum uteretur uxoris dote numerata, quo mulieri res esset cautior, curavit ut in eo fundo dos collocaretur.*

Das Grundstück nennt Cicero „*fundus uxoris*" und auch „*fundus antiquus*", denn später erwarb Fulcinius angrenzendes Land hinzu (11. *huic fundo uxoris continentia quaedam praedia atque adiuncta mercatur*), Land, das Cicero als „*fundus Fulcinianus*" bezeichnet. In der Literatur ist an dieser Stelle stets von der Arrondierung von (Groß-)Grundbesitz, von *latifundia*, die Rede[8]. Dies ist zweifellos der Fall, nur darf nicht übersehen werden, dass der *fundus Fulcinianus* eben aus Ländereien besteht, die den *fundus antiquus* „umgeben und an ihn anschließen" (*continentia et adiuncta*); möglicherweise umgreift er den *fundus antiquus*. Zu dem arrondierten Landgut wird also auch der *fundus antiquus* gehören; es liegt nahe, dass der gesamte Grund einheitlich bewirtschaftet wurde, jedenfalls aber, dass die ursprünglichen Grundstücksgrenzen für die Bewirtschaftung keine Rolle spielten. Denn nur um möglichst weitgehende Synergieeffekte zu erzielen, braucht man zusammenhängendes Land. Das Landgut bestand somit aus mehreren Grundstücken, die nach außen hin eine gewisse Einheit bildeten. Dass die Ehegatten „two farms" betrieben[9], ist nicht wahrscheinlich.

Als Fulcinius starb, vermachte er Caesennia den hälftigen Nießbrauch an seinem gesamten Vermögen. Sein Erbe war der gemeinsame Sohn, Fulcinius iunior. Nach dessen frühem Tod wurde wiederum von seinem Erben P. Caesennius eine Versteigerung der Erbmasse (*auctio hereditaria*) veranstaltet, um Vermächtnisse an Caesennia und die Ehefrau des Fulcinius iunior erfüllen zu können. Dabei erwarb Sex. Aebutius, ein Bekannter der Caesennia, Land; nach Cicero handelte es sich dabei um den von ihm beschriebenen *fundus Fulcinianus*. Gleichzeitig behauptet Cicero, Aebutius sei in Wahrheit als Agent der Caesennia aufgetreten. Caesennia habe damals Eigentum erworben[10].

Als schließlich Caesennia stirbt, hinterlässt sie als testamentarische Erben einerseits, zum allergrößten Teil, ihren zweiten Mann A. Caecina, andererseits, zu winzigen Quoten, einen Freigelassenen ihres ersten Mannes und den bereits erwähnten Sex. Aebutius. Aebutius behauptet „von Anfang an" (*iam principio*), Caecina könne nicht Erbe sein. Er sei Bürger von Volaterrae. Dieser Gemeinde habe Sulla aufgrund ihres Verhaltens im Bürgerkrieg per Gesetz das römische Bürgerrecht aberkennen lassen, weshalb sie keine römischen Bürger respektive Bürgerinnen mehr beerben können.

---

8 FRIER, Rise (Fn. 4), S. 11 ff.

9 FRIER, Rise (Fn. 4), S. 12.

10 Dafür reicht freilich weder die mittelbare Stellvertretung beim Kauf noch die Bezahlung des Kaufpreises mit Mitteln der Caesennia aus. Aebutius hätte Caesennia das Land übereignen müssen, s. S. MÜHLHÖLZL, Cicero „pro A. Caecina" (1997), S. 21 ff.

18. Iam principio ausus est dicere non posse heredem esse Caesenniae Caecinam, quod is deteriore iure esset quam ceteri cives (!) propter incommodum Volaterranorum calamitatemque civilem.

Im Zusammenhang der Erbteilung verkündet Aebutius auf dem Forum in Rom, das Land, das er seinerzeit bei der Versteigerung erworben habe, gehöre ihm, dürfe also nicht als Erbmasse behandelt werden. Daraufhin verlangt Caecina, dass Aebutius mit ihm vor Ort nach Etrurien gehe und an ihm die *deductio* vornehme.

„19. Er (Aebutius) verkündet unserem Mann in Rom auf dem Forum, jenes Grundstück, von dem ich zuvor gesprochen habe und von dem ich dargelegt habe, dass dieser da Käufer im Auftrag der Caesennia war, gehöre ihm und er habe es für sich gekauft. Wie bitte? Dem da (Aebutius) soll das Grundstück gehören, das Caesennia unbestritten vier Jahre lang, also bis zu ihrem Tod, in Besitz hatte? „Das nur deshalb", sagt er da, „weil Caesennia nach dem Testament ihres Mannes den Nießbrauch an diesem Grundstücks hatte." Da er nun diese neue Art des Streits derart bösartig betrieb, beschloss Caecina auf den Rat seiner Freunde hin festzusetzen, an welchem Tag man vor Ort komme und Caecina nach dem Herkommen vom Grundstück geführt werde. Sie verhandeln. Man wählt einen Termin, der beiden passt (*placuit Caecinae de amicorum sententia constituere, quo die in rem praesentem veniretur et de fundo Caecina moribus deduceretur. conlocuntur: dies ex utriusque commodo sumitur*)."

Nach dieser Darstellung will Aebutius mit der Behauptung seines Eigentums Streit anfangen (*novae litis genus intenderet*), Caecina reagiert darauf mit dem Verlangen nach *deductio*.

Vor Ort in Etrurien kommt es dann zum Showdown: Aebutius will von einer *deductio* nichts mehr wissen[11], er lässt Caecina ausrichten, wenn er „herankomme, werde er nicht (mehr lebend) von dannen gehen" (20. *abiturum eum non esse, si accessisset*). Als Caecina über den *fundus antiquus*, „über den gar kein Streit bestand" (21. *de quo nihil ambigebatur*) auf den *fundus Fulcinianus* gelangen will, stellen sich ihm bereits am Eingang zum *fundus antiquus* Bewaffnete in den Weg. Caecina versucht sodann, von der Rückseite auf den *fundus Fulcinianus* zu kommen, *de quo erat controversia* – „über den der Streit ging"; auch dort tritt ihm Aebutius mit bewaffneten Sklaven entgegen. Caecina flieht; der Prätor verhängt auf seinen Antrag gegen Aebutius das Interdikt *de vi armata* mit dem Befehl, Caecina dorthin wieder-

11 Unter Umständen gab es nie eine Verabredung der *deductio* zwischen Aebutius und Caecina. Wenn die *deductio* zwischen Fulcinius und Aebutius vereinbart wurde und sich Caecina dem lediglich einseitig anschloss, lügt Cicero bei seiner Darstellung wohlgemerkt nicht: „20. Caecina beschloss (!) festzulegen, wann man vor Ort komme und er vom Grundstück geführt werde. Sie unterhalten sich (wer? worüber?). Man wählt einen Termin (wer?), der beiden (also *auch* Caecina) passt." S. aber auch W. STROH, Taxis und Taktik. Die advokatorische Dispositionskunst in Ciceros Gerichtsreden (1975), S. 80 f. Fn. 4.

einzusetzen, von wo er ihn „mit bewaffneten und zusammengerotteten Menschen" vertrieben habe. Der Wortlaut des Interdikts ordnet die Wiedereinsetzung in den Besitz des Grundstücks an, von wo (*unde*) Caecina vertrieben wurde. Ein Rekuperatorengericht hat darüber zu befinden, ob Aebutius dem Interdikt nachgekommen ist. Vor ihm spricht Cicero.

3. Die Darstellung Ciceros: Ausschnitte aus einer Wirklichkeit

Cicero geht es in seiner Aufarbeitung des Sachverhalts ausschließlich darum, dass Caecina vom *fundus Fulcinianus* vertrieben wurde. Am *fundus antiquus* geschah aber nichts anderes als am *Fulcinianus*: Caecina betrat ihn nicht, weil ihm Aebutius „bewaffnete Sklaven entgegenstellte" (21. *armatos homines opponit*; *frequentes armati obstiterunt*). Er wurde „von dort vertrieben" (22. *quo loco depulsus*). Warum problematisiert Cicero dann nicht auch die Wiedereinsetzung in den Besitz des *fundus antiquus*? Warum wollte Caecina überhaupt auf das Landgut, warum von der Rückseite auf den *fundus Fulcinianus* gelangen, nachdem er bereits wusste, dass es nicht zur vereinbarten *vis ac deductio* kommen würde?

Der *fundus antiquus* Ciceros ist das Grundstück, das Caesennias erster Ehemann seiner Frau verkauft hatte, *quo mulieri res esset cautior*. Was hat es damit auf sich? Fulcinius dürfte Caesennia ihre *dos* zurückgezahlt haben[12] und ihr – *uno actu*? – das Grundstück gegen bares Geld verkauft und übereignet haben (*vendidit*)[13]. *Collocare* verwendet Cicero im Sinne von „investieren". Auch an anderer Stelle bezeichnen *pecuniam in fundo collocare* und *fundum vendere* denselben Vorgang[14]. Damit wäre die *dos*

---

12 Man hat in Erwägung gezogen, dass Fulcinius die *dos*, deren Eigentümer er war und die bei Beendigung der Ehe zurückzuzahlen war, gegen ein ihm gehörendes Grundstück austauschte, s. MÜHLHÖLZL, Cicero (Fn. 10), S. 13 mit Lit. in Fn. 1. Bei einer solchen *permutatio dotis* wäre Fulcinius Eigentümer des Dotalvermögens, also des Grundstücks, geblieben. Caesennia hätte den zukünftigen Anspruch auf Rückzahlung der *dos numerata* verloren und dafür einen Anspruch auf Übertragung des Grundstücks in der Zukunft erhalten. *Insofern* stehen sich ein „Preis" in Geld und die Leistung einer Sache in der Zukunft gegenüber. Mit (allzu) viel gutem Willen lässt sich darin ein Kaufgeschäft sehen, dessen Erfüllung in der Zukunft liegt.

13 Zum Phänomen, dass der Kaufvorgang *emere* – in Urkunden – auch dann in den Vordergrund gestellt wird, wenn der Eigentumserwerb des Käufers dokumentiert wird s. W. KUNKEL, Epigraphik und Geschichte des römischen Privatrechts, in: Akten des VI. Internationalen Kongresses für Griechische und Lateinische Epigraphik München 1972 (Vestigia Bd. 17), S. 221 ff.

14 Caesennia will mit dem Vermächtnis ihres Sohnes den *fundus Fulcinianus* erwerben: 15. ... *quoniam potestas esset emendi fundum ... cum ei praesertim pecunia ex partitione deberetur: nusquam posse eam melius collocari.*

aus der Welt[15], Caesennia wäre Eigentümerin des Grundstücks geworden. Cicero spricht später tatsächlich vom *fundus uxoris*. In dem Grundstück steckt dann nicht mehr die *dos*, sondern die zurückgezahlte frühere *dos*. Mit einem Sprachgebrauch *dotem collocare* ist dies durchaus vereinbar: Das Geld wird nach seiner Herkunft bezeichnet. Es ist eine wirtschaftliche Betrachtungsweise, die die Bezeichnung „*dos*" hier rechtfertigt[16].

Ein weiteres Problem besteht darin, wie sich der Wert des *fundus* zur *dos* verhält. Tatsächlich mag Fulcinius ein Grundstück – unter anderen? – gehabt haben, das der *dos* im Wert halbwegs entsprach. War dies nicht der Fall, so musste er Caesennia den *Teil* eines Grundstücks verschaffen. Dieser Teil bestünde entweder in einer Quote, die beiden wären dann Miteigentümer zu bestimmten Anteilen (*partes pro indiviso*)[17]. Oder Fulcinius hätte ein Grundstück realiter geteilt (*partes pro diviso*), also aus seinem Grundbesitz ausgegrenzt.

In jedem Fall lässt sich von dem jetzigen Landgut bei Tarquinii sagen, dass ein räumlich abgrenzbarer Teil dem oder den Erben der Caesennia gehört – der „*fundus antiquus*" Ciceros. „Über ihn bestand" – im Gegensatz zum *fundus Fulcinianus* – „kein Streit". Ganz kann das nicht stimmen: Aebutius bestreitet in jedem Fall Caecinas Erbrecht und damit die Berechtigung an jeder einzelnen Sache der Erbmasse. Vom

---

15 Dass nach dem Tod des Fulcinius „her dowry (including the dowry farm) reverted to Caesennia", steht weder in dem von FRIER, Rise (Fn. 4), S. 13 dafür zitierten § 15 noch an einer anderen Stelle der Rede.

16 Versucht man eine fortbestehende *dos* mit dem „Verkauf" des Grundstücks in eins zu bringen, stößt man auf die bereits von B. KÜBLER eruierte Möglichkeit einer Sicherungsübereignung des Grundstücks: Ueber eine Stelle aus der Rede des Cicero für den Caecina, in: Mélanges P. F. Girard II (1912), S. 43-61, insbes. 50-53. Mit *vendere* wäre also letzlich die Übereignung gemeint. Sicher wäre sie im Wege der *mancipatio* erfolgt. Aus einer pompeianischen Urkunde aus dem Jahre 61 n. Chr. (FIRA III Nr. 91, Z. 6-7) kennen wir die Terminologie *emere et mancipio accipere* für die Dokumentation der Bestellung der *fiducia*. In der stark fragmentierten Sicherungsabrede erscheint *-didi-*, teilweise ergänzt zu *ven*]*didi*[*sti*. Kübler bringt Belege in den Papyri bei, die die *Verpfändung* von Grundstücken zur *Sicherung* der Mitgift dokumentieren. In den Papyri ist aber auch die Übereignung von Sachen belegt, die „anstelle (*anti*) der verbrauchten Mitgift" treten. So etwa in SPP XX.29r (Herakleopolites, 226 n. Chr.): Der Mann hat dort 3.500 Drachmen aus der Mitgift „verbraucht" (Z. 14-15. *anti merous hês katechrêse phernês autês en drachmais trischeiliais pentakosiais*). *An deren Stelle* erhält seine Frau – von Scheidung ist keine Rede – im Wege der *ekchôrêsis* insgesamt zehn Aruren Land aus verschiedenen Grundstücken des Mannes. Es handelt sich nicht um einen Austausch der Mitgift, sondern die Grundstücke werden „von jetzt an auf immer" abgetreten (Z. 9-10. *ekkechôrêkenai apo tou nun epi ton aei chronon*); die Frau soll sie fürderhin „besitzen, zur Verfügung über sie berechtigt sein, sie zu Eigentum haben und die Befugnis haben, jedes Geschäft darüber abzuschließen ohne Einschränkung" (Z. 30-33. *apo tou nun kratein kurieuein kai despozein kai exousian echein tou pasan oikonomian kat' autôn epitelein anempodistôs*). Der Anspruch auf Rückzahlung der restlichen Mitgift bleibt unberührt. Eine Sicherungsabrede ist nicht vorhanden; eher illustriert das Dokument also die oben dargestellte Möglichkeit einer Rückzahlung der Mitgift mit endgültiger Übertragung des Grundstücks.

17 Auch dann hätte er ihr einen *fundus* verkauft, vgl. D. 30.34.15 (Ulp. 21 *Sab.*) zur Auslegung von „*fundus*" in einem Vermächtnis: *videri enim fundi appellatione non totum fundum, sed partem appellasse: nam et pars fundi fundus recte appellatur.*

fundus Fulcinianus behauptet Aebutius darüber hinaus, dass er gar nicht zur Erbmasse gehört. Dass über den *fundus antiquus* aus der Sicht Ciceros bzw. Caecinas „kein Streit bestand", soll also bedeuten, dass Aebutius – zumindest in den Augen Caecinas und zumindest bei Vereinbarung der *deductio* – die Zugehörigkeit zur Erbmasse anerkannte. Es sind demnach zwei Ebenen des Streits auseinanderzuhalten: „Erbrecht Caecinas" und „Zusammensetzung der Erbmasse".

Auf der Ebene „Zusammensetzung der Erbmasse" sollte über den *fundus antiquus* nicht gestritten werden, über den *fundus Fulcinianus* offenbar schon. Hier schließt sich der Kreis zu meinen Vermutungen über die Funktion der *deductio*: In dem Landgut befinden sich zwei Bereiche, für die unterschiedliche Eigentumsverhältnisse im Raum stehen. Cicero bezeichnet sie nach ihrem Schicksal als „*fundus antiquus*" und „*fundus Fulcinianus*". Sind das tatsächlich die Namen, unter denen bestimmte Flächen geführt werden? Für den *fundus antiquus* können wir dies wohl ausschließen. Sprechen Cicero und Aebutius beim *fundus Fulcinianus* von derselben Sache? Wenn die Bereiche nicht mehr deutlich zu unterscheiden sind, muss zunächst geklärt werden, wo sie aneinander grenzen. Wenn Aebutius behauptet, er habe bei der erwähnten Versteigerung weit mehr Grund erworben als denjenigen, den Cicero als Anhängsel des *fundus antiquus* beschreibt, muss geklärt werden, worum es tatsächlich geht. Es bedarf einer Flurbereinigung, um das *Recht in seiner räumlichen Erstreckung* innerhalb des arrondierten Landguts bei Tarquinii festzustellen. Aebutius war zunächst einverstanden, einen entsprechenden Prozess vorzubereiten, nach Ciceros Darstellung gerade mit Caecina.

Dann aber stellte Aebutius diese Ebene des Streits, jedenfalls im Verhältnis zu Caecina, zurück. Er erkannte, dass er keinerlei Grund hatte, sich auf eine Flurbereinigung mit Caecina einzulassen, ja dass eine derartige Auseinandersetzung nur Nachteile bringen konnte. Aebutius ist nach dem Testament Caesennias Erbe zu $^{1}/_{72}$. Er bestreitet das Erbrecht Caecinas. Fällt Caecina weg, so erbt Aebutius zu einem Drittel. Caecina hat keinen Besitz an dem Landgut: Nicht den tatsächlichen und auch nicht den Erbschaftsbesitz[18]. Um als Nichtbesitzer an der Erbteilung beteiligt zu werden, muss er zuvor sein Erbrecht nachweisen oder von den Miterben als Erbe anerkannt werden. Dies führt zu einem dauerhaften Ausschluss Caecinas. Aebutius darf daher nichts tun, was als Anerkennung von Caecinas Erbrecht ausgelegt werden könnte[19]. Eine Flurbereinigung mit Caecina hat aber nur Sinn,

---

18 Aebutius ist im prätorisch erteilten Erbschaftsbesitz (19: *in possessione bonorum cum esset et cum ipse* [*ipse* Hss.=Aebutius ohne vorherigen Subjektswechsel; *iste* edd.=Aebutius mit Subjektswechsel von Caecina] *sextulam suam nimium exaggeraret*); Erbschaftsbesitz Caecinas (gegen die *lex Sullae de civitate Volaterranorum*!) ist nach den Hss. nicht belegt und zweifelhaft. S. MÜHLHÖLZL, Cicero (Fn. 10), S. 26 mit Fn. 1.

19 Aebutius bestreitet das Erbrecht Caecinas; er beantragt das Erbteilungsverfahren (ebd.: *nomine heredis arbitrum familiae herciscundae postulavit*). Das bedeutet zwangsläufig, dass er den dritten testamentarisch Bedachten, den Freigelassenen M. Fulcinius, als Erben anerkennt. Ohne *bonorum possessio* oder tatsächlichen Besitz seiner Quote kann Caecina – nach klassischem Recht – im

wenn dieser an wenigstens einem der beiden Grundstücke aufgrund des Erbgangs ein Recht hat. Andernfalls gibt es keinen anerkennenswerten Grund, warum er an der Auseinandersetzung des Landguts beteiligt werden sollte. Nimmt Aebutius also mit Caecina die *deductio* vor, erkennt er damit dessen Erbrecht an. Ohne die Gefahr einer solchen Anerkennung kann Aebutius Caecina nur darauf verweisen, die Erbschaft (bzw. seinen Anteil daran) herauszuverlangen. Das wird Aebutius bewusst geworden sein[20]. Er behandelt Caecina daher von sich aus nicht als möglichen Verfahrensgegner; ja er lässt keinen Zweifel daran, dass er jedem Versuch Caecinas, das Landgut zu betreten, als widerrechtlichem Akt eines Eindringlings begegnen wird. Caecina darf auch keine Gelegenheit erhalten, Besitz zu behaupten. Aebutius tut ihm nicht einmal den Gefallen, ihn *vom* Landgut zu vertreiben[21].

Die Vereinbarung der *vis ac deductio* erfolgte demnach auf der Ebene „Zusammensetzung der Erbmasse“, die Verweigerung der *deductio* und die Vertreibung Caecinas auf der Ebene „Erbrecht Caecinas“. Diese Ebenen können eigentlich nicht gleichzeitig Berücksichtigung finden: Wenn Caecina nicht erbfähig ist, dann ist die Zusammensetzung der Erbmasse für ihn ohne Belang. Dennoch gelingt es Cicero, auf beiden Tastaturen zu spielen. Das fehlende Erbrecht Caecinas behandelt er als einen letzten, niederträchtigen Rechtfertigungsversuch des Gegners (94. *„At enim Sulla legem tulit“*), der nichts mit dem Interdiktenverfahren zu tun habe.

Die Vertreibung Caecinas stellt Cicero jedoch nicht als ein Phänomen dieser Ebene dar, sondern als eine Maßnahme des Aebutius, um Streit über die Zugehörigkeit des *fundus Fulcinianus* zur Erbmasse aus Angst vor einer Niederlage mit Gewalt zu verhindern. Damit gewinnt er ein neues Argument: „Aebutius setzte Gewalt anstelle des Rechts. Das kann nicht durch das Interdiktenrecht gedeckt sein.“

Erbteilungsverfahren keine Berücksichtigung finden, solange er sein Erbrecht nicht nachweist (*praeiudicium hereditati*) *oder es von einem/den Miterben anerkannt wird*, s. K. HACKL, Praeiudicium im klassischen römischen Recht (1976), S. 95-103. Bei Anerkennung Caecinas nur durch Aebutius erhielte M. Fulcinius zwei Drittel; das verbleibende Drittel müsste sich Aebutius mit Caecina im Verhältnis 1/69 teilen; vom Ganzen erhielte Aebutius dann $^{1}/_{210}$ – statt $^{1}/_{3}$ bei Wegfall Caecinas. Umgekehrt erhielte Caecina bei Anerkennung durch Aebutius fast $^{1}/_{3}$, andernfalls gar nichts. Über Streitigkeiten Caecinas mit M. Fulcinius erfahren wir von Cicero – verständlicherweise – nichts. Dass Cicero Aebutius nicht zu einem zurückhaltenden M. Fulcinius in Kontrast setzt, ist ein gewisses Indiz dafür, dass Caecina mit ihm ähnliche Probleme hat.

20 Anders FRIER, Rise (Fn. 4), S. 24: „Perhaps Aebutius was influenced by a sense of social inferiority to Caecina, which led him to believe that it was unwise to admit, even in a formalized way, the existence of a dispute about property rights in the farm“; *ebd.*, S. 86: „(Aebutius’) belated recognition that *deductio* opened the door not just to a suit on ownership, but also to one on possession.“ STROH, Taxis (Fn. 11), S. 80 f. Fn. 4 vermutet Bereitschaft des Aebutius zur *deductio*, allerdings nur in der Rolle des *deductus*: „Entweder werde i c h deduziert oder du kommst gar nicht auf das Grundstück.“

21 Das zwingt Cicero zu einer eigenwilligen Interpretation von *Unde* – „Von wo“ (79-80; 82-85; 86-90) und *deicere* – „vertreiben“ (38-40; 49-50; 64) im Wortlaut des Interdikts *de vi armata*, sowie zur Eliminierung des Besitzerfordernisses (91-94), s. NICOSIA, Studi (Fn. 5), S. 45-51.

Dieses Vorgehen Ciceros funktioniert nur mit dem *fundus Fulcinianus*. Würde er darauf eingehen, dass und warum Caecina von Aebutius auch vom *fundus antiquus* ferngehalten wurde, käme er zwangsläufig zur eigentlichen und wahren Motivation des Aebutius: der Tatsache, dass Caecina aufgrund der *lex Sullae* weder Eigentum noch Besitz an *irgendeiner Sache* zusteht. Was Cicero als Auswuchs des Streits um das alleinige Eigentum des Aebutius am *fundus Fulcinianus* darstellt, ist in Wahrheit Auswuchs des Streits um die Erbschaft. Die Seite des Aebutius wird sich zurückhalten, diesen Aspekt zu forcieren: Dass man einen Mann mit Relikten des Bürgerkriegs und der Diktatur um die Erbschaft seiner Frau bringen will, gilt es auszublenden. Aber auch Cicero muss sich bescheiden: Seine Ziele haben rein gar nichts mit dem Schutzzweck des Interdikts *de vi armata* zu tun. Sein Mandant will vielmehr – über den Besitz und mit dem Präjudiz eines gewonnenen Interdiktenstreits – zurückkehren in das Spiel um die Erbschaft. Dies kann nicht offen als Grundlage einer Entscheidung der Richter gehandelt werden. Besser, man isoliert eine Geschichte aus dem Geschehen und gibt den Rekuperatoren Gelegenheit, guten Gewissens vor aller Öffentlichkeit Caecina zu helfen.

Parodie oder Fiktion? Zum Friedensvertrag zwischen Helioten und Seleniten bei Lukian, Verae historiae 1, 20

Philipp Scheibelreiter, Wien

Die Wahl dieses Themas für einen Beitrag zu Ehren meines Lehrers Peter E. PIELER lässt sich in mehrfacher Hinsicht begründen: Zum einen entstammt es dem Gebiet der antiken Völkerrechtsgeschichte, einem Sujet, dessen Behandlung dem Jubilar stets ein Anliegen war und das einen nicht unwesentlichen Platz in seinem Werk einnimmt[1]. Beides trifft auch auf das griechische Recht zu, dem der Gegenstand der Darstellung im weitesten Sinne zugerechnet werden kann[2]. Die folgenden Überlegungen knüpfen an einen Sachverhalt an, der den „Wahren Geschichten" Lukians, einem phantastisch-parodistischen Reiseroman aus dem 2. Jh. n. Chr. entnommen ist. Es soll somit eine literarische Quelle hinsichtlich des ihrer Lebenswelt zugrundeliegenden oder darin vorausgesetzten rechtlichen Kontextes untersucht werden. Und eben dies hat ja auch Peter E. PIELER abschließend für den byzantinischen Roman unternommen[3]. Ein dritter und besonders persönlicher Moment sei als ausschlaggebend, hier über Lukian zu sprechen, hinzugenommen: So kann ich in meinen Ausführungen an eine der ersten Publikationen meines Lehrers, die bereits 1969 entstandene Miscella „Ein völkerrechtlicher Vertrag zwischen Sonnen- und Mondbewohnern"[4] anknüpfen.

Lukian von Samosata, als Philosoph und Rhetoriker ein Vertreter der zweiten Sophistik, erzählt in seinen zwei Büchern der „Wahren Geschichten" (ἀληθῶν διηγημάτων)[5] in eigener Person von seinen phantastischen Reisen, die ihn und seine

---

1 So zuletzt: P. E. PIELER, Der Friedensvertrag von 562 zwischen Byzanz und Persien, in: R.Gamauf (Hg.), Festschrift für Herbert Hausmaninger (2006), S. 231-243.

2 Neben dem umfangreichen Corpus an Schriften zum byzantinischen Recht vgl. etwa auch die Vorträge „Die homerischen Epen und ihre Aussagen zum Recht", Frankfurt/Main, Griechische Gesellschaft, 5.-6.11.1997, und „Der Beitrag der Griechen zur europäischen Rechtswissenschaft", Athen, Juristische Fakultät, 12.-17.10.1996.

3 P. E. PIELER, Gerichtsszenen im Roman der Palaiologenzeit, in: Actes du XIVe Congrès International des Etudes Byzantines (1971), S. 233-238; DERS., Recht, Gesellschaft und Staat im Byzantinischen Roman der Palaiologenzeit, in: Jahrbuch der österreichischen Byzantinistik, Bd. 20 (1971), S. 189-221.

4 P. E. PIELER, Ein völkerrechtlicher Vertrag zwischen Sonnen- und Mondbewohnern, Österreichische Zeitschrift für Öffentliches Recht 20 (1970), S. 401-403.

5 Vgl. dazu allgemein: G. ANDERSON, Lucian: Tradition versus Reality ANRW 34,2, 1422-1447; M. BAUMBACH, Erotische Klippen auf der Kreuzfahrt zur Wahrheit – Die narrative Struktur von Lukians „Wahre Geschichten" als Parodie des griechischen Liebesromans, in: A. Hornung/C.Jäkel/W. Schubert, Studia Humanitatis ac Litterarum Trifolio Heidelbergensi dedicata. Festschrift für Eckhard Christmann, Wilfried Edelmaier und Rudolf Kettemann.

Gefährten zu sagenhaften Inseln an die Grenzen der bekannten antiken Welt führen, und, über die Säulen des Herakles hinaus, auch in den Weltraum: Nach sieben Tagen Fahrt durch die Luft, getragen von einem Wirbelwind (VH 1.10), landet der Ich-Erzähler bei den Seleniten und deren König, Endymion. Dort herzlich aufgenommen, muss er alsbald an dem Krieg seines Gastfreundes mit dem Sonnenkönig Phaeton teilnehmen. Anlass dafür ist ein Streit um die Kolonisierung des Morgensternes, die die Helioten den Seleniten schon einmal erfolgreich verwehrt hatten (VH 1.12). Aus der nun folgenden ersten Schlacht (VH 1.14-18) gehen zwar die Seleniten siegreich hervor (VH 1.17-18), der plötzliche Kriegseintritt der Wolkenkentauren, gewaltiger Fabelwesen, auf Seiten des Phaeton jedoch führt zu einer Wende im Kriegsgeschehen, die einerseits in der Gefangennahme vornehmer Mondbewohner (und auch des Ich-Erzählers, VH 18), andererseits in der Umschließung des Mondes durch eine doppelte Wolkenmauer kumuliert. In der Not dieser Belagerungssituation sendet Endymion Boten zu Phaeton und bietet an, ihm künftig jährliche Abgaben leisten, sein Bundesgenosse sein und nicht mehr Krieg führen zu wollen und dies durch Geiselstellung zu besichern (ὑπισχνεῖτο δ`` καὶ φόρους τελέσειν καὶ σύμμαχος ἔσεσθαι καὶ μηκέτι πολεμήσειν, καὶ ὁμήρους ἐπὶ τούτοις δοῦναι ἤθελεν)[6], wenn im Gegenzug die Mauer eingerissen würde, die den Mond völlig vom Sonnenlicht absperrt. Nach zweimaliger Versammlung der Helioten – die erste war wegen der zu heftigen Gemütsbewegung der Sonnenbewohner, ihrer ὀργή, ergebnislos geblieben – kommt es zu folgendem Friedensvertrag (εἰρήνη) zwischen Sonne und Mond[7]:

> Κατὰ τάδε συνθήκας ἐποιήσαντο Ἡλιῶται καὶ οἱ σύμμαχοι πρὸς Σεληνίτας καὶ τοὺς συμμάχους, ἐπὶ τῷ καταλῦσαι μ``ν Ἡλιώτας τὸ διατείχισμα καὶ μηκέτι ἐς τὴν σελήνην ἐσβάλλειν, ἀποδοῦναι δ`` καὶ τοὺς αἰχμαλώτους ῥητοῦ ἕκαστον χρήματος, τοὺς δ`` Σεληνίτας ἀφεῖναι μ``ν αὐτονόμους τούς γε ἄλλους ἀστέρας, ὅπλα δ`` μὴ ἐπιφέρειν τοῖς Ἡλιώταις, συμμαχεῖν δ`` τῇ ἀλλήλων, ἤν τις ἐπίῃ. φόρον δ`` ὑποτελεῖν ἑκάστου ἔτους τὸν βασιλέα τῶν Σεληνιτῶν τῷ βασιλεῖ τῶν Ἡλιωτῶν δρόσου ἀμφορέας μυρίους, καὶ ὁμήρους δ`` σφῶν αὐτῶν δοῦναι μυρίους, τὴν δ`` ἀποικίαν τὴν ἐς τὸν Ἑωσφόρον κοινῇ ποιεῖσθαι, καὶ μετέχειν τῶν ἄλλων τὸν βουλόμενον. ἐγγράψαι δ`` τὰς συνθήκας στήλῃ ἠλεκτρίνῃ καὶ ἀναστῆσαι ἐν μέσῳ τῷ ἀέρι ἐπὶ τοῖς μεθορίοις. ὤμοσαν δ``

(Studien zur klassischen Philologie, Bd. 144), S. 19-32; E. FLODER. Lukian und die historische Wahrheit, Diss., (1947); S. C. FREDERICKS, Lucian's True History as SF, Science Fiction Studies 3 (1976), S. 49-60; Matthew D. MACLEOD, Lucianic Studies since 1930, ANRW 34/2, S. 1362-1424.

6 Lukian, VH 1.19.

7 Lukian, VH 1.20.

Ἡλιωτῶν μ῝ν Πυρωνίδης καὶ Θερείτης καὶ Φλόγιος, Σεληνιτῶν δ῝ Νύκτωρ καὶ Μήνιος καὶ Πολυλάμπης.

> Unter diesen Bedingungen schlossen die Helioten und ihre Verbündeten und die Seleniten und ihre Verbündeten einen Vertrag: Dabei sollen die Helioten die Mauer auflösen und nicht mehr auf den Mond einfallen, die Kriegsgefangenen aber zurückgeben jeden nach vereinbartem Lösegeld, die Seleniten aber sollen die anderen Sterne in ihrer Selbständigkeit belassen und nicht mit Waffen gegen die Helioten vorgehen. Beide Parteien sollen aber einander Bundesgenossen sein, wenn irgendwer feindlich angriffe. Der König der Seleniten solle dem König der Helioten jedes Jahr als Phoros (Abgabe) 10 000 Amphoren von Tau leisten und als Geiseln 10 000 von seinen Leuten stellen, die Kolonie auf den Morgenstern aber wollen sie gemeinsam bewerkstelligen, und von den anderen, wer immer es wolle, daran teilnehmen lassen. Eingeschrieben aber soll der Vertrag auf einer Stele aus Bernstein werden, (aufgestellt) in der Mitte der Luft zwischen Himmel und Erde. Dies beschwören von den Helioten Pyronides und Thereites und Phlogios, von den Seleniten Nyktor, Menios und Polylampes.

Mit dem Vertrag endet der Krieg zwischen Sonne und Mond, die Wolkenmauer wird aufgelöst, die Kriegsgefangenen werden zurückgestellt. Der Erzähler und seine Gefährten nehmen Abschied vom Mond (VH 1.21), Lukian beschließt die Episode noch mit einem ethnographischen Exkurs über die wundersamen Sitten der Mondbewohner (VH 1.22-26).

Lukians Krieg zwischen Sonne und Mond ist in mehrfacher Hinsicht bemerkenswert. Peter Möllendorff erkennt in der gesamten Schilderung Elemente der Mythologie (so schon die Namen der Könige, Endymion[8] und Phaeton[9]), Mythenallegorese (etwa Anspielungen auf eine mögliche sexuelle Beziehung zwischen Mond und Sonne[10] oder den Tau als Tochter des Zeus und der Selene[11]) und einem naturwissenschaftlich-astronomischen Diskurs[12], der mit den stilistischen Mitteln der Historiographie aufbereitet dem gebildeten Leser präsentiert wird[13].

---

8 Der mythische Hirte aus dem Latmosgebirge, Sohn von Aethlios (oder Zeus) und Kalyke, wurde der Sage nach von Selene (oder Artemis) geliebt, im Schlaf besucht und geküsst.

9 Der Sohn von Helios und Klymene (oder Eos?) leiht sich von seinem Vater den Sonnenwagen und stürzt in den Eridanos. An dessen Ufer beweinen ihn seine Schwestern, die Heliaden, werden zu Pappeln und ihre Tränen zu Bernstein.

10 A. GEORGIADOU, Lucian's science fiction novel *True Histories* (1998), Lukian VH 1.20 ad locum verweist diesbezüglich auf Plut. De Fac. 929C und 945C.

11 Vgl. Alkman fr 57 P.

12 Vgl. Plut. Ait. Phys. 917F-918A, wo beschrieben wird, dass der Tau in der Nacht vom Mond absorbiert wird und wegen dessen schwacher Wärme wieder auf die Erde zurückträufelt, um am Tag von der Sonne aufgesogen zu werden.

13 P. von MÖLLENDORFF, Auf der Suche nach der verlogenen Wahrheit. Lukians Wahre

Letzteres erregt das Interesse des Rechtshistorikers: Denn schon beim ersten Lesen der Stelle wird deutlich, dass sich der Sophist Lukian einer Formalsprache bedient, wie sie der vertragsrechtlichen Terminologie der griechischen Klassik entsprechen könnte. Stengel hat schon 1911 darauf hingewiesen, dass in der Beschreibung der Verhandlungen über den Vertrag und in dessen Urkunde selbst Thukydides anklingt[14]. Das gilt schon für das Motiv der ὀργή, die die Entscheidungsfindung der Volksversammlung als Willens bildendem Organ der Polis blockiert oder eine zweite Abstimmung über eine Frage als notwendig erscheinen lässt[15], um zu einer affektfreier und objektiver getroffenen Entscheidung zu finden. Thukydides beschreibt im Zusammenhang mit der Bestrafung der von Athen abgefallenen Mytilenaier im peloponnesischen Krieg, 427 v. Chr., eben diesen Sachverhalt: Dem ersten Psephisma, das ὑπὸ ὀργῆς getroffen die Tötung aller männlichen Bewohner der abtrünnigen Polis und Versklavung von Frauen und Kindern vorsah[16], wird durch ein zweites, milderes derogiert[17]:

> καὶ τῇ ὑστεραίᾳ μετάνοιά τις εὐθὺς ἦν αὐτοῖς καὶ ἀναλογισμὸς ὠμὸν τὸ βούλευμα καὶ μέγα ἐγνῶσθαι, πόλιν ὅλην διαφθεῖραι μᾶλλον ἢ οὐ τοὺς αἰτίους.
>
> Und am nächsten Tag erfasste sie bald Reue und wieder überlegten sie, dass das Psephisma grausam sei und groß, eine ganze Stadt zu vernichten statt nur der Verantwortlichen.

Noch deutlicher sind die – da zuweilen wörtlichen – Bezüge des Sonne-Mondvertrages auf den sogenannten Nikiasfrieden von 421 v. Chr.[18], der Zäsur im peloponnesischen Krieg, dessen Wortlaut bei Thukydides tradiert ist[19]. Und doch wurde diese – etwa auch von Householder 1941 propagierte[20] – direkte Vorbildwirkung eines einzigen Textes für Lukian bestritten: BOMPAIRE etwa spricht von nur „vagen Reminiszenzen" an die klassische Sprache eines Thukydides, die gebracht werden, um einen typischen Friedensvertrag der Klassik nachzubilden[21]. Auch VON MÖLLENDORFF will in VH 1.20 bloß die *„allgemeine Nachahmung historiographischer und*

Geschichten (2000), S. 535.

14 A. STENGEL, De Luciani veris historiis (1911), S. 29-30.

15 Zu diesem Zornmotiv vgl. etwa Thukydides 2.65.1; vgl. auch U. RÜTTEN, Phantasie und Lachkultur (1997), S. 51.

16 Th. 3.36.2: ὑπὸ ὀργῆς ἔδοξεν αὐτοῖς οὐ τοὺς παρόντας μόνον ἀποκτεῖναι, ἀλλὰ καὶ τοὺς ἅπαντας Μυτιληναίους ὅσοι ἡβῶσι, παῖδας δ᾽ καὶ γυναῖκας ἀνδραποδίσαι.

17 Th. 3.36.2-4.

18 Vgl. dazu H. BENGTSON, Die Staatsverträge des Altertums, Bd. 2 (StV II) (1975), S. 188.

19 Th. 5.18-19.

20 W. HOUSEHOLDER, Literary Quotation and Allusion in Lucian (1941), S. 39.

21 E. BOMPAIRE, Lucien ecrivain: Imitation et création, Bibl. des ecoles francaises d'Athenes e de Rome 190 (1958), S. 640.

vertragsrechtlicher Diktion“[22] erkennen. Wem ist hier beizupflichten – ist von einer Rekonstruktion Lukians auszugehen oder hat dieser dabei bewusst ein berühmtes klassisches Vorbild parodiert? (Reine) Fiktion und Parodie, Titel dieses Artikels, stehen aber nur scheinbar in einem Gegensatz zueinander. Grundsätzlich muss man die Gegner der Annahme, Lukian parodiere hier den Nikiasfrieden, darauf verweisen, was der Schöpfer der „Wahren Geschichten“ selbst in deren Eröffnungskapiteln ankündigt[23]:

> οὐ γὰρ μόνον τὸ ξένον τῆς ὑποθέσεως οὐδ᾽ τὸ χαρίεν τῆς προαιρέσεως ἐπαγωγὸν ἔσται αὐτοῖς οὐδ᾽ ὅτι ψεύσματα ποικίλα πιθανῶς τε καὶ ἐναλήθως ἐξενηνόχαμεν, ἀλλ᾽ ὅτι καὶ τῶν ἱστορουμένων ἕκαστον οὐκ ἀκωμῳδήτως ἤνικται πρός τινας τῶν παλαιῶν ποιητῶν τε καὶ συγγραφέων καὶ φιλοσόφων πολλὰ τεράστια καὶ μυθώδη συγγεγραφότων, οὓς καὶ ὀνομαστὶ ἂν ἔγραφον, εἰ μὴ καὶ αὐτῷ σοι ἐκ τῆς ἀναγνώσεως φανεῖσθαι ἔμελλον.
>
> Denn nicht nur das Fremde der Darstellung oder die geistreiche Absicht soll als Lockmittel für diese (sc. Leser) wirken und nicht, dass wir mannigfache Lügen überzeugend und wahrhaftig erscheinend eingebaut haben, sondern dass jede einzelne Erzählung nicht ohne Verzerrung Anspielungen enthalte auf alte Dichter und Schriftsteller und Philosophen, die selber viel Wundersames und Märchenhaftes zusammengeschrieben haben, die ich auch namentlich anführen würde, wenn sie sich dir nicht selbst aus der Wiedererkennung klar ergäben.

Der Leser selbst möge die Vorbilder erraten – eine Methode, die Lukian auch in seiner Schrift über die Geschichtsschreibung (De historia conscribenda) anwendet[24]. Dass auch Thukydides zu dem Kreis jener parodierten Autoren zu rechnen ist, ist unbestritten[25], auch wenn er Lukian im Unterschied zu Herodot oder Xenophon mehr als terminologische denn als motivische Vorlage dient[26]. Prima vista ist bezüglich der Belagerung der Mondstadt und des Friedensvertrages RÜTTEN beizupflichten, der dazu festhält: „In Stil und Tonfall, aber auch in manchen inhaltlichen Einzelheiten folgt Lukian in diesem Passus mit einer im Vergleich zu

---

22 VON MÖLLENDORFF, Lukian VH 1.20 ad locum.

23 Lukian, VH 1.2.

24 Vgl. dazu A. GEORGIADOU/D. H. LARMOUR, Lucian and Historiography: „De historia conscribenda“ and „Verae historiae“, ANRW 34/2, S. 1449-1509, 1484.

25 GEORGIADOU/LARMOUR, Lucian S. 1496 (Fn. 24); vgl. dazu auch Th. 7.87.6 und dessen Parodie in Lukian, VH 1.42.

26 VON MÖLLENDORFF, Lukian, S. 513.

anderen parodierenden Passagen ungewöhnlichen Konstanz dem Werk eines einzigen Historikers, nämlich dem des Thukydides“[27].

Da der Vertrag zwischen Seleniten und Helioten von Lukian im vollen Wortlaut gebracht wird, kann er leicht auf Parallelen zu Passagen aus dem Werk des Thukydides überprüft werden. Und so wird ja auch das unternommen, was Lukian dem Leser zugemutet hat. Dafür erscheint es zweckmäßig, den Vertrag in Paragraphen zu unterteilen, die sich aus dem materiellen Gehalt jeder Bestimmung ergeben.

§ 1 Präambel: Κατὰ τάδε συνθήκας ἐποιήσαντο Ἡλιῶται καὶ οἱ σύμμαχοι πρὸς Σεληνίτας καὶ τοὺς συμμάχους

Es werden die Vertragsparteien, die Helioten und ihre Bundesgenossen und die Seleniten mit ihren Bundesgenossen genannt, die sich zu den nun „folgenden Bedingungen“ (κατὰ τάδε) vertraglich verbinden wollen. Die Dualitäts-Klausel (Ἡλιῶται/Σεληνῖται καὶ οἱ σύμμαχοι) zur Bezeichnung von militärischen Bündnissen entspricht klassisch völkerrechtlicher Begrifflichkeit: So werden zum Beispiel der peloponnesische Bund oder der delisch-attische Seebund in Urkunden als Λακεδαιμόνιοι καὶ οἱ ξύμμαχοι bzw. Ἀθηναῖοι καὶ οἱ ξύμμαχοι bezeichnet[28]. Aber auch κατὰ τάδε zur generell-einleitenden Umschreibung der Vertragsbedingungen ist typisch für das völkerrechtliche Formular und so etwa für den Nikiasfrieden[29], den der Vertrag Spartas mit Argos, Perdikkas II. und Chalkidike aus 418 v. Chr.[30] belegt.

Das Schleifen der Belagerungsmauer (§ 2), ἐπὶ τῷ καταλῦσαι μ῀ν Ἡλιώτας τὸ διατείχισμα, ist ein Zugeständnis der Helioten an die unterlegene Partei. An Thukydides erinnert immerhin die Belagerungstechnik des Ummauerns gegnerischer Städte: So schließen auch die Spartaner Plataiai 428/27 v. Chr. mit einer doppelten Mauer ein[31], was letztlich zur Kapitulation der Belagerten führt. Am Rande sei erwähnt, dass unmittelbar nach der Ummauerung einigen Plataiern „in einer mondlosen (ἀσέληνον) Nacht“ der Ausbruch gelingt[32] – also im Schutze jener Finsternis, wie sie nach Lukian durch die Wolkenmauer der Helioten auf dem Mond vorherrscht[33].

---

27 RÜTTEN, Lachkultur (Fn. 15), 51.

28 Dazu allgemein und speziell zu den ersten Belegen für peloponnesischen Bund und delisch-attischen Seebund vgl. T. PISTORIUS, Hegemoniestreben und Autonomiesicherung in der griechischen Vertragspolitik klassischer und hellenistischer Zeit (1985), S. 14-19 und W. SCHULLER, Die Herrschaft der Athener im ersten Attischen Seebund (1974), S. 143 Fn. 19.

29 Th. 5.18.1.

30 Th. 5.77.1; 5.79.1 (StV II 194).

31 Th. 3.21.

32 Th. 3.22.

33 Lukian, VH 1.19.

Neben möglichen motivischen Parallelen soll aber primär der Wortlaut der Bestimmung untersucht werden, wofür es an direkten Vergleichsbeispielen mangelt. Indirekt ist man versucht, eine Formel aus athenischen Unterwerfungsverträgen des 5. vorchristlichen Jahrhunderts heranzuziehen. Diese enthalten typischer Weise die Auflage an den Gegner Athens, die eigene Stadtmauer nieder zu legen. So wird es Thasos[34], Aigina[35], Samos[36] und Mytilene[37] befohlen, ohne vorausgegangenen Konflikt werden Potidaia[38] und Chios[39] von Athen zu dieser Form der defensiven Entwaffnung angehalten. 404 v. Chr. muss Athen die lange, zum Piräus reichende Mauer schleifen[40]. Die vertragliche Verankerung dieser Pflicht erfolgt stets mit der Formel τεῖχος/τείχη περιελεῖν/καθελεῖν, was zwar teilweise in der vorvertraglichen Forderung des Endymion καθαιρεῖν τὸ οἰκοδόμημα[41] anklingt, in dem ausgehandelten Vertragstext (καταλῦσαι τὸ διατείχισμα) jedoch keine Übereinstimmung findet[42].

Das Angriffsverbot für die Helioten (§ 3), καὶ μηκέτι ἐς τὴν σελήνην ἐσβάλλειν, passt als Bestimmung in den Kontext eines Vertrages aus dem 5. Jh.[43], eine solche Vertragsklausel ist bei Thukydides nicht belegt.

Die Verpflichtung zur Rückgabe von Kriegsgefangenen wird in § 4 (ἀποδοῦναι δ᾿ καὶ τοὺς αἰχμαλώτους ῥητοῦ ἕκαστον χρήματος) mit dem Verb ἀποδοῦναι nicht anders normiert als im Nikiasfrieden[44] oder im bereits angesprochenen Vertrag Spartas mit Argos, Perdikkas II. und den Chalkidiern aus 418 v. Chr.[45].

§ 5 enthält eine Klausel, die den Seleniten auferlegt, die Unabhängigkeit anderer Sternenbewohner anzuerkennen: τοὺς δ᾿ Σεληνίτας ἀφεῖναι μ᾿ν αὐτονόμους τούς γε ἄλλους ἀστέρας. Der erst im letzten Drittel des 5. Jh. gebräuchliche Begriff der αὐτονομία[46] ist auch im Nikiasfrieden verankert: Dort wird formuliert, dass die Seebundmitglieder, die den Beitrag an Athen gemäß der Einschätzung zur

---

34 Um 462 v. Chr., Th. 1.101.1.

35 457 v. Chr., Th. 1.108.

36 440/39 v. Chr., Th. 1.117.

37 428/27 v. Chr., Th. 3.50.

38 432 v. Chr., Th. 1.56.1-2.57.6.

39 425 v. Chr., Th. 4.51.

40 X. HG 2.2.20.

41 Lukian, VH 1.19.

42 Zu bedenken ist allerdings, dass eine Wolkenmauer eher aufgelöst denn eingerissen werden kann.

43 Vgl. etwa die Phrase τὸ μ᾿ν ἐς τὴν γῆν ἡμῶν ἐσβάλλειν in der Rede des Alkibiades vor dem Sizilienfeldzug der Athener, 415 v. Chr. (Th. 6.17.8).

44 Th. 5.18.7.

45 Th. 5.77.1.

46 Literarisch erstmals 442 v. Chr. bei Sophokles, Ant. 821, epigraphisch in dem Volksbeschluss über ein Abkommen Athens mit Mytilene bezüglich athenischer Kleruchien auf Lesbos, 427/26 v. Chr. (IG I^3 66, 12).

Zeit der Allianzgründung aus dem Jahre 478/77 v. Chr. leisten, ansonsten unabhängig sein sollen[47]: τὰς δ᾽ πόλεις φερούσας τὸν φόρον τὸν ἐπ᾽ Ἀριστείδου αὐτονόμους ε᾽ναι.

§ 6 regelt ein Angriffsverbot für die Seleniten – sie dürfen nicht mit Waffen gegen die Helioten vorgehen: ὅπλα δ᾽ μὴ ἐπιφέρειν τοῖς Ἡλιώταις. Die Formel ὅπλα δ᾽ μὴ ἐπιφέρειν, ergänzt jeweils um die Angabe der davon betroffenen Völkerschaft mit einem präpositionierten ἐπὶ (und dies meist in Abhängigkeit von einem unpersönlichen Verbotsverb) ist fixer Bestandteil der völkerrechtlichen Terminologie, hier soll wieder auf den Nikiasfrieden verwiesen werden[48]:

> (4) ὅπλα δ᾽ μὴ ἐξέστω ἐπιφέρειν ἐπὶ πημονῇ μήτε Λακεδαιμονίους καὶ τοὺς ξυμμάχους ἐπ᾽ Ἀθηναίους καὶ τοὺς ξυμμάχους μήτε Ἀθηναίους καὶ τοὺς ξυμμάχους ἐπὶ Λακεδαιμονίους καὶ τοὺς ξυμμάχους ... (6) ὅπλα δ᾽ μὴ ἐξέστω ἐπιφέρειν Ἀθηναίους μηδ᾽ τοὺς ξυμμάχους ...
>
> (4) Waffen aber zum Schaden zu gebrauchen soll den Lakedaimoniern und ihren Symmachoi gegen die Athener und ihre Symmachoi nicht erlaubt sein und auch nicht den Athenern und ihren Symmachoi gegen die Lakedaimonier und ihre Symmachoi … (6) Waffen zu gebrauchen soll den Athenern und ihren Symmachoi nicht erlaubt sein gegen sie …

Diese Bestimmung ist auch im Vertrag Athens mit Argos, Mantineia und Elis von 420 v. Chr.[49] enthalten, tradiert einerseits als Inschrift[50], andererseits bei Thukydides[51].

In § 7 folgt die Bestimmung, einander Bundesgenosse sein zu wollen (συμμαχεῖν δ᾽ τῇ ἀλλήλων). Dies wird durch die Angabe eines *casus foederis* konkretisiert: Nämlich dann, wenn irgendjemand angreifen sollte – ἤν τις ἐπίῃ. Diese Formulierung erfolgt in Anlehnung an die so genannte Schutzklausel. Damit wird ein Vertragspartner im Falle des Angriffs Dritter zur militärischen Hilfeleistung verpflichtet. Im 5. Jh. etabliert sich für die wahrscheinlich ältere Schutzklausel[52] eine

---

47 Th. 5.18.5. Da die Autonomie hier nicht mit der Entrichtung von Beiträgen kollidiert, ist sie wohl mit E. Baltrusch, Symmachie und Spondai. Untersuchungen zum griechischen Völkerrecht der archaischen und klassischen Zeit (8.-5. Jhdt. v. Chr.) (1994), S. 164-165 als Recht auf die Aufrechterhaltung traditioneller Bindungen zu verstehen; vgl. allgemein dazu P. Scheibelreiter, Untersuchungen zur vertraglichen Ausgestaltung des delisch-attischen Seebundes, Diss. (2005), S. 292-295.

48 Th. 5.18.4. 6.

49 StV II 193.

50 IG I^3 83, 4-5.

51 Th. 5.47.1.

52 So im Amphiktyoneneid im 7. Jh. v. Chr. (StV II 104), im foedus Cassianum 493 v. Chr. (StV II 126), später auch im Vertrag zwischen Knossos und Tylissos 450 v. Chr. (StV II 147) und im athenischen Dekret für Brea aus 450 v. Chr. (IG I^3 46). Allgemein zur Schutz- oder Beistandsklausel vgl. Scheibelreiter, Delisch-attischer Seebund (Fn. 47), S. 176-184.

standardisierte Formulierung: βοηθεῖν[53]/ὠφελεῖν[54] (helfen/nützen) zur Angabe des gebotenen Verhaltens (eventuell mit einem relativierenden Zusatz, dass dies mit aller Kraft – παντὶ σθένει oder nach Möglichkeit – κατὰ δύνατον erfolgen solle), und den dafür maßgeblichen Moment: ἥν τις ἐπίῃ/ἐπιστρατεύῃ.

Die Klausel ist typisch für Epi-Machien, Allianzen, die sich von der Syn-Machie durch einen schwächeren Grad militärischer Bindung unterscheiden. Besonders deutlich wird diese Differenz zwischen Epimachie und Symmachie anhand des Vertrages Athens am Vorabend des peloponnesischen Krieges 433 v. Chr. mit der Insel Kerkyra. Aus politischem Kalkül schließt Athen nur eine Epimachie[55]:

> Ἀθηναῖοι (...) μετέγνωσαν Κερκυραίοις ξυμμαχίαν μ῀ν μὴ ποιήσασθαι ὥστε τοὺς αὐτοὺς ἐχθροὺς καὶ φίλους νομίζειν (εἰ γὰρ ἐπὶ Κόρινθον ἐκέλευον σφίσιν οἱ Κερκυραῖοι ξυμπλεῖν, ἐλύοντ᾽ ἂν αὐτοῖς αἱ πρὸς Πελοποννησίους σπονδαί), ἐπιμαχίαν δ᾽ ἐποιήσαντο τῇ ἀλλήλων βοηθεῖν, ἐάν τις ἐπὶ Κέρκυραν ἴῃ ἢ Ἀθήνας ἢ τοὺς τούτων ξυμμάχους.
>
> Die Athener entschieden anders, dass sie mit den Kerkyraiern nicht eine Symmachie in der Form eingehen würden, dass man die gleichen als Feinde und Freunde ansehen solle (wenn nämlich die Kerkyraier sie dann angehalten hätten, mit ihnen gegen Korinth zu segeln, wären damit wohl die Verträge mit den Peloponnesiern aufgelöst worden), aber sie begründeten eine Epimachie, einander dann zu helfen, wenn ein Dritter käme nach Kerkyra oder Athen oder zu den Verbündeten dieser.

In Berücksichtigung dieser Unterscheidung irritiert die Verknüpfung des συμμαχεῖν δ῀ τῇ ἀλλήλων mit dem ἥν τις ἐπίῃ, scheint Lukian hier doch Symmachie und Epimachie zu vermengen, vielleicht sogar in wörtlicher Anlehnung an das bei Thukydides überlieferte[56] βοηθεῖν δ῀ τῇ ἀλλήλων aus dem eben zitierten Bündnis oder dem Vertrag zwischen Akarnanen, Amphilochiern und Ambrakioten von 426 v. Chr.[57]

---

53 Vgl. etwa aus 446/45 v. Chr. das Eretria-Dekret (StV II 155) IG I³ 39 und das Chalkis-Dekret (StVII 154) IG I³ 40, aus 433 v. Chr. den Vertrag Athen-Kerkyra (StV II 161 - Th. 1.44, dazu sogleich) oder den Vertrag von Athen mit Argos, Elis und Mantineia aus 420 v. Chr. (StV II 193).

54 Vgl. Bündnisvertrag Athens mit Sparta, 423 v. Chr. (Th. 5.23.7).

55 Th. 1.44. vgl. dazu SCHEIBELREITER, Delisch-attischer Seebund (Fn. 47), S. 123-126 und die dort angeführte Literatur.

56 Th. 3.114.3.

57 StV II 175.

Die gesamte Passage des hier mit § 7 bezeichneten Textes stellt eine Inkonsequenz der lukianischen Rekonstruktion eines Friedensvertrages dar, worauf später noch einmal kurz eingegangen werden soll.

§ 8 legt den Seleniten eine Beitragsverpflichtung von jährlich 10 000 Amphoren Tau an den Sonnenkönig auf (φόρον δ' ὑποτελεῖν ἑκάστου ἔτους τὸν βασιλέα τῶν Σεληνιτῶν τῷ βασιλεῖ τῶν Ἡλιωτῶν δρόσου ἀμφορέας μυρίους), etwas, das Endymion auch schon in den Vorverhandlungen angeboten hatte. Die Terminologie ist hier durchwegs an der des Seebundes orientiert, dessen Beitrag ja erstmals *termino technico* als φόρος bezeichnet wurde. Beitragspflichtige Seebundmitglieder sind φόρου ὑποτελεῖς[58], 446/45 v. Chr. geloben die Eretrier bzw. die Chalkidier Athen „und ich werde den Beitrag entrichten" – καὶ τὸν φόρον ὑποτελῶ[59].

DELZ[60] hat für Lukian darauf hingewiesen, dass φόρος in den „Wahren Geschichten" auch an anderer Stelle als „Tribut" zu verstehen ist, nämlich als jährliche Abgabenleistung der Menschen, die in dem Walbauch wohnen, in den der Erzähler im Anschluss an die Mondepisode verschlagen wird[61].

§ 9 schließlich bestimmt unter Verwendung der dafür klassischen Terminologie, dass zur Besicherung 10 000 Geiseln gestellt werden müssen: καὶ ὁμήρους δ' σφῶν αὐτῶν δοῦναι μυρίους[62].

§ 10 regelt die Gründung der Kolonie am Morgenstern mit der modern anmutenden Allbeteiligungsklausel[63]: τὴν δ' ἀποικίαν τὴν ἐς τὸν Ἑωσφόρον κοινῇ ποιεῖσθαι, καὶ μετέχειν τῶν ἄλλων τὸν βουλόμενον. Die Gründung einer Apoikia durch Beschickung mit Siedlern mehrerer Poleis ist zwar in Griechenland keine Seltenheit – Lukian könnte hier auf die ionische Kolonisation[64] anspielen. Die Formulierung im Vertrag mutet gar nicht so ungewöhnlich an[65]: Thukydides berichtet von der Koloniegründung der Athener bei Enneahodoi (dem

---

58 So in Th. 1.19; 1.56, 1.66; 1.80; 7.57.

59 Eretria-Dekret (StV II 155), IG I³ 39, S. 11-12; Chalkis-Dekret (StV II 154), IG I³ 40, S. 25-27.

60 J. DELZ, Lukians Kenntnis der athenischen Antiquitäten (1950), S. 59-60; allgemein zu Lukian und Historiographie vgl. S. WALZ, Die geschichtlichen Kenntnisse des Lukian, Diss. (1921).

61 Lukian, VH 1.35. Der im Wal gestrandete Kyprier Skintharos muss jährlich 500 Austern an die Psettopodes, die Schollenfüßler, ein Volk, das ebenfalls im Wal lebt, als Phoros entrichten. Weitere Belege des Wortes bei Lukian (Lukian, Apol.13; Ct. 9; Tox. 44; Alex 57; Bis. Acc. 9; Deor. Conc. 3) sind nicht repräsentativ für klassisch-griechische Vertragssprache, da auch Steuern und römische Abgaben damit gemeint sein könnten, vgl. dazu DELZ, Antiquitäten (Fn. 50), S. 59-60.

62 Zu der Formel ὁμήρους λαμβάνειν / διδόναι vgl. Th. 1.56.1; 1.57.6; 1.108.3; 1.115.3; 1.117.3; 2.26.2; 3.90.4; 101.2 (3mal); 5.61.5; 6.61.3; 7.83.3; 8.3.1.

63 PIELER, Völkerrechtlicher Vertrag (Fn. 4), S. 402.

64 VON MÖLLENDORFF, Lukian (Fn. 13), S. 145 Fn. 106 und GEORGIADOU, Lukian VH 1.20 ad locum verweisen auf Lukian Nav. 3 und Th. 1.6.

65 GEORGIADOU, Lukian VH 1.20 ad locum (Fn. 10).

späteren Amphipolis) und benutzt dabei diese Formulierung[66]: … ἐποίκους μυρίους σφῶν τε αὐτῶν καὶ τῶν ἄλλων τὸν βουλόμενον πέμψαντες, (...).

Ebenso weist dies viele wörtliche Parallelen zu einer Stelle bei Diodor auf, wo die Gründung der gemeingriechischen Kolonie Thourioi von 444/43 v. Chr. beschrieben wird[67]: ἐκήρυξαν δ᾽ κατὰ τὰς ἐν Πελοποννήσῳ πόλεις κοινοποιούμενοι τὴν ἀποικίαν τῷ βουλομένῳ μετέχειν τῆς ἀποικίας.

Vielleicht stand Lukian also dieses Musterbeispiel einer „gemeinschaftlichen“ Kolonie vor Augen, die begriffliche Übereinstimmung lässt vermuten, dass entweder Thukydides oder Diodor hier Vorbild waren oder aber dass auch diese Autoren sich der gängigen Vertragssprache bedienen. Inwieweit letzteres der Fall sein könnte, lässt sich – auch angesichts der bloß deskriptiven, sehr ähnlich lautenden Quelle Diodor – schwer ausmachen.

§ 11 Die Publizitätsbestimmung schließlich, das Einschreiben des Vertrages in eine Stele, die in der Luft, an der Grenze zwischen beiden Himmelskörpern, aufgestellt werden solle (ἐγγράψαι δ᾽ τὰς συνθήκας στήλῃ ἠλεκτρίνῃ καὶ ἀναστῆσαι ἐν μέσῳ τῷ ἀέρι ἐπὶ τοῖς μεθορίοις), assoziiert PIELER mit einem Luftgeschäft und der mangelnden Ernsthaftigkeit und Bindungsabsicht der Parteien[68]. Auch darin ließe sich – abgesehen davon, dass das ἐγγράψαι δ᾽ τὰς συνθήκας στήλῃ καὶ ἀναστῆσαι der gebräuchlichen Terminologie entspricht – eine Parallele zum peloponnesischen Krieg und seiner nur kurzen Unterbrechung durch den Nikiasfrieden[69] ziehen.

Nach GEORGIADOU deutet Lukian vor allem durch die Wahl des Materials, des für Stelen ungebräuchlichen Bernstein, die kurze Dauer des Friedens an[70]. Andererseits könnte mit ἤλεκτρον die Legierung aus vier Teilen Gold und einem Teil Silber gemeint sein, die ebenfalls – wohl aufgrund der bernsteinähnlichen Farbe – so bezeichnet wurde und vor allem für Münzprägung in Gebrauch stand. Allerdings wäre die darauf basierende Metapher schwer zu deuten. Bernstein wiederum passt wie oben angeführt besser in den vorliegenden Kontext, auch kann darin eine Anspielung auf die Phaeton-Sage und die Heliaden[71] ersehen werden.

In § 12 schließlich werden Vertreter beider Parteien genannt, die den Vertrag entsprechend antiker Praxis beschwören[72].

---

66 Th. 4.102.2.

67 D.S. 12.10; vgl. dazu auch Strabo, 6.1.13.

68 PIELER, Völkerrechtlicher Vertrag (Fn. 4), 402.

69 Vgl. Th. 5.18.10 (Nikiasfrieden) und 5.23.5 (Bündnis Athens mit Sparta 423 v. Chr.).

70 Vgl. GEORGIADOU, Lukian VH 1.20 ad locum (Fn. 10) und VON MÖLLENDORF, Lukian VH 1.20 ad locum, hier v. a. 145 Fn. 104.

71 Vgl. dazu Fn. 9.

72 vgl. Th. 5.19; 5.24. VON MÖLLENDORFF, Lukian VH 1.20 ad locum, erkennt in dem Namen Polylampes eine Anspielung auf den Onkel Platons, Pyrilampes, der Gesandter in Persien war (vgl. dazu. Pl. Charm. 158a. 2-6).

Nimmt man die Anspielungen Lukians auf den bei Thukydides tradierten Text des Nikiasfriedens zusammen, so ergeben sich immerhin sieben bis acht Parallelen[73]. Daneben könnten unter anderen auch drei Passagen aus dem Bündnisvertrag Athens mit Sparta 420 v. Chr. angesprochen sein[74]. Das legt den Schluss nahe, dass hier eine Thukydides-Parodie vorliegt.

Gegen diese einseitige Sichtweise sprach sich neben den schon Genannten auch ANDERSON in seinem Kommentar zu den „Wahren Geschichten" aus: In Ablehnung einer monokausalen Deutung des Werkes, wie sie REYHL 1969 vorgelegt hatte[75] - dieser suchte zu beweisen, dass Lukian ausschließlich das Romanfragment „Die Wunder jenseits von Thule" des Antonios Diogenes parodiere – stellt ANDERSON fest: „Lucian's parodies are too complex to leave room for single-source theories ..."[76]. Zwar bezieht ANDERSON dies auf die gesamte Erzählung und nicht auf die beiden Kapitel 1.19-20, die zweifellos primär von thukydideischer Vertragssprache geprägt sind. Aber auch für diese ließen sich zumindest inhaltlich Bezüge zu Aristophanes ausmachen: Mit den Fabelwesen der Wolkenkentauren könnte Lukian ein Zitat aus den „Wolken" aufgreifen[77]. Die Wolkenmauer um den Mond wiederum könnte auf die Vögel rekurrieren, die im gleichnamigen Stück des Aristophanes ähnlich wie die Helioten einen Vertrag erzwingen: Indem sie die Verbindung zwischen Himmel und Erde sperren und so die Götter von dem nährenden Opferdampf, der Knise, fernhalten und aushungern[78].

Analysiert man den Vertrag jedoch nach rein sprachlichen Kriterien, so wird deutlich, dass sich Lukian der völkerrechtlichen Terminologie des 5. Jh. v. Chr. bedient. Er persifliert also nur in zweiter Linie den Historiographen Thukydides. In erster Linie gebraucht er die völkerrechtliche Begrifflichkeit des klassischen Griechenland – wie sie literarisch bei Thukydides tradiert wird.

Und doch ist diese Parodie nach formalen Kriterien nicht ganz präzise: Der Vertrag, im Text selbst mit dem neutralen Überbegriff συνθῆκαι bezeichnet, wird im Kapitel 1,19 εἰρήνη genannt. Lukian verwendet damit einen Terminus, der in juristischer Konnotation als „Friedensvertrag" erst für das 4. Jh. belegt ist[79].

---

73 § 1 - Th. 5.18.1; § 5 - Th. 5.18.5.7; § 6 - Th. 5.18.4.5; § 7 - Th. 5.18.7; §11 - Th. 5.18.10; § 12 - Th. 5.19.

74 Th. 5.23.1; 7.

75 K. REYHL, Antonios Diogenes. Untersuchungen zu den Roman-Fragmenten der „Wunder jenseits von Thule" und zu den „Wahren Geschichten" des Lukian (1969).

76 G. ANDERSON, Studies in Lucian's comic fiction (1976), S. 7.

77 Ar. Nub. 346; vgl. dazu ANDERSON, Studies (Fn. 76), S. 2.

78 Ar. Orn. 1599-1630.

79 Literarisch erstmals 386 v. Chr. im Antalkidasfrieden, X. HG. 5.1.3.5 (StV II 242), epigraphisch erstmals im Friedensvertrag zwischen Athen und Chios 384 v. Chr. (StV II 248); vgl. dazu P. BONK, Defensiv- und Offensivklauseln in griechischen Symmachieverträgen, Diss. (1974), S. 74; BALTRUSCH 22 Fn. 106 und Fn. 107 und 93; R. KIMMERLE, Völkerrechtliche Beziehungen Spartas in spätarchaischer und frühklassischer Zeit (2005), S. 22 Fn. 69.

Klassischer Begrifflichkeit entspräche dafür die Bezeichnung als σπονδή, als Übereinkommen, das einen Zustand herstellt (also etwa einen Krieg beendet), um so eine Basis für völkerrechtliche Beziehungen – wie Symmachie oder Epimachie – zu schaffen[80]. Und wenn der Friedensvertrag zwischen Sonne und Mond auch solche Bündnisbestimmungen aufweist, so hat Lukian hier Sponde und Bündnisvertrag vermengt. Die schon in sich selbst inkonsistente Bestimmung des § 7, die die Schutzklausel (ἤν τις ἐπίῃ) mit der Symmachie (συμμαχεῖν δ᾽ τῇ ἀλλήλων) in Verbindung setzt, passt darüber hinaus nicht in eine Sponde des 5. Jh. Vielmehr hätte erst auf Basis dieser Sponde zwischen Sonne und Mond ein Bündnis (Epimachie oder Symmachie) geschlossen werden können. So ist es ja auch für die Beziehungen Athens zu Sparta im peloponnesischen Krieg überliefert – auf Grundlage des Nikiasfriedens (ἐσπείσαντο)[81] verpflichten sich die Parteien in einem Bündnisvertrag (ἐγένοντο ὅρκοι καὶ ξυμμαχία ἥδε)[82], einander beizustehen, wenn ein äußerer Feind komme[83].

Aber Lukian ist hier in guter Gesellschaft: Auch Xenophon zieht den den peloponnesischen Krieg beendenden Friedensvertrag von 404 v. Chr. mit der Symmachie zwischen Sparta und Athen in einen Text zusammen[84]. Thukydides unterläuft solch ein Fehler – beinahe – ein einziges Mal; wie jedoch HAMPL bewiesen hat, dürfte es sich auch dabei um eine Konjektur handeln[85].

Lukians Friedensvertrag zwischen Sonne und Mond soll aber nicht an engen formellen Kriterien gemessen und beckmesserisch auf diese reduziert werden. Den Zweck einer Thukydides-Parodie erfüllt der Text auf meisterhafte Weise – Autor und Leser waren mit der Terminologie weitgehend vertraut, die Vertragspraxis der klassisch-griechischen Epoche „Allgemeingut der gebildeten Schichten“[86]. Ebenso darf nicht außer Acht gelassen werden, dass bereits Lukian Rechtsgeschichte betrieben hat, wenn er im 2. Jh. n. Chr. einen Vertrag nach dem griechischen Völkerrecht des 5. Jh. v. Chr. rekonstruiert. Dadurch jedoch erst erschließt er seinem Leser den fiktiven Kontext seiner Erzählung mit den Mitteln der Parodie und kleidet die wundersame Erzählung historisierend in dem Rezipienten vertrautes Gewand[87].

---

80 Vgl. dazu ausführlich BALTRUSCH, Symmachie und Spondai (Fn. 47), v. a. 92 ff. und 123 ff.

81 Th. 5.17.

82 Th. 5.22.

83 Th. 5.23.1.2.

84 X. HG 2.2.20: ... ἀλλ᾽ ἐποιοῦντο εἰρήνην ἐφ᾽ ᾧ τά τε μακρὰ τείχη καὶ τὸν Πειραιᾶ καθελόντας καὶ τὰς ναῦς πλὴν δώδεκα παραδόντας καὶ τοὺς φυγάδας καθέντας τὸν αὐτὸν ἐχθρὸν καὶ φίλον νομίζοντας Λακεδαιμονίοις ἕπεσθαι καὶ κατὰ γῆν καὶ κατὰ θάλατταν ὅποι ἂν ἡγῶνται.

85 F. HAMPL , Thukydides III 75.1 und der terminus σπόνδαι, Philologus 91 (1936), S. 153-160.

86 PIELER, Völkerrechtlicher Vertrag (Fn. 4), S. 402.

87 Das macht ja gerade die Komik der Stelle aus, vgl. dazu RÜTTEN, Lachkultur (Fn. 15), S. 53.

Daneben hat der Vertrag (das zeigt sich etwa in der Allbeteiligungsklausel für die Kolonie) einen staatstheoretischen Anspruch. Diesen zu beleuchten, habe ich hier bewusst ausgespart. Zu diesem Thema möchte ich auf PIELER verweisen, der in seiner Untersuchung treffend formuliert hat: „Inhaltlich kann der zitierte Vertrag als Idealtypus eines guten und gerechten Vertrages auf der Basis der philosophischen Überzeugung der Sophistenschule des 2. Jh. gesehen werden“[88].

Es bleibt festzustellen, dass Lukian in VH 1.20 eine – trotz mancher Unstimmigkeiten, die aufzuzeigen versucht wurde – geschickt komponierte Parodie klassisch griechischer Vertragssprache bietet, und dafür wohl das Paradigma eines Friedensvertrages schlechthin zum Vorbild nimmt: Den Frieden der beiden Großmächte des 5. Jh. v. Chr., den Vertrag Spartas mit Athen im peloponnesischen Krieg. Damit ist weder ausgeschlossen, dass für die Helioten-Seleniten-Episode nicht auch andere – vor allem motivische – Vorlagen gefunden werden können, derer sich Lukian bedient hat. Und dies ist ja auch die eingangs bekundete Intention der „Wahren Geschichten“.

Für das Vertragsformular aber ist zweifelsfrei der Autor maßgeblich, der nicht nur den Nikiasfrieden tradiert hat, sondern auch als dafür bedeutendste literarische Quelle Aufschluss über die Begrifflichkeit des klassisch griechischen Völkerrechts gibt: Thukydides. Die Bezugnahmen sind so eindeutig, dass andere mögliche Einflüsse – wie etwa die (griechische oder römische) Völkerrechtsdogmatik zur Zeit Lukians – nicht zur Diskussion gestellt werden müssen. Denn gerade die Parodie des allen Lesern bekannten Klassikers verleiht der fiktiven Handlung eine besondere Komik.

---

88 PIELER, Völkerrechtlicher Vertrag (Fn. 4), S. 402.

Petrus Antecessor*

Gerhard Thür, Graz

IN NOMINE DOMINI NOSTRI JHESU CHRISTI. IMPERATOR CAESAR FLAVIUS IUSTINIANUS ALAMANNICUS GOTHICUS FRANCICUS GERMANICUS ANTICUS ALANICUS VANDALICUS AFRICANUS PIUS FELIX INCLITUS VICTOR AC TRIUMPHATOR SEMPER AUGUSTUS CUPIDAE LEGUM IUVENTUTI.

Lieber Peter! Besser als ich kennst Du das Präskript der constitutio Imperatoriam, des Erlasses Kaiser Justinians, adressiert an die „nach Gesetzen gierige Jugend", mit der er am 21. November 533 seine *institutiones* als Lehr- und Gesetzbuch einführte. So wie die Rechtslehrer im Studienjahr 534 eröffne ich seit vier Jahren jede Anfängervorlesung mit den kaiserlichen Worten: *dignitas docendi* oder hohles Getöse? Das Erscheinen der übersetzten Institutionenausgabe als Taschenbuch brachte mich auf die Idee, die Originalquelle im Studienbetrieb – selbstverständlich in Verbindung mit einem modernen Lehrbuch – als verbindliches Textbuch zu verwenden. Das „rote Büchlein" (UTB 1764) hat jede Studentin, jeder Student meiner Vorlesungen und Kurse wie ein Gesetzbuch vor sich liegen, es ist bei jeder Klausur zugelassen und soll – so propagiere ich es – als stets aktuell bleibender Ratgeber auch die Berufspraxis begleiten.

Woher kommt diese plötzliche Wertschätzung eines Werkes, das in unserer Jugend allenfalls als kraftloser Ableger der klassischen Institutionen des Gaius belächelt wurde? Ich benütze den heutigen Festtag, um ein bisschen Historisches und auch Unhistorisches über die Institutionen zu sagen, an unsere gemeinsamen Anfänge im *munus docendi* bei unserem verehrten Lehrer Walter SELB anzuknüpfen und schließlich Dir, lieber Peter, für die Anregungen, die Du mir gabst, zu danken – magst Du mit dem Ergebnis nun zufrieden sein oder nicht.

Zunächst zum Unhistorischen: Die Institutionen Justinians sind ein didaktisches Meisterwerk, das ein Basiswissen des römischen Rechts vermittelt. Aufgrund ihrer Wirkungsgeschichte – die Institutionen des Gaius waren ja bis zu Beginn des 19. Jh. verschollen – eröffnen sie den Zugang zu allen kontinentaleuropäischen Privatrechtsordnungen, teilweise auch zum anglo-amerikanischen Rechtskreis. Wenn wir in der Juristenausbildung Europas eine gemeinsame Sprache finden wollen, dann bietet sich das justinianische Elementarwerk als gemeinsamer Vorläufer geradezu an. Nicht die hochdifferenzierte Begriffswelt der deutschen Pandektistik, auch nicht die subtilen Lehren des *Ius commune* sind im heutigen rechtshistorischen Unterricht zu

---

* Zum 60. Geburtstag P. E. Pielers, Wien am 14.12.2001.

vermitteln – allenfalls in kleinen Dosen, denn kein Rechtslehrer verzichtet freiwillig auf geistige Akrobatik –, sondern eine elementare Anschauung der privatrechtlichen Institute anhand der *institutiones Iustiniani.*

Gestatten Sie mir, verehrte Zuhörerinnen und Zuhörer, zunächst einige Worte über den von mir wiederentdeckten didaktischen Wert des byzantinischen Lehrbuchs. Dass es die gaianischen *distinctiones*: *ius publicum – ius privatum, res in patrimonio – extra patrimonium*, mit ihren Unterabteilungen übernimmt, ist bekannt, ebenso die gewissenhaften Resümees des behandelten und die Ausblicke auf den noch zu behandelnden Stoff: *nunc transeamus*. Viel höher schätze ich ein, dass Justinian – wenn ich ihn einmal global, als Autor nenne – sich an vielen Stellen direkt an die Studenten wendet; Studentinnen lasse ich hier nicht aus Inkorrektheit weg, sondern angesichts des historischen Befundes. In der *constitutio Imperatoriam* ergibt sich das bereits aus dem Kreis der Adressaten, der *legum cupida iuventus*. Gehen wir die *constitutio*, dieses kleine Meisterwerk rhetorisch-didaktischer Komposition, kurz durch: Der Staat – so transponiere ich in der Vorlesung die *imperatoria maiestas* – hat für Sicherheit nach außen und Frieden im Inneren zu sorgen. Im Proömium und § 1 rühmt sich der Kaiser, dank seiner militärischen Erfolge und seiner *leges* beides erreicht zu haben. § 2 würdigt die mühsame Kompilation von Kaiserkonstitutionen und Juristenschriften aus den vergangenen fünf Jahrhunderten.

§ 3 kommt zum Kern der Sache, das zu promulgierende Anfängerlehrbuch. Mit Respekt erwähne auch ich stets den tüchtigen Praktiker Tribonian – noch vor einer Generation war kein gutes Wort über ihn zu hören – und die beiden *antecessores* Theophilus und Dorotheus als Redaktoren. Auf den *antecessor* ist in Kürze zurückzukommen. Die an die Jugend gerichteten Worte zitiere ich direkt: „So braucht ihr die Anfangsgründe des Rechts (*prima legum cunabula*) nicht mehr aus veralteten Geschichten zu erlernen, sondern ihr könnt sie einem glänzenden kaiserlichen Werk entnehmen, und eure Ohren und euer Verstand werden nichts Unnützes und nichts Falsches mehr aufnehmen, sondern nur das, was es im Rechtsleben wirklich gibt (*ipsa rerum argumenta*).“ Wir hören die zeitlose, von den Professoren stets unterlaufene Illusion jeder Studienreform, den Stoff auf „das Wesentliche“, „das praktische Nützliche“ zu beschränken. Meiner Meinung nach sind diese Worte gegen das „rechtshistorisch“ konzipierte Lehrbuch des Gaius gerichtet, das bis dahin im Gebrauch war.

§ 4 gibt Gelegenheit, etwas Lehrstoff unterzubringen: Dem Riesenwerk der Digesten oder Pandekten von 50 Büchern steht das Elementarwerk der Institutionen von 4 Büchern gegenüber. Nebenbei ergibt sich aus § 4, dass auch die Digesten in erster Linie ein Lehrbuch sind, allerdings ein gigantisches und nur für fortgeschrittene Studenten.

In § 5 findet sich das Credo des großen Reformators Justinian: „In diesen Büchern (den Institutionen) wird sowohl das dargelegt, was seit jeher gegolten hat, als auch das, was später durch *desuetudo* verdunkelt, mit kaiserlicher Hilfe aber wieder ins Licht gerückt wurde.“ In Ergänzung zum Vortrag Herrn Professor PIELERs vom

Dienstag ist festzuhalten, dass für Justinian ein Fortschritt des Rechts nicht denkbar war. Nur die Sitten, die Gesellschaft, schreiten zum Besseren fort: *dignum esse castitate temporum nostrorum* (Inst. 1.22 pr.).

§ 6 dankt dem Vorläuferwerk „unseres" Gaius, obwohl es gewaltig Federn lassen mußte; § 7 verheißt fleißigen Studenten lukrative Staatsposten.

Soweit die *constitutio Imperatoriam.* Mit Emotion, Lernstoff und etwas Ideologiekritik vorgetragen, spricht sie auch heute, nach fast 1.500 Jahren, die Studienanfänger noch an.

So wie in der Einführungskonstitution ist die didaktische Linie auch im Werk selbst sichtbar. Ich beschränke mich auf wenige Beispiele: Gaius beginnt seine *institutiones* strohtrocken mit einer Rechtsquellenlehre, *de iure civili et naturali* (1.1). Justinian schiebt davor einen Titel ein, *de iustitia et iure.* All die Kernsätze, die Herr Professor PIELER am Dienstag aus den Digesten zitiert hat, sind hier vereint: 1.1 pr.: *Iustitia est constans et perpetua voluntas suum cuique tribuens;* § 1: *Iuris prudentia est divinarum atque humanarum rerum notitia, iusti atque iniusti scientia;* § 3: *Iuris praecepta sunt haec: honeste vivere, alterum non laedere, suum cuique tribuere.* Ein aufmerksamer Zuhörer wird in meiner Aufzählung § 2 vermisst haben. Hier bringt Justinian, eingebettet in die genannten Exzerpte aus Rechtsphilosophie und Ethik, Ratschläge, wie das Rechtsstudium vernünftig aufzubauen ist: in kleinen Portionen vom Einfachen zum Schwierigen fortschreitend. „Andernfalls", sagt Justinian, „tritt, wenn wir den noch unkundigen und unsicheren Studenten gleich von Anfang an mit der Masse und Vielfalt des Stoffes belasten, eines von beiden ein: Entweder bewirken wir, dass er das Studium abbricht, oder wir bringen ihn unter großen Anstrengungen seinerseits, oft auch unter Selbstzweifeln, die junge Menschen so häufig entmutigen, allzu spät dahin, wohin er auf einem bequemeren Weg ohne große Anstrengungen und ohne Selbstzweifel rascher hätte gebracht werden können." Systematisch fällt diese Aussage völlig aus dem Rahmen von *iustitia* und *ius*, didaktisch ist sie sehr wohl am Platz. So wie die generellen Aussagen über die Gerechtigkeit ist sie ein Appell an die Persönlichkeit des Studenten. Soviel zum persönlichen Engagement des Lehrenden.

Zur Vermittlung des Stoffes kann ich mich kurz fassen. Die gaianischen Institutionen mit ihrer Vielfalt an Statusunterschieden und überholten Sacheinteilungen (*res mancipi*) sind gründlich entrümpelt. Kein Wort verliert Justinian über *manus*-Ehe, Frauentutel, *mancipatio.* Kann man heute römisches Recht so „unhistorisch" unterrichten? Die Antwort kann nur sein: Das Anfängerlehrbuch bedarf der Ergänzung, sowohl durch ausgewählte Digestenstellen als auch durch Gaius. Reizvoll ist die Gegenüberstellung zweier Texte, worin sich Rechtsänderung – Fortschritt? – zeigt: Gaius schreibt in 2.80: *Nunc admonendi sumus neque feminam neque pupillum sine tutoris auctoritate rem mancipi alienare posse.* Justinian muss die Frauentutel und die *res mancipi* eliminieren. Eng am klassischen Text vereinfacht er die Regelung in II 8.2: *Nunc admonendi sumus neque pupillum neque pupillam ullam rem sine tutoris auctoritate alienare posse.* Aus *neque femina neque pupillus* wird *neque pupillus neque pupilla,* aus *rem mancipi* wird *ullam rem*. Der Witz der Gaius-Stelle, dass ein Schuldner zwar an die Frau als Gläubigerin, nicht aber an den *pupillus* befreiend leisten kann, geht bei Justinian verloren. Also lesen wir weiterhin beide Texte parallel.

Didaktisch geeignet erweisen sich Justinians Institutionen auch dadurch, dass sie in die deskriptiven Teile stets auch Fälle einschieben; freilich nicht genug. Auf das Arsenal der Digestenfälle kann jeder Vortragende nach Belieben ergänzend zurückgreifen.

Ich könnte noch weiter in Details gehen, aber ich glaube, ich kann diesen Teil meiner Ausführungen zusammenfassend beenden: Die Institutionen Justinians sind ein auch heute – und gerade heute – sinnvoll einzusetzendes Textbuch, das von den Studierenden positiv aufgenommen wird. Das Pandektensystem des 19. Jahrhunderts hat eine ähnliche Primärquelle nicht zu bieten. Mag es seine dominierende Stellung in der Systematisierung des Stoffes auch noch behalten – auch hier hege ich Zweifel, ob es das klassische römische Recht in seiner historischen Dimension voll erfasst –, in der Lehre des römischen Rechts hat das Pandektensystem heute ausgedient.

In einem zweiten Teil meines Vortrags möchte ich kurz auf die Personen zu sprechen kommen, denen wir die justinianischen Institutionen verdanken. Neben dem von mir stets mir Respekt genannten Kanzler Tribonian sind das die beiden *antecessores* und *iuris periti* Theophilus aus Konstantinopel und Dorotheus aus Beryt, dem heutigen Beirut im Libanon. An diesen beiden Orten wurde akademischer Rechtsunterricht betrieben, dort sind die Vorfahren unserer heutigen juridischen Fakultäten zu suchen. Die Lehrer dieser Einrichtungen hießen vor Justinian: *legum magistri, doctores, professores; iuris interpretes, periti*. All diese Ausdrücke verstehen sich von selbst aus den Verben des Lehrens oder Adjektiven der sachlichen Kompetenz. Erst mit Justinian kommt das Wort *antecessor* in Gebrauch, oft synonym mit *professor* gebraucht (*c. Omnem*: adressiert an acht *antecessores*, nach *c. Tanta* 22: *professores*). Die Wortbedeutung von *antecessor* ist keineswegs klar. *Antecedere* heißt jedenfalls vorangehen, als schlichter „Vorgänger" wird der *antecessor* auch im nicht-akademischen Zusammenhang im Corpus Iuris genannt. Doch wem schreitet der *antecessor* als akademischer Lehrer voran? Man nimmt an, dass der Titel aus dem militärischen Bereich stammt: Nach Maurikios I, 3 wird die militärische Vorhut, die die Wege erkundet, ἀντικένσορες (ἀντικέσσορες) genannt. SCHELTEMA (L'enseignement de droit des antécesseurs, 1970), der sich selbst auf dem Titelblatt seines Werkes „Antecessor Groninganus" nennt, verweist auf die Constitutio Omnem 11: Ihr, die *antecessores*, sollt „*studiosis viam aperire, quam nos invenimus*" (S. 3). PUGSLEY (Mél. Sturm I 395) geht noch einen Schritt weiter und sieht in den von Justinian ernannten *antecessores* eine Reformkommission, die den darniederliegenden Betrieb in den Rechtsschulen zur Einführung seines Reformwerks, eben der Institutionen und Digesten – der Codex bereitete keine Probleme – sanieren sollten. Insgesamt sind, wie ich SCHELTEMA entnehme, aus der Zeit Justinians und danach

15 *antecessores* namentlich überliefert. Über sie werden Sie, meine sehr verehrten Damen und Herren, aus berufenerem Munde vermutlich bald mehr hören.

Ein *antecessor* blieb freilich bis heute unentdeckt: Petrus antecessor. Er stammt weder aus Beryt noch aus Byzanz, er steht leibhaftig vor uns. Dich, lieber Peter, will ich förmlich mit dem Titel *antecessor* ansprechen. Nicht etwa, weil der Professorentitel heute in Österreich so allgemein geworden ist – schaffen wir halt schnell einen neuen, noch unverbrauchten Titel –, sondern weil auf Dich – möge PUGSLEY recht haben oder nicht – die justinianische Bedeutung des Wortes zutrifft. Peter E. PIELER, als Vorhut, als Speerspitze des Fortschritts? Gewiß, Dein Habitus, Dein Credo im Vortrag am Dienstag sprechen eine andere Sprache. Doch ich erinnere mich an unsere akademischen Anfänge, als wir uns – geduldet von Walter SELB – der schon damals überspitzten romanistischen Dogmatik entzogen. Gerne arbeiteten wir in den Übungen an den anspruchsvollen Fällen aus den Digesten – doch unsere Liebe galt der griechischen Kultur in ihrer umfassenden Weite von Homer bis Byzanz. Dass ich heute ein byzantinisches Lehrbuch des römischen Rechts propagiere, verdanke ich unseren damaligen Diskussionen, in denen Du das „peiorative Byzanzbild" weggewischt hast. Natürlich – und glücklicherweise – bist Du nicht der einzige Weggefährte. Unsere Frankfurter Kollegen konnten in der Folge große byzantinistische Projekte verwirklichen, doch den Brückenschlag zum Unterricht des römischen Rechts – jetzt und heute – konnten oder wollten sie nicht unternehmen. Verständlich allerdings aus der bundesdeutschen Situation.

So möchte ich, lieber Peter, schon gegen Ende meines Vortrags behend noch dessen Titel ändern. Es geht nur um zwei Buchstaben: Ich danke Dir für Deinen fast prophetischen Einsatz für Recht und Kultur von Byzanz und möchte die Invokation aussprechen: *Petro antecessori*.

Aber so triumphal will ich nicht enden. Wenn ich schon am Wort bin, will ich noch zwei Sachfragen berühren: *variationes docendi* und *periculum docendi*:

1) *Variationes:* Ich kam vorhin zu dem Ergebnis, dass Justinians Institutionen ein voll brauchbares modernes Lehrbuch des römischen Rechts sind. Warum sind es die Institutionen des Gaius nicht? Die *elementa* des Gaius, um 170 n. Chr. verfasst, entstammen einer anderen Zeit: Es gab keine den byzantinischen Rechtsschulen vergleichbaren Anstalten. Die Verwaltung lag nicht in Händen von „Karriere-juristen" – dieses System setzte laut LIEBS erst in der severischen Dynastie ein – sondern wurde im Reich und in den Städten von Honoratioren besorgt, in den Städten häufig von Personen, die das römische Bürgerrecht erst jüngst erhalten hatten. Genau an diese Schicht wendet sich Gaius. Das Werk ist überladen mit den Statusunterschieden der Prinzipatszeit, das Werk atmet den Bildungsdünkel der Neubürger. Die zwölf Tafeln, die Legisaktionen, die Manzipation, die Frauentutel, sogar die Mündlichkeit der Stipulation waren Ende des 2. Jh. n. Chr. in der Praxis bereits überholt, waren leeres Bildungsgut, das nur noch als Ballast mitgeschleppt wurde, um sich von der nichtrömischen Bevölkerung zu unterscheiden. Das

außerhalb der Juristenschriften überlieferte Urkundenmaterial spricht eine deutliche Sprache. Ich verstehe deshalb die gaianischen Institutionen nicht als ein Werk, das an die *legum cupida iuventus*, sondern an die *civitatis cupidae gentes* gerichtet war. Als Bibel der Neubürger blieb es auch nach dem Reichsbürgergesetz Caracallas 212 n. Ch. aktuell, in den Rechtsunterricht gelangte es erst später.

2) *Periculum:* Jede systematische Darstellung des römischen Rechts, sei sie nun an der Pandektenwissenschaft oder an den erhaltenen Institutionenwerken orientiert, birgt die Gefahr in sich, an der historischen Wirklichkeit der Rechtsordnung vorbeizugehen. Kurz gesagt, das was die römischen Juristen geschrieben haben, ist – besonders durch die Brille des heutigen Juristen gesehen (wie sonst aber wollen wir es sehen?) – nicht immer der Rechtsalltag Roms. Nur zwei kleine Beispiele als Schlussbemerkung: Gaius behandelt im Obligationenrecht die vier Kontraktstypen Real-, Verbal-, Litteral- und Konsensualverträge. Nach seiner Darstellung (Leihe, Verwahrung und Pfandvertrag ausgenommen) steht einer großen Gruppe von *condictiones*, strengrechtlichen Klagen, nur eine winzige Gruppe von *actiones bonae fidei* aus den Konsensualkontrakten gegenüber. Das entspricht genau der Praxis, die als typisch römisches Attribut die Urkunden bereits vor 212 mit Stipulationsklausel versehen hat. *Bonae fidei iudicia* kamen also nur höchst selten vor. Die dogmatischen Darstellungen verschieben dieses Bild – legitimerweise: Im Mittelpunkt der Erörterungen stehen der formfrei erklärte Konsens und die sich daraus ergebenden Probleme. Entgegen der historischen Praxis wird das im Unterricht auch weiterhin so bleiben. Nicht die Formalverträge, sondern das von den römischen Juristen entdeckte Konsensprinzip wirkt in den europäischen Privatrechtsordnungen fort.

Das zweite Beispiel ist dem Realkontrakt entnommen: Wir alle lehren, dass man in Rom mit der Darlehensklage, der dem *mutuum* entspringenden *condictio*, nur das Kapital, nicht aber Zinsen verlangen konnte. Zinsen hätten zusätzlich in Stipulationsform mündlich versprochen werden müssen. Doch sind auch die römischen Lehrbücher mit Vorsicht zu genießen. Die Urkundenpraxis der Prinzipatszeit zeigt – wie zu erwarten –, dass auch die Römer das verzinsliche Darlehen als einheitliches Geschäft auffassten. Nur war die übliche Darlehensklage nicht die *condictio* aus dem Realkontrakt *mutuum*, sondern diejenige aus dem Formalgeschäft *stipulatio*. Den Realkontrakt bemühte man lediglich aushilfsweise, wenn die *stipulatio* aus irgendeinem Grund unwirksam war; dann waren zwar die Zinsen verloren, aber wenigstens das Kapital gerettet (vgl. D 12.1.9.4-7).

So stelle ich mir, in einem Schlusssatz zusammengefasst, die Lehre des Römischen Rechts vor: Aufbauend auf einem griffigen Institutionenwerk zu zeigen, wie die klassischen römischen Juristen den Anforderungen ihres Rechtsalltags mit zielsicher eingesetzter Dogmatik begegneten. Dogmatik nicht als Selbstzweck, sondern als Werkzeug im heutigen – internationalen – Rechtsleben zu gebrauchen, können wir Romanisten die heutige Juristengeneration lehren: *nihil inutile, sed ipsa rerum argumenta.*

Rechtsunterricht und Honorar der Professoren in byzantinischer Zeit*

Spyros N. Troianos, Athen

Morgen vor 1471 Jahren – wenn man den Unterschied zwischen dem julianischen und dem gregorianischen Kalender außer acht läßt –, also am 15. Dezember 530, promulgierte Kaiser Justinian I. die *constitutio Deo auctore*, durch welche er eine Kommission mit der Erstellung eines Werkes beauftragte, das – nach dem Wortlaut des Gesetzes – bis zu jener Zeit „noch niemand weder zu hoffen noch zu wünschen gewagt hatte". Aufgabe der Kommission war – immer dem Gesetzestext zufolge – „alle römischen Rechtssätze zu sammeln und zu berichtigen und die verstreuten Werke so zahlreicher Rechtsgelehrter in einem einzigen Buch vereinigt darzustellen".[1] Wie jeder weiß, entstanden nach dreijähriger intensiver Arbeit die *Digesta*, die durch die am 16. Dezember 533 erlassene zweisprachige *constitutio Tanta/ Δέδωκεν* veröffentlicht wurden.

Abgesehen von der in den letzten Jahrzehnten des 20. Jahrhunderts an der justinianischen Justiz- und Gesetzgebungspolitik geübten Kritik,[2] läßt sich nicht leugnen, daß die Digesten durch die Interpretationsarbeit der Glossatoren und Postglossatoren im Mittelalter und nicht zuletzt durch die Lehre des Pandektenrechts an den Universitäten des deutschsprachigen Raums in der Neuzeit die Gestaltung des europäischen Privatrechts entscheidend beeinflußt haben.

Die wissenschaftliche Rechtsliteratur blühte in den Jahren Justinians. Das lag, wie Peter E. PIELER zutreffend bemerkte,[3] im engen Zusammenhang zwischen

---

* Vortrag am Symposion „Dignitatem Docere Habet – Rechtsunterricht und Rechtswissenschaft", das am 14. Dezember 2001 anläßlich des 60. Geburtstages von Professor Peter E. Pieler in Wien stattgefunden hat; die Erstpublikation des Beitrages erfolgte in BIDR CI–CII (1998-1999), S. 41-59.

1 Const. Deo Auctore § 2: „Hocque opere consummato (…), cum ex paucis et tenuioribus relevati ad summam et plenissimam iuris emendationem pervenire properaremus et omnem Romanam sanctionem et colligere et mendare et tot auctorum dispersa volumina uno codice indita ostendere, quod nemo neque sperare neque optare ausus est, res quidem nobis difficillima, immo magis impossibilis videbatur". Die Übersetzung folgt O. BEHRENDS/R. KNÜTEL/B. KUPISCH/H. H. SEILER, Corpus Iuris Civilis. II. Digesten 1-10 (1995), S. 56.

2 Siehe F. WIEACKER, Πόνοι τῶν διδασκάλων. Leistung und Grenzen der frühen oströmischen Rechtswissenschaft, in: Beiträge zur europäischen Rechtsgeschichte und zum geltenden Zivilrecht. Festgabe für Johannes Sontis (1977), S. 53-89 (55 ff.) mit weiteren Literaturangaben.

3 P. E. PIELER, Byzantinische Rechtsliteratur, in: Die hochsprachliche profane Literatur der Byzantiner, Bd. 2 (1978), S. 404: „Auch die wissenschaftliche Literatur siedelt hauptsächlich am Beginn der Epoche. Der Grund hierfür liegt im engen Zusammenhang zwischen Literatur, Kodifikation und Unterricht".

Literatur, Kodifikation und Unterricht. Wie diese zusammenspielten, verrät uns der Text der bereits erwähnten *constitutio Deo auctore*. Adressat dieser Konstitution war der *Quaestor sacri palatii* Tribonian, der sich bei den soeben abgeschlossenen Arbeiten für den *Codex Justinianus* besonders bewährt hatte. Ihn setzte der Kaiser an die Spitze der Kommission und überließ ihm zugleich die Auswahl der übrigen Mitglieder des Ausschusses. Allerdings durfte Tribonian seine Mitarbeiter nur unter den Professoren der Rechtsschulen (*antecessores*) und unter den bei den hauptstädtischen Gerichten zugelassenen Anwälten wählen.[4]

Das Vetrauen Justinians gegenüber den Rechtslehrern manifestiert sich auch an einer weiteren Stelle der in Rede stehenden Konstitution. Das Arbeitsmaterial beschränkte sich auf die Schriften derjenigen Rechtsgelehrten, „denen die allerheiligsten Kaiser die Befugnis gewährt haben, Rechtsnormen zu setzen und auszulegen“ (d. h. das *ius publice respondendi*). „Zwar haben auch andere Autoren Bücher geschrieben, die das Recht betreffen“, räumt Justinian ein, „jedoch solche, die von keinem Rechtslehrer anerkannt oder benutzt worden sind; deshalb haben auch wir ihre Schriften nicht für wert gehalten, unsere Rechtsordnung zu beunruhigen“.[5] Die Praxis der Rechtslehrer war also für die Entscheidung des Kaisers ausschlaggebend.

Verfasser des für den Rechtsunterricht bestimmten Lehrbuches waren – allerdings in Zusammenarbeit mit Tribonian – ebenfalls Professoren. Wie der einschlägigen Promulgationskonstitution *Imperatoriam maiestatem* zu entnehmen ist, wurden die *Institutiones* von Tribonian, Dorotheos und Theophilos redigiert.[6] Bei der

---

4 Const. Deo Auctore § 3: *„Et ad tuae sinceritatis optimum respeximus ministerium tibique primo et hoc opus commisimus, ingeni tui documentis ex nostri codicis ordinatione acceptis, et iussimus quos probaveris tam ex facundissimis antecessoribus quam ex viris disertissimis togatis fori amplissimae sedis ad sociandum laborem eligere“.* („Und wir haben auf die höchst bewährten Leistungen deiner lauteren Gesinnung geblickt und, da wir die Beweise deiner Begabung aus der Abfassung unseres Codex empfangen hatten, auch dieses Werk dir als dem Erstverantwortlichen übertragen. Und wir haben bestimmt, diejenigen zur Mitwirkung an der Arbeit auszuwählen, die du einerseits von den überaus sprachgewandten Professoren der Rechtswissenschaft, andererseits von den höchst beredten Anwälten des Gerichts der Hauptstadt für geeignet halten würdest“. Die Übersetzung folgt BEHRENDS/KNÜTEL/KUPISCH/SEILER, Corpus Iuris Civilis [Fn. 1], S. 56.)

5 Ibid. § 4: *„Iubemus igitur vobis antiquorum prudentium, quibus auctoritatem conscribendarum interpretandarumque legum sacratissimi principes praebuerunt, libros ad ius Romanum pertinentes et legere et elimare, ut ex his omnis materia colligatur, nulla (secundum quod possibile est) neque similitudine neque discordia derelicta, sed ex his hoc colligi quod unum pro omnibus sufficiat. Quia autem et alii libros ad ius pertinentes scripserunt, quorum scripturae a nullis auctoribus receptae nec usitatae sunt, neque nos eorum volumina nostram inqietate dignamur sanctionem“.* Die Übersetzung folgt BEHRENDS/KNÜTEL/KUPISCH/SEILER, Corpus Iuris Civilis (Fn. 1), S. 56.

6 Const. Imperatoriam maiestatem § 3: *„Cumque hoc deo propitio peractum est, Triboniano viro magnifico magistro exquaestore sacri palatii nostri nec non Theophilo et Dorotheo viris illustribus antecessoribus, quorum omnium sollertiam et legum scientiam et circa nostras iussiones fidem iam ex multis rerum argumentis accepimus, convocatis specialiter mandavimus, ut nostra auctoritate nostrisque suasionibus componant institutiones“.* („Nachdem auch dies durch die Gnade Gottes vollbracht ist, haben wir unseren großwürdigen Kanzler und früheren Justizminister Tribonian und ebenso auch die erlauchten Rechtslehrer

Erstellung des ersten *Codex* waren die Rechtsschulen – wenn auch in sehr beschränktem Ausmaß – ebenfalls vertreten.

Rechtsschulen und Rechtsunterricht gab es aber nicht erst seit Justinian.[7] Infolgedessen waren die Professoren des 6. Jahrhunderts Schüler der Rechtslehrer des 5. Jahrhunderts, der Träger einer rechtswissenschaftlichen Tradition, deren erste theoretische Grundlage auf das letzte Jahrhundert der Republik zurückgeht. Dennoch war die Gründung von Hochschulen, in welchen das Recht systematisch gelehrt wurde, eine Neuerung des Prinzipats.[8] Aus einer dem Studium der Wissenschaften (*artes liberales*) in Rom und Konstantinopel gewidmeten Konstitution der Kaiser Theodosios II. und Valentinian III. vom 27. Februar 425 geht hervor, daß bis dahin auf diesem Gebiet Unordnung geherrscht habe. Durch die Einführung einer mehr oder weniger strengen Regelung versuchten die beiden Kaiser diesem Mißstand abzuhelfen.[9]

Für den Unterricht erhielten die (privaten[10]) Rechtslehrer keinerlei materielle Unterstützung aus öffentlichen Mitteln. Sie durften nur Geschenke annehmen, die ihnen ihre Schüler als Äußerung von Anerkennung und Dankbarkeit anboten. Es war aber unerlaubt, es stellte sogar eine auch moralisch verwerfliche Tat dar, wenn die Lehrer von den Schülern für ihre Leistungen ein Entgelt forderten. Konsequenterweise waren die am Rechtsunterricht tätigen Juristen auf ihr Privatvermögen angewiesen, weil sie davon leben mußten.[11] Folglich kamen sie aus

Theophilus und Dorotheus, deren aller Klugheit, Gesetzeskenntnis und Ergebenheit gegenüber unseren Befehlen wir schon bei vielen Gelegenheiten erfahren haben, zu uns gerufen und ihnen den besonderen Auftrag erteilt, kraft unserer Autorität und nach unseren Weisungen diese Institutionen zu verfassen“. Die Übersetzung folgt O. BEHRENDS/R. KNÜTEL/B. KUPISCH/-H. H. SEILER, Corpus Iuris Civilis. Die Institutionen [1990], S. XIV.)

7 Zum juristischen Unterricht vor Justinian siehe L. WENGER, Die Quellen des römischen Rechts. [Österreichische Akademie der Wissenschaften. Denkschriften der Gesamtakademie, 2.] (1953, Nachdruck 2000), S. 611 ff.

8 Vgl. die bei A. A. DIMOPOULOU, La rémunération de l'assistance en Justice. Étude sur la relation Avocat-Plaideur à Rome (1999), S. 466 Fn. 436 angegebene Literatur.

9 C.Th. 14.9.3 (= C.J. 11.19[18].1): „Habeat igitur auditorium specialiter nostrum in his primum, quos Romanae eloquentiae doctrina commendat, oratores quidem tres numero, decem vero grammaticos; (...) Unum igitur adiungi ceteris volumus, qui philosofiae arcana rimetur, duo quoque, qui iuris ac legum formulas pandant, ita ut unicuique loca specialiter deputata adsignari faciat tua sublimitas ne discipuli sibi invicem possint obstrepere vel magistri neve linguarum confusio permixta vel vocum aures quorundam aut mentes a studio litterarum avertat“.

10 Durch eine im C.Th. 13.3.5 (a. 362) überlieferte Konstitution des Kaisers Julian ist den Senaten der Städte – vorbehaltlich kaiserlicher Bestätigung – die Ernennung der Lehrer (einschließlich der Rechtslehrer) übertragen. Wie WENGER, Quellen (Fn. 7), S. 617 bemerkt, ist damit kein bestimmter Beamtenstand staatlich angestellter Professoren der Jurisprudenz geschaffen; die Besoldungsvorschriften des C.Th. 13.3 sind auf die Rechtslehrer in sehr beschränktem Ausmaß zur Anwendung gelangt. Hinsichtlich der durch C.Th. 13.3.1 eingeführten Vergünstigungen vgl. G. COPPOLA, Giustiniano et i „doctores legum“, in: Labeo 41 (1995), S. 238-246, die eine unter Justinian ausgelassene Interpolation der Kompilatoren des 5. Jh. behandelt.

11 Vgl. DIMOPOULOU, Rémunération (Fn. 8), S. 467.

den oberen und daher wohlhabenden Gesellschaftsschichten. Allerdings wurden nicht alle Rechtslehrer vom juristischen Standpunkt aus gleich behandelt. Es scheint, daß die in Rom residierenden Lehrer im Vergleich zu ihren in der Provinz lehrenden Kollegen privilegiert waren. Der Schrift von Herennius Modestinus „De excusationibus“ zufolge, die teilweise in die Pandekten Eingang fand, waren nur die ersteren von ihren Verpflichtungen als *tutores* bzw. *curatores* befreit.[12]

Titel 13 des 50. Buches der Digesten betrifft die im außerordentlichen Gerichtsverfahren durchsetzbaren Ansprüche der höheren Stände für gehobene Dienstleistungen, etwa der Lehrer und der Ärzte. An erster Stelle wurden Fragmente aus dem 8. Buch der Schrift von Ulpian „Über sämtliche Gerichte“ aufgenommen. Hier sei angemerkt, daß man über die Echtheit dieser Schrift bzw. der konkreten Stelle gewisse Zweifel geäußert hat.[13] Hinsichtlich der Rechtslehrer meinte Ulpian (bzw. der Autor des Textes), die Jurisprudenz wäre so „heilig“,[14] daß man ihren Wert unmöglich in Geld angeben könne. Es wäre deswegen entehrend, wenn man für die Vermittlung von Rechtskenntnissen Honoraransprüche vor Gericht geltend machen würde.[15] Dies galt jedoch nicht für die Lehrer der Rhetorik, deren Schüler hauptberuflich die Vertretung der Interessen ihrer Auftraggeber vor Gericht übernahmen.[16] Darüber hinaus ist es quellenmäßig belegt, daß für die Rhetoren sowie andere Lehrer an höheren Schulen schon seit Vespasian Gehälter bezahlt wurden.[17]

---

12 D. 27.1.6.12: „Νόμων δ᾽ διδάσκαλοι ἐν ἐπαρχίᾳ διδάσκοντες ἄφεσιν οὐκ ἕξουσιν, ἐν Ῥώμῃ δ᾽ διδάσκοντες ἀφίενται.“

13 Vgl. WENGER, Quellen (Fn. 7), S. 613 Fn. 162.

14 „Heilig“ ist hier im weitesten Sinne des Wortes zu verstehen, denn die *res sanctae* standen nicht im Eigentum der Götter, wie die *res sacrae*, sondern unter ihrem Schutz. Vgl. M. KASER, Das römische Privatrecht, Bd. 1, 2. Auflage (1971), S. 380.

15 D. 50.13.1: *„Ulpianus libro octavo de omnibus tribunalibus. § 5. Proinde ne iuris quidem civilis professoribus ius dicent: est quidem res sanctissima civilis sapientia, sed quae pretio nummario non sit aestimanda nec dehonestanda, dum in iudicio honor petitur, qui in ingressu sacramenti offerri debuit. Quaedam enim tametsi honeste accipiantur, inhoneste tamen petuntur“.* („Daher steht auch den Professoren des Zivilrechts dieser Rechtsweg nicht offen; denn die Rechtskenntnis ist zwar eine sehr heilige Sache, aber von der Art, daß man ihren Wert unmöglich in Geld angeben kann. Es wäre folglich entehrend, wenn man die für den Eintritt ins Heiligtum gebührenden Honoraransprüche vor Gericht geltend machen würde. Denn das, was man als Angebot in Ehren annimmt, darf man nicht ohne Ehrenminderung anfordern“.)

16 D. 50.13.1: *„§ 10. In honorariis advocatorum ita versari iudex debet, ut pro modo litis proque advocati facundia et fori consuetudine et iudicii, in quo erat acturus, aestimationem adhibeat, dummodo licitum honorarium quantitas non egrediatur: ita enim rescripto imperatoris nostri et patris eius continetur. Verba rescripti ita se habent : „Si Iulius Maternus, quem patronum causae tuae esse voluisti, fidem susceptam exhibere paratus est, eam dumtaxat pecuniam, quae modum legitimum egressa est, repetere debes“. § 11. Advocatos accipere debemus omnes omnino, qui causis agendis quoquo studio operantur: non tamen qui pro tractatu, non adfuturi causis, accipere quid solent, advocatorum numero erunt“.* („Hinsichtlich des Honorars der Anwälte muß der Richter nach der Höhe des Streitwertes, der Beredsamkeit des Anwalts, der Art und den Gewohnheiten des Gerichts, vor welchem er zu handeln hatte, die Schätzung vornehmen, unter der Bedingung, daß der Betrag die erlaubten Grenzen nicht übersteigt. Dies besagt nämlich ein Reskript unseres Kaisers und seines Vaters, dessen Text folgendermaßen lautet: „Wenn I. M., den du zum

Über den Sinn der Digestenstelle *„est quidem res sanctissima civilis sapientia, sed quae pretio nummario non sit aestimanda nec dehonestanda, dum in iudicio honor petitur, qui in ingressu sacramenti offerri debuit*" herrscht unter den Romanisten keine Einigkeit. Wie Dieter NÖRR zutreffend schrieb,[18] interessiert uns an dieser Stelle allein die *res sanctissima civilis sapientia*, deren Lern- und Lehrbeginn als *ingressus sacramenti* bezeichnet wird. Die Stelle wird von den neueren Autoren, die verschiedene Übersetzungen vorschlagen, sehr unterschiedlich verstanden. Meines Erachtens verglich man den Eintritt in eine Rechtsschule im Großen und Ganzen mit der Einweihung in ein Mysterium und dieser quasisakrale Charakter der Rechtslehre schloß die Einklagbarkeit der diesbezüglichen Leistungen aus. Bestimmt hängt damit zusammen, daß Ulpian im ersten Buch seiner Institutionen die Rechtslehrer Priester – *sacerdotes* – nannte: „Wer das Recht studieren will, muß zunächst wissen, woher das Wort Recht, *ius*, stammt. Das Recht ist aber nach der Gerechtigkeit, *iustitia*, benannt. (...). Mit Grund kann man uns Priester der Gerechtigkeit nennen. Denn wir dienen der Gerechtigkeit und lehren das Wissen vom Guten und Gerechten, indem wir Recht und Unrecht trennen, Erlaubtes von Unerlaubtem scheiden und danach streben, die Menschen nicht nur durch Furcht vor Strafe, sondern auch durch Verheißen von Belohnung zum Guten zu führen".[19]

Es scheint aber, daß es in Bezug auf diese Regeln auch Ausnahmen gegeben hat, die sogar durch den Text der Digesten tradiert werden. Pomponius schreibt nämlich in seinem ἐγχειρίδιον, daß Massurius Sabinus, in fortgeschrittenem Alter in den Ritterstand aufgenommen, vom Kaiser Tiberius das Privileg erhielt, dem Volk Rechtsgutachten zu erstatten. Da er aber kein Vermögen besaß, wurde er von seinen Schülern unterhalten.[20]

Angesichts dieser für die Rechtslehrer ungünstigen Regelung bildete sich die Gewohnheit, daß diese vor Beginn des Studiums durch eine Vereinbarung mit den

---

Rechtsbeistand in deinem Prozeß gewählt hast, bereit ist, sein diesbezügliches Versprechen zu erfüllen, so darfst du nur so viel Geld zurückfordern, welches über das gesetzliche Maß ansteigt". Als Anwälte sind überhaupt alle diejenigen anzusehen, die durch irgendeine Bemühung in der Führung von Rechtssachen tätig sind. Wer aber Schriftsätze gegen Entgelt verfaßt, ohne bei der Verhandlung selbst aufzutreten, darf nicht zu den Anwälten gerechnet werden".)

17 Vgl. WENGER, Quellen (Fn. 7), S. 614 Fn. 172.

18 D. NÖRR, Iurisperitus sacerdos, in: ΞΕΝΙΟΝ. Festschrift für Pan. J. Zepos, I (1973), S. 555-572 (558 ff.).

19 D. 1.1.1: *„Ulpianus libro primo institutionum. Iuri operam daturum prius nosse oportet, unde nomen iuris descendat. Est autem a iustitia appellatum. (...). Cuius merito quis nos sacerdotes appellet: iustitiam namque colimus et boni et aequi notitiam profitemur, aequum ab iniquo separantes, licitum ab illicito discernentes, bonos non solum metu poenarum, verum etiam praemiorum quoque exhortatione efficere cupientes (...)".* Die Übersetzung folgt BEHRENDS/KNÜTEL/KUPISCH/SEILER, Corpus Iuris Civilis (wie Fn. 1), S. 91.

20 D. 1.2: *„Pomponius libro singulari enchiridii. § 50. Ergo Sabino concessum est a Tiberio Caesare, ut populo responderet: qui in equestri ordine iam grandis natu et fere annorum quinquaginta receptus est. Huic nec amplae facultates fuerunt, sed plurimum a suis auditoribus sustentatus est".* Vgl. BEHRENDS/KNÜTEL/KUPISCH/SEILER, Corpus Iuris Civilis (Fn. 1), S. 110.

Schülern die Höhe ihres Honorars festsetzten. Dies wird durch den Briefwechsel des Libanios bezeugt.[21] Es ist selbstvertändlich, daß im Falle der Verletzung dieser Vereinbarung der Rechtsweg ausgeschlossen war.

Der justinianische Kodifikationsplan umfaßte auch die Erstellung des bereits erwähnten offiziellen Lehrbuches, der Institutionen. Als die Redaktion der geplanten Unterrichtslektüre abgeschlossen war, schritt der Kaiser durch die *constitutio Omnem* zu einer Studienreform. Nach der Neuregelung sollte das juristische Studium in den Rechtsschulen von Rom, von Konstantinopel und von Berytos (heute Beirut) fünf Jahre dauern, auf die der gesamte Lehrstoff aufgeteilt wurde. Das militärische Vokabular lieferte den Namen zur Bezeichnung der Rechtslehrer der justinianischen Ära: *antecessores*.[22]

Durch verschiedene Maßnahmen versuchte Justinian den Text der Kodifikation gegen Eingriffe abzusichern. Dazu zählten das berühmte „Kommentarverbot" und die Beschränkung des Rechtsunterrichts auf die drei bereits erwähnten Schulen. Die Lehre des Rechts außerhalb dieser Schulen war strengstens verboten. Der Grund wurde in der *constitutio Omnem* angegeben: „Wir wollen aber, daß diese drei von uns zusammengestellten Werke den Studenten ausschließlich einerseits in den königlichen Städten (d. h. Rom und Konstantinopel), andererseits in der herrlichen Stadt der Bürger von Berytos, die man treffend auch die Nährmutter des Rechts nennen möchte, vermittelt werden, wie auch schon in der Vergangenheit von den Kaisern bestimmt wurde, und sonst an keinem anderen Ort, der nicht ein solches Vorrecht von unseren Vorgängern erhalten hat. Denn wir haben vernommen, daß auch in der glanzvollen Stadt Alexandreia und in der Stadt der Bürger von Caesarea und in anderen Städten einige unkundige Leute umherziehen und den Schülern verfälschte Lehren beibringen. Von diesem Unterfangen schrecken wir sie unter der Androhung ab, daß sie, wenn sie sich auch in der Zukunft unterstehen sollten, dies fortzusetzen und außerhalb der königlichen Städte und der Weltstadt Berytos Recht zu lehren, mit einer Strafe von zehn Pfund Gold belegt und aus der Stadt ausgewiesen werden, in der sie Recht nicht lehren, sondern Recht verletzen".[23]

---

21 Siehe den Brief Nr. W 1124 aus dem Jahr 364: „1. (...) ὁ γοῦν ἑταῖρος Ἀπρίγγιος μετὰ συχνοὺς περὶ τὸ βῆμα δρόμους ἥκει νόμους κτησόμενος, ἐπειδὴ παρὰ σοῦ κτήσασθαι τοὺς νόμους ἔστιν· ἄλλως δ᾿ οὐκ ἄν μοι δοκεῖ τῆς ἐμπορίας ἅψασθαι. (...) 3. ἠξίουν δ' ἄν τε καὶ περὶ μισθοῦ λέγειν, ὡς ἀνὴρ ἀγαθὸς μέν, πένης δέ, εἰ καὶ δοῦναι οὐχ οἷός τε, χάριτός γε ο᾿δε μνημονεῦσαι, εἰ μὴ πάλαι τοῦτον ᾔδειν παρὰ σοὶ κείμενον ὑπ᾿ρ τῶν νέων τὸν νόμον. „ (R. FOERSTER, Libanii opera, Bd. XI [1922, Nachdruck 1963], S. 258. Vgl. auch den Brief Nr. W 1555, ebd. S. 237).

22 Zur Lehrmethode der Antezessoren vgl. H. J. SCHELTEMA, L'enseignement de droit des antécesseurs. [Byzantina Nederlandica, ser. B: Studia, 1.] (1970) sowie D. SIMON, Aus dem Codexunterricht des Thalelaios, in: a. ZRG-RA 86 (1969), S. 338-383 und 87 (1970), S. 315-394, b. Revue intern. des droits de l'Antiquité 16 (1969), S. 283-308 und 17 (1970), S. 273-311.

23 Const. Omnem § 7: *„Haec autem tria volumina a nobis composita tradi eis tam in regiis urbibus quam in Berytiensium pulcherrima civitate, quam et legum nutricem bene quis appellet, tantummodo volumus, quod iam et*

In der *constitutio Omnem* wurde nichts über das Honorar der in den Rechtsschulen lehrenden Professoren bestimmt. Es ist aber anzunehmen, daß sie von der Staatskasse ein Gehalt bezogen.

Was ist aus den drei Rechtsschulen geworden? Die Schule von Rom verblühte rasch mit dem Verlust des Charakters der Stadt als Kaiserresidenz und diejenige von Berytos ging nach dem vernichtenden Erdbeben vom Jahre 551 unter.[24] Was die Rechtsschule von Konstantinopel betrifft, gehen die Meinungen in der Forschung auseinander. Einige behaupten, daß sie in der Zeit der Syrischen Kaiser noch in Betrieb war,[25] andere wiederum, daß sie unter Kaiser Phokas (602-610) geschlossen wurde. Jedenfalls ist ihr Weiterbestand während der Regierungszeit von Kaiser Maurikios (582-602) bezeugt.[26]

Es ist bekannt, daß die Antezessoren nach Justinians Tod verschwunden sind und daß die Juristenausbildung in die Hände der Scholastikoi[27] überging. Da sie als Juristen in der Gerichtspraxis tätig waren, gaben sie dem Rechtsstudium einen – im Vergleich zur Zeit der Antezessoren – viel weniger theoretischen Charakter zugunsten der prozessualen Rhetorik. Allmählich beschränkte sich der Lernstoff auf die Institutionen, nämlich das „offizielle" Lehrbuch – und zwar auf der Grundlage der griechischen Institutionenparaphrase des Theophilos –, und die Novellen, also die neuen, für die aktuellen Rechtsverhältnisse wichtigen Gesetze. Die Hauptmasse der Kodifikation, d. h. die Digesten und der Codex, wurden im Unterricht vernachlässigt, da sie nur in sehr beschränktem Ausmaß unmittelbar verwendbare Rechtskenntnisse enthielten.

Von den Lehrmethoden der Scholastikoi abgesehen, sind unsere Kenntnisse über die Struktur des Rechtsstudiums im 7. Jahrhundert sehr dürftig. Einige Infor-

---

a retro principibus constitutum est, et non in aliis locis quae a maioribus tale non meruerint privilegium: quia audivimus etiam in Alexandrina splendidissima civitate et in Caesariensium et in aliis quosdam imperitos homines devagare et doctrinam discipulis adulterinam tradere: quos sub hac interminatione ab hoc conamine repellimus, ut, si ausi fuerint in posterum hoc perpetrare et extra urbes regias et Berytiensium metropolim hoc facere, denarum librarum auri poena plectantur et reiciantur ab ea civitate, in qua non leges docent, sed in leges committunt". Die Übersetzung folgt BEHRENDS/KNÜTEL/KUPISCH/SEILER, Corpus Iuris Civilis (wie Fn. 1), S. 69 f.

24 Über die Rechtsschule von Berytos siehe WENGER, Quellen (wie Fn. 7), S. 619-632.

25 Siehe L. BREHIER, Notes sur l'enseignement supérieur à Constantinople, in: Byzantion 3 (1926), S. 73-94 und 4 (1927/28, S. 13-28; DERS., L'enseignement classique et l'enseignement religieux à Byzance, in: Revue d'histoire et de philosophie religieuses 21 (1941) S. 34-69; Fr. FUCHS, Die höheren Schulen von Konstantinopel im Mittelalter. [Byzantinisches Archiv, 8.] (1926, Nachdruck 1964).

26 Siehe P. ZEPOS, Die byzantinische Jurisprudenz zwischen Justinian und den Basiliken. [Berichte zum XI. Internationalen Byzantinisten-Kongreß] (1958), S. 25: „Wir dürfen als sicher annehmen, daß diese Schule noch lange nach Justinian in Tätigkeit blieb". Vgl. auch P. LEMERLE, Le Premier Humanisme Byzantin. [Bibliothèque Byzantine. Études, 6.] (1971), passim.

27 Vgl. A. CLAUS, ὁ σχολαστικός, Diss. (1965) und dazu D. SIMON, in: Byz. Zeitschrift 59 (1966), S. 158-161.

mationen können wir dennoch aus einem Kanon des sog. Quinisextum gewinnen, also jenes Ökumenischen Konzils, das Kaiser Justinian II. im Jahre 691/2 in den Kuppelsaal (Trullos) des Kaiserpalastes in Konstantinopel einberief. Dadurch zielte er auf die Ergänzung des Werks des 5. und des 6. Ökumenischen Konzils ab, die keine Kanones erließen. Dieses Konzil verabschiedete 102 Kanones – mehr als jede andere Synode im Osten. Unter anderem bezweckten die Konzilsväter durch diese Kanones viele Unsitten – Reste der heidnischen Vergangenheit – aus dem kirchlichen Leben zu beseitigen.

So ordneten sie durch Kanon 71 folgendes an: „Die Studenten des weltlichen Rechts dürfen weder von heidnischen Sitten Gebrauch machen, noch ins Theater gehen, noch die sog. ‚Kylistrai' verwirklichen, noch ungewöhnliche Kleider anziehen und zwar weder zu Beginn noch am Ende der Unterrichtszeit, noch überhaupt während des Studiums. Wer von nun an wagen würde, so etwas zu tun, wird exkommuniziert".[28]

Aus diesem Text geht hervor, daß es in den letzten Jahren des 7. Jahrhunderts immer noch einen organisierten Rechtsunterricht mit einem bestimmten Studienplan gab.[29] Höchstwahrscheinlich waren immer noch die Scholastikoi für den Lernprozeß zuständig, zumal ihre Existenz durch eine die *Ecloga privata aucta* enthaltende Handschrift aus dem Sinai-Kloster (10./11. Jh.)[30] bezeugt wird. Diesem Zeugnis zufolge haben auch Scholastikoi bei der Erstellung der isaurischen *Ecloga* mitgewirkt.[31] Es ist aber ungewiß, ob die Lehrer der im trullanischen Kanon angedeuteten Rechtsschulen ein Gehalt beim Staat bezogen. Da das Studium jedoch einen in zunehmendem Maße privaten Charakter aufwies, scheint mir wahrscheinlicher zu sein, daß sie von ihren Schülern bezahlt wurden.

Was war aber mit den Studenten und ihren Gewohnheiten los? Wie sind sie überhaupt im ausgehenden 7. Jahrhundert auf die Idee gekommen, all das, was im Kanon beschrieben wird, zu unternehmen? Ich bin der Meinung, daß diese Bräuche

---

28 Kan. 71: „Τοὺς διδασκομένους τοὺς πολιτικοὺς νόμους μὴ δεῖν τοῖς Ἑλληνικοῖς ἔθεσι κεχρῆσθαι, μήτε ἐπὶ θεάτρων ἀνάγεσθαι, ἢ τὰς λεγομένας κυλίστρας ἐπιτελεῖν, ἢ παρὰ τὴν κοινὴν χρῆσιν στολοὺς ἑαυτοῖς περιτιθέναι, μήτε καθ' ὃν καιρὸν τῶν μαθημάτων ἐνάρχονται, ἢ πρὸς τὸ τέλος αὐτῶν καταντῶσιν ἢ καθόλου φάναι διὰ μέσου τῆς τοιαύτης παιδεύσεως. Εἰ δέ τις ἀπὸ τοῦ νῦν τούτο πρᾶξαι τολμήσοι, ἀφοριζέσθω." (P.-P. JOANNOU, Discipline générale antique [IIe-IXe s.], [Pontificia Commissione per la redazione del Codice di Diritto Canonico Orientale. Fonti, fasc. IX.] Bd. I/1 [1962], S. 208 f.).

29 So auch P. ZEPOS, Ἡ βυζαντινή νομική παιδεία κατά τόν Ζ´ αἰῶνα, in: BYZANTION. Gedächtnisschrift für Andreas N. Stratos, Bd. 2 (1986), S. 735-749 (743).

30 Vgl. Ἱερὰ Μονὴ καὶ Ἀρχεπισκοπὴ Σινᾶ. Τὰ νέα εὑρήματα [ὑπουργείο Πολιτισμού – ἵδρυμα ὄρους Σινᾶ] (1998), S. 180 Nr. 153.

31 Vgl. D. SIMON/SP. TROIANOS, EPA Sinaitica, in: Fontes Minores III. [Forschungen zur byzant. Rechtsgeschichte, 4.] (1979), S. 168-193 (169) in Zusammenhang mit L. Burgmann, Ecloga. Das Gesetzbuch Leons III. und Konstantinos' V. [Forschungen etc. 10.] (1983), S. 163, krit. App. zu Z. 42.

der Jura-Studenten in den justinianischen Rechtsschulen herausgebildet wurden. Die durch die verschiedenen literarischen Quellen über die in den berühmten Rhetorenschulen von Athen und Antiocheia herrschenden Sitten[32] informierten Studenten wollten den besonderen Charakter des Rechtsstudiums durch die Einführung eigener Veranstaltungen unterstreichen, die die Kirche – vermutlich zu Recht – für heidnisch hielt.

Wie maßlos die Studenten des 6. Jahrhunderts in ihren Beziehungen untereinander und nicht zuletzt auch in ihrem Benehmen den Professoren gegenüber sein konnten, zeigt sehr deutlich § 9 der *constitutio Omnem,* deren Entwurf, so nehme ich an, von Professoren verfaßt wurde: „Die folgende, nun wahrlich notwendige Bestimmung machen wir aber unter höchster Strafandrohung bekannt, daß nämlich von denen, die sich dem Studium des Rechts widmen, niemand es wage, weder in dieser glanzvollen Stadt Konstantinopel, noch in der herrlichen Stadt der Bürger von Berytos, die unwürdigen und niederträchtigen, ja eher zu Sklaven passenden und in ihren Wirkungen Körper wie Ehre verletzenden Streiche zu spielen und andere Straftaten sogar gegen seine Professoren oder gegen seine Kommilitonen und insbesondere gegen diejenigen zu begehen, welche als Neulinge zum rechtswissenschaftlichen Unterricht kommen. Denn wer wird Handlungen Streiche nennen, die auf Straftaten hinauslaufen? In keiner Weise werden wir das denn auch dulden; vielmehr führen wir in unserer eigenen Zeit auch diese Angelegenheit der allerbesten Ordnung zu und reichen sie so allen kommenden Zeitaltern weiter, da es nötig ist, [bei den Studenten] zunächst die Gesinnung und danach die Zunge auszubilden".[33]

Nach der Verurteilung ihrer angeblich heidnischen Veranstaltungen durch Kanon 71 des Quinisextum versuchten die Studenten wahrscheinlich, sich durch eine religiöse Umgestaltung der Festlichkeiten ein „Alibi" zu verschaffen. Darauf werde ich aber später noch zu sprechen kommen.

Unter Basileios I. setzt die „makedonische Renaissance" ein. In wie weit sie den Rechtsunterricht beeinflußte, ist ungewiß; zum Rechtsstudium im 9. und 10. Jahrhundert besitzen wir nämlich keine direkten Nachrichten. Wir wissen so gut wie nichts über die Struktur und den inneren Betrieb der Lehranstalt von Kaiser Bardas

---

32 Die Zeremonie bei der Aufnahme der neuen Studenten in Athen, zu der auch ein ziemlich spektakulärer Umzug durch die Agora gehörte, ist uns durch die Grabrede Gregors von Nazianz (Kap. 16) auf Basileios d. Gr. überliefert. Vgl. J.-P. MIGNE, Patrologiae cursus completus. Series graeca, Bd. 36 Sp. 516/7.

33 Const. Omnem § 9: *„Illud vero satis necessarium constitutum cum summa interminatione edicimus, ut nemo audeat neque in hac splendidissima civitate neque in Berytiensium pulcherrimo oppido ex his, qui legitima peragunt studia, indignos et pessimos, immo magis serviles et quorum effectus iniuria est ludos exercere et alia crimina vel in ipsos professores vel in socios suos et maxime in eos, qui rudes et recitationem legum perveniunt, perpetrare. Quis enim ludos appellet in eos, ex quibus crimina oriuntur? Hoc etenim fieri nullo patimur modo, sed optimo ordini in nostris temporibus et hanc partem tradimus et toto postero transmittimus saeculo, cum oportet prius animas et postea linguas fieri eruditos".* Die Übersetzung folgt BEHRENDS/KNÜTEL/KUPISCH/SEILER, Corpus iuris civilis (Fn. 1), S. 70 f.

und ihrer Neugründung (falls sie in der Zwischenzeit untergegangen war) unter Konstantinos VII. Einen eigentlichen Rechtsunterricht scheint es in beiden Schulen nicht gegeben zu haben. Stattdessen wurde aber die Rhetorik gelehrt, die seit der Zeit der Scholastikoi einen Bestandteil der (praktisch orientierten) Juristenausbildung darstellte. Professor der Rhetorik an der Schule von Konstantinos war (vor 944[34]) der Lukianos-Scholiast Metropolit Alexandros von Nikaia.[35] Hinsichtlich der Natur der sog. „Universität" von Porphyrogennetos gehen die Meinungen auseinander. Es ist aber wahrscheinlicher, daß sie trotz ihrer kaiserlichen Gründung die Merkmale einer eher privaten Schule aufwies.[36] Geschichtsquellen zufolge erhielten die Lehrer viele Geschenke vom Kaiser; ob diese Gaben aber den Charakter eines Gehalts hatten, bleibt unklar.[37]

Allem Anschein nach befand sich das wirkliche Rechtsstudium unter den Makedonen in den Händen von Personen, die den Unterricht in Eigenverantwortlichkeit nebenbei erteilten, da sie in ihrer überwiegenden Mehrheit bei der Justiz oder in der Zentralverwaltung hauptberuflich tätig waren. Immerhin legt die – allerdings sehr knappe – Formulierung der alten Digestenstelle (50.13.1) über die Honoraransprüche der Lehrer bei ihrer Aufnahme in die Basiliken die Vermutung nahe, daß die Nichteinklagbarkeit solcher Ansprüche der Rechtslehrer weiterbestand: Der Richter durfte den Lehrern der *artes liberales*, also den Rhetoren, Grammatikern, Geometern, Ärzten und Ärztinnen, ihr Honorar zusprechen, den „Interpretatoren der Gesetze" – so der Text – jedoch nicht, war doch dieses Studium in Geld nicht umsetzbar.[38] Die in Rede stehende Bestimmung wurde in dieser Fassung durch die im 10. und 11. Jahrhundert entstandenen Derivata der Basiliken weiter tradiert.[39]

34 Vgl. J. DARROUZES, Épistoliers byzantins du Xe siècle. [Archives de l'Orient chrétien, 6.] (1960), S. 28.

35 Siehe Theophanes Continuatus, hg. von I. Bekker, (1838), S. 446: „Παιδευτὰς δ᾽ ἀρίστους προκέκρικεν· εἰς Κωνσταντῖνον πρωτοσπαθάριον τὸν τηνικαῦτα μυστικὸν τὸ τῶν φιλοσόφων παιδοτριβεῖον δέδωκεν, εἰς δ᾽ τὸ τῶν ῥητόρων Ἀλέξανδρον μητροπολίτην Νικαίας, (...)." (= Migne [wie Anm. 32] Bd. 109 Sp. 464 C).

36 Vgl. P. SPECK, Die kaiserliche Universität von Konstantinopel. Präzisierungen und Fragen des höheren Schulwesens in Byzanz im 9. und 10. Jahrhundert [Byzantinisches Archiv, 14.] (1974), S. 22 ff., insbes. S. 28, und ders., Konstantinopel - ein Modell für Bologna? Zur Gründung einer Rechtsschule durch Irnerius, in: Varia III [Freie Universität Berlin. Byz.-Neugr. Seminar. Ποικίλα Βυζαντινά, 11.] (1991), S. 326.

37 Über die staatlichen Ausgaben für die hauptstädtischen Hochschulen vgl. A. ANDRÉADÈS, Le recrutement des fontionnaires et les universités dans l'empire byzantin, in: DERS., Ἔργα, Bd. 1 (1938), S. 545-562, insbes. 552 f.

38 Bas. 54.14.1.5 (= D. 50.13.1): „Οὔτε δ᾽ τοῖς ἐξεγηταῖς τῶν νόμων δικάζει περὶ μισθῶν διὰ τὸ μὴ ὀφείλειν τὴν τοιαύτην σπουδὴν ἀποτιμᾶσθαι χρήμασιν. ἐν ἀρχῇ δ᾽ τοὺς μισθοὺς αὐτῶν δεῖ παρέχεσθαι. εἰσὶ γάρ τινα εὐπρεπῶς διδόμενα, οὐκ εὐπρεπῶς δ᾽ ἀπαιτούμενα". Vgl. die Ausgabe H. J. SCHELTEMA/N. VAN DER WAL, Bd. 7 (1974), S. 2505.

39 Vgl. Synopsis Basilicorum Maior M 14.1 (10. Jh.) und Ponema Nomikon des Michael Attaleiates 33.2 (11. Jh.) bei I. und P. ZEPOS, Jus graecoromanum (1931, Nachdruck 1962), Bd. 5 S. 424 f.

Aus der amtlichen Eigenschaft der Personen, in deren Hände der Rechtsunterricht überging, ergab sich, wie Peter E. PIELER zu Recht bemerkte, zwangsläufig der Gleichklang ihres Unterrichtsprogramms mit der offiziellen Kulturpolitik des Kaiserhauses. So orientierte sich der Unterricht an den neuen, unter den ersten Kaisern der makedonischen Dynastie entstandenen Texten.[40] Dies läßt sich durch das sog. „Eparchenbuch" feststellen.

Dieser Text, welcher viele interessante Einzelheiten hinsichtlich der Ausbildung eines juristischen Berufszweiges in der Regierungszeit Basileios' I. und Leons VI. enthält, stellt die einzige Ausnahme angesichts des bereits erwähnten Mangels an einschlägigen Quellen dar. Es handelt sich dabei um ein kurz vor dem Tod Leons VI. (912) promulgiertes Gesetz[41] oder, einer anderen Meinung zufolge, um einen auf den Stadtpräfekten Philotheos zurückgehenden Gesetzesentwurf, mit welchem man das Zunftwesen in der Hauptstadt einer rechtlichen Regelung unterwerfen wollte.[42] Seinen Namen verdankt dieser Text der Tatsache, daß er für den ἔπαρχος τῆς πόλεως – den Stadtpräfekten – bestimmt war, der für die Überwachung der Korporationen (συστήματα) in Konstantinopel zuständig war. Das Eparchenbuch ist in 22 Titel gegliedert; jeder Titel betrifft eine bestimmte zunftmäßig organisierte Berufsgruppe.

Der 26 Kapitel umfassende 1. Titel ist der Korporation der Notare gewidmet. Da es einen *numerus clausus* der Notare – 24 in der ganzen Hauptstadt dem Kap. 23 zufolge – gab, wurden die Voraussetzungen zur Aufnahme in das σύστημα sehr detailliert geregelt. Hinsichtlich der allgemeinen Bildung und der speziellen Kenntnisse der angehenden Notare sah Kapitel 2 folgendes vor: „Wer bestellt werden soll, muß die vierzig Titel des Gesetzeshandbuches auswendig wissen und die Sechzig Bücher kennen, aber auch in der allgemeinen Bildung erzogen sein, damit er nicht bei den Ausfertigungen Fehler begeht und nicht bei Formulierungen strauchelt. Er soll lange Zeit mit der Reifung des Geistes und des Körpers ausgefüllt haben".[43] Mit dem Ausdruck „vierzig Titel des Gesetzeshandbuches" meinte der

---

bzw. Bd. 7 S. 457.

40 PIELER, Rechtslitaratur (Fn. 3), S. 446.

41 J. KODER, Das Eparchenbuch Leons des Weisen [Corpus Fontium Historiae Byzantinae, 33] (1991), S. 31 f.

42 A. SCHMINCK, „'Novellae extravagantes' Leons VI.", in: Subseciva Groningana 4 (1990) (= Novella Constitutio. Studies in Honour of N. van der Wal) 195-209 (207 f.). Vgl. ferner P. SPECK, (Erlassenes) Gesetz oder ein weiteres Schulbuch? Überlegungen zur Entstehung des Eparchenbuchs, in: Varia III (Fn. 36), S. 293-306, nach welchem das Eparchenbuch eine private Sammlung verschiedener Zunftsatzungen war, die eventuell dem jungen Konstantinos als Lehrbuch dienen sollte.

43 KODER, Eparchenbuch (Fn. 41), S. 74 Z. 26-30: „Ὁ προχειρισθησόμενος ὀφείλει ἐπὶ στόματος ἔχειν τοὺς τεσσαράκοντα τίτλους τοῦ ἐγχειριδίου νόμου καὶ τῶν ἑξήκοντα βιβλίων τὴν γνῶσιν, παιδευθῆναι δ᾽ καὶ ἐγκύκλιον παίδευσιν, ὡς ἂν μὴ διαμαρτάνῃ ἐν ταῖς ἐκδόσεσιν, ὀλισθαίνῃ δ᾽ καὶ περὶ τὴν λέξιν. ἔχειν δ᾽ καὶ τὸν χρόνον

Verfasser des Textes ohne Zweifel das Prochiron Leons des Weisen und nicht die von ihm verabscheute Eisagoge, wie Andreas SCHMINCK zu Recht bemerkte.[44] Umfangmäßig konnten die Kandidaten ohne größere Schwierigkeiten das ganze Gesetzbuch auswendig lernen, was bei den „Sechzig Büchern" selbstverständlich ausgeschlossen war. Deswegen äußerte Paul SPECK die Vermutung, der diese Textsammlung betreffende Satz wäre nachträglich in die Zunftordnung interpoliert.[45] Wenn man aber die beiden einschlägigen Ausdrücke miteinander vergleicht (das Prochiron sollten die Anwärter *parat im Mund haben*, während von den „60 Büchern" nur die *Kenntnis* verlangt wurde), kommt man meines Erachtens leicht zur Schlußfolgerung, daß der Verfasser des Eparchenbuches nur einen Überblick der später so genannten „Basiliken" im Sinne hatte.

Wo und wie sollten aber die angehenden Notare die nötigen Rechtskenntnisse erwerben? Im Kapitel 13 desselben 1. Titels des Eparchenbuches lesen wir folgendes: „Der juristische Knabenlehrer und der Lehrer sollen auf Weisung des überaus ruhmreichen Eparchen den althergebrachten Amtssitz einnehmen, nachdem sie zuvor von dem Kollegium der Notare und dem Präsidenten sowie den juristischen Knabenlehrern und Lehrern gewählt wurden, wobei der Jurist herkömmlicherweise dem Präsidenten zwei und dem Kollegium vier Goldmünzen zu entrichten hat, der Lehrer aber dem Präsidenten ein und dem Kollegium zwei Goldmünzen".[46]

Daraus läßt sich schließen, daß auch Lehrer innerhalb der Korporation tätig waren und zwar Lehrer sowohl für die allgemeine Bildung, die διδάσκαλοι (ohne Attribut), als auch für die juristische Ausbildung, die παιδοδιδάσκαλοι νομικοί.[47] Beide wurden von einem Gremium gewählt, das sich aus sämtlichen Mitgliedern des Kollegiums, also den Notaren und deren Präsidenten, und aus den anderen Lehrern zusammensetzte. Die Tatsache, daß die Lehrer beider Kategorien im Plural erwähnt werden, bedeutet, daß es nicht nur einen, sondern mehrere gab.

Über den Inhalt des Ausdrucks νομ῟, den ich Johannes KODER folgend mit „Amtssitz" übersetzt habe, herrscht keine Einigkeit unter den Autoren, die sich mit

πληρέστατον τοῦ διατρανοῦσθαι καὶ τῷ νοὶ καὶ τῷ σώματι.". Die Übersetzung folgt KODER, S. 75.

44 SCHMINCK, Novellae extravagantes (wie Fn. 42), S. 208.

45 SPECK, Konstantinopel (Fn. 36), S. 325.

46 KODER, Eparchenbuch (Fn. 41), S. 80 Z. 96-101: „Ὁ παιδοδιδάσκαλος νομικὸς καὶ ὁ διδάσκαλος ἐν νομῇ ἀρχαίᾳ καθεζέσθω κελεύσει τοῦ ἐνδοξοτάτου ἐπάρχου, πρότερον ψηφιζόμενος παρὰ τοῦ συλλόγου τῶν ταβουλλαρίων καὶ τοῦ πριμμικηρίου καὶ τῶν παιδοδιδασκάλων νομικῶν καὶ τῶν διδασκάλων, παρέχων ὑπ῟ρ συνηθείας ὁ μ῟ν νομικὸς τῷ πριμμικηρίῳ νομίσματα δύο καὶ τῷ συλλόγῳ νομίσματα τέσσαρα, ὁ δ῟ διδάσκαλος τῷ πριμμικηρίῳ νόμισμα ἐν καὶ τῷ συλλόγῳ νομίσματα δύο." Zur Übersetzung vgl. KODER, S. 81.

47 ZEPOS, παιδεία (Fn. 29), S. 746 f. stellte die Hypothese auf, diese Rechtslehrer wären möglicherweise ebenfalls an der (kaiserlichen?) Hochschule tätig.

der Auslegung des „Eparchenbuches“ befaßt haben. Von manchen wird er als „Lehrstuhl“ oder „Stelle“, von anderen wiederum als „Unterrichtsraum“ oder gar „Privileg“ aufgefaßt.[48] Vermutlich liegt die Bedeutung im Sinne des Gesetzgebers in einer Kombination aller vorgeschlagenen Interpretationen.

Die Lehrer für die juristischen Fächer, die „Knabenlehrer“, durften, obwohl sie als Notare nicht zugelassen waren, Urkunden abfassen. Dazu war aber der „Auftrag“ (im Sinne der Ermächtigung) des Stadtpräfekten sowie der Beschluß und die Billigung der Notare notwendig. Waren diese Voraussetzungen nicht erfüllt, sollte ein Lehrer, der so etwas unternommen hatte, geschlagen und von seinem Posten verjagt werden.[49]

Besonders aufschlußreich sowohl für den Lehrbetrieb als auch für die Beziehungen zwischen den Rechtslehrern und ihren Schülern ist der Inhalt von Kapitel 16: „Die Rechtslehrer sollen einen Schüler von einer anderen Schule nicht annehmen, wenn er (dort) das Honorar für die Ausbildung nicht bezahlt hat. Wenn die Eltern aber einen vernachlässigten bzw. einen nachlässigen [ich komme darauf zu sprechen] Schüler zurückholen wollen, soll dies mit Wissen des Präsidenten geschehen“.[50]

Der erste Satz legt die Vermutung nahe, daß sich die Rechtslehrer einer gewissen Autonomie erfreuten, indem jeder in einer eigenen „Schule“ unterrichtete. Dieser Terminus scheint in erster Linie eine lokale Bedeutung gehabt zu haben, im Sinne des Ortes, an dem jeder Lehrer seine Vorlesungen hielt. Ferner waren, dem Wortlaut der Vorschrift zufolge, „Umschulungen“ erlaubt, jedoch unter der Bedingung, daß der Schüler seinem früheren Lehrer gegenüber keine finanziellen Verpflichtungen mehr hatte. Offensichtlich war die Regelung der Geldfragen hinsichtlich des Studiums Gegenstand einer Vereinbarung zwischen dem Rechtslehrer einerseits und dem Schüler bzw. seinen Eltern oder seinem Vormund andererseits. Mit dieser Vereinbarung hatte das Kollegium der Notare und dessen Präsident nichts zu tun, da sie sich mit den Aufnahmegebühren begnügen mußten, die die Lehrer bei ihrer Anstellung zu entrichten hatten.

---

48 Vgl. J. NICOLE, Le livre du Préfet ou l'édit de l'empereur Léon le Sage sur les corporations de Constantinople (1893), S. 82-87; W. WOLSKA-CONUS, Les termes νομή et παιδοδιδάσκαλος νομικός du „livre de l'éparque“, in: Travaux et Mémoires 8 (1981), S. 531-541 und dazu die zutreffenden Bemerkungen von D. SIMON, Hermeneutische Gymnastik, in: Rechtshistorisches Journal 1 (1982), S. 39-42.

49 Kap. 15: „Ὁ παιδοδιδάσκαλος νομικὸς ἐὰν βουλήθῃ συμβόλαια γράψαι ἄνευ προστάξεως τοῦ ἐπάρχου καὶ ψήφου καὶ δοκιμασίας τῶν συμβολαιογράφων, τυπτόμενος ἐκδιωκέσθω τῆς αὐτου νομῆς.“ (KODER, Eparchenbuch [Fn. 41], S. 80 Z. 105-107).

50 KODER, Eparchenbuch (Fn. 41), S. 80 Z. 108-110: „Οἱ νομικοὶ παιδοδιδάσκαλοι μὴ δεχέσθωσαν ἀφ᾽ ἑτέρας σχολῆς παῖδα, εἰ μὴ ἐκπληρώσῃ τὸν μισθὸν τῆς μαθήσεως, εἰ δ᾽ ἀμελούμενον οἱ γονεῖς ἀναλάβωνται, εἰδήσει τοῦ πριμμικηρίου γενέσθω“. Zur Übersetzung vgl. KODER, S. 81.

Aus dem zweiten Satz geht hervor, daß die Eltern im Rahmen ihrer *potestas* berechtigt waren, das Studium ihrer Kinder jederzeit abzubrechen und sie von der Schule zurückzuholen; sie sollten nur darüber den Präsidenten der Korporation benachrichtigen. Im Text ist von einem ἀμελούμενον παῖδα die Rede, wobei das Verb ἀμελῶ in passiver Form verwendet wurde. Wenn man das wörtlich versteht, handelt es sich um einen vernachlässigten Schüler. Sollte er aber von seinem Lehrer vernachlässigt worden sein, hätten die Eltern ihren Sohn nicht zurückzuholen brauchen, sondern einen anderen Lehrer aussuchen müssen. Wegen dieser offenkundigen Unstimmigkeit neige ich dazu, das Verb in aktiver Form zu verstehen. In diesem Fall soll der Schüler, den die Eltern zurückholen wollen, nicht vernachlässigt, sondern nachlässig – mit anderen Worten faul – gewesen sein.

Die Beteiligung beim Lernprozeß von einfachen, d. h. von für die allgemeine Bildung zuständigen Lehrern und der Text des Kapitels 16, wonach die Eltern noch für die Zukunft ihrer Kinder sorgen mußten, zeigt, daß die Ausbildung der angehenden Notare sehr früh anfing[51] und sämtliche Phasen von der Vermittlung von Elementarkenntnissen bis zum Abschluß eines fachjuristischen Studiums umfaßte.

Man hat die Vermutung geäußert, daß die beim Kollegium der Notare in Betrieb befindlichen Schulen auch den Bedarf anderer juristischer Fachrichtungen deckten, und zwar den der Anwälte, für die in mittelbyzantinischer Zeit keine besondere Korporation bezeugt ist.[52] Im Hinblick darauf, daß wir erstens dafür keinen besonderen Anhaltspunkt in den Quellen besitzen, und zweitens die zunftmäßig orientierte Ausbildung der Notare mit Sicherheit die für einen Anwalt wichtigen Fachkenntnisse, etwa Rhetorik, ausließ, bin ich dieser Meinung gegenüber sehr skeptisch. Aber die angedeutete Mehrzahl der Rechtslehrer wirft im Vergleich zu der – wegen des *numerus clausus* – beschränkten Gesamtzahl der Notare und folglich auch der Schüler zugegebener Maßen einige Probleme auf.

Die Rechtslehrer der angehenden Notare tauchen im Kommentar des bekannten Kanonisten des 12. Jahrhunderts, Theodoros Balsamon, zum Kanon 62 des bereits erwähnten Konzils im Trullos auf: „Die einst von den Rechtslehrern der Notare am Festtag der heiligen Notare begangenen unanständigen Taten, die darin bestanden, daß sie mit Theatermasken durch den Markt marschierten, wurden vor einigen Jahren durch einen Beschluß jenes hochheiligen Patriarchen, des Herrn Lukas, verboten“.[53] Hier ist Patriarch Lukas Chrysoberges gemeint, der von 1157 bis 1170 amtierte.

---

51 Hinsichtlich des Alters der Schüler im Allgemeinen vgl. P. LEMERLE, Elèves et professeurs à Constantinople au Xe siècle (1969), S. 4.

52 Die justinianische Konstitution C.J. 6.48.1.10, in welcher von σονηγόρων σωματεῖα die Rede ist, fand anscheinend in die Kodifikation Leons VI. keinen Eingang.

53 „Τὰ μέν τοι ποτ᾽ γινόμενα ἀπρεπῆ παρὰ τῶν νοταρίων παιδοδιδασκάλων κατὰ τὴν ἑορτὴν τῶν ἁγίων Νοταρίων, μετὰ προσωπεύων σκηνικῶν διερχομένων τὴν ἀγοράν,

„Heilige Notare" nannte man die Märtyrer Markianos und Martyrios, die während der Verfolgungen der Anhänger des Konzils von Nikaia unter Konstantios vermutlich im Jahre 342 umgebracht und an ihrem Todestag, am 25. Oktober, verehrt wurden. An diesem Tag zogen die Schüler mit ihren Lehrern komisch verkleidet durch die Stadt – zur allgemeinen Belustigung, jedoch zur Entrüstung der Kirchenführung und der Geistlichkeit überhaupt, die diese Veranstaltungen für heidnisch hielten. Diese Umzüge, die eventuell eine spöttische Nachahmung der in der Zunftordnung der Notare vorgeschriebenen pompösen Zeremonien sein sollten, wurden durch ein Epigramm eines bekannten Gelehrten des 11. Jahrhunderts, Christophoros Mitylenaios, verewigt.[54]

Es ist mehr als wahrscheinlich, daß diese „Prozessionen" zur Zeit des Christophoros Mitylenaios und des Theodoros Balsamon von (einfachen) Schülern der hauptstädtischen Schulen und nicht von Angehörigen der Rechtsschulen der Notare organisiert wurden. Wie kam aber Balsamon dazu, die „unanständigen Taten" den Rechtslehrern in die Schuhe zu schieben? Dies läßt sich meines Erachtens durch folgende Überlegungen erklären. Die Wurzeln dieser Umzüge lagen in denen der „Studenten des weltlichen Rechts" des 7. Jahrhunderts, die in der Verknüpfung ihrer Veranstaltungen mit der Verehrung der beiden juristisch „gefärbten" Heiligen Deckung gesucht haben, nachdem ihre Bräuche durch Kanon 71 des mehrfach erwähnten Trullanischen Konzils als heidnisch verurteilt worden waren.

Ungefähr ein Jahrhundert nach Konstantinos VII. wandte sich ein anderer Kaiser, ebenfalls mit Namen Konstantinos (IX. Monomachos), der Lehre der Rechtswissenschaft zu. Der herrschenden Meinung zufolge erließ dieser Kaiser im Jahre 1047 eine Novelle „über die Wahl und die Ernennung des Nomophylax",[55] durch welche er – wenn auch im Rahmen einer bestimmten Bildungspolitik – die Verstaatlichung des Rechtsstudiums durch die Gründung einer „Lehranstalt der Gesetze" (Διδασκαλεῖον τῶν νόμων) bezweckte. Die Leitung dieser Schule wurde dem Nomophylax (= Gesetzeswahrer) anvertraut, der in den Senatorenstand aufgenommen und in der Staatshierarchie hinter dem ἀπὸ τῶν κρίσεων – also sehr hoch – eingereiht wurde. Ferner dotierte Konstantinos Monomachos die Stelle des Nomophylax mit vier Pfund Gold jährlich und außerdem mit Zuwendungen an

πρὸ χρόνων τινῶν κατεργήθησαν, καθ' ὁρισμὸν τοῦ ἁγιοτάτου ἐκείνου πατριάρχου κυροῦ Λουκᾶ." (G. RHALLES / M. POTLES, Σύνταγμα τῶν θείων καὶ ἱερῶν κανόνων, Bd. 2 [1852, Nachdruck 1966 und 1997], S. 451 f. = MIGNE, Cursus [Fn. 32], Sp. 732 A). Zum konkreten Patriarchalakt vgl. V. GRUMEL/J. DARROUZES, Les regestes des actes du Patriarcat de Constantinople. I. Les actes des Patriarches, fasc. II-III (1989), Nr. 1093.

54 Vgl. zuletzt K. G. PITSAKIS, Μία αφανής μαρτυρία γιά τήν εορτή τών 'άγίων Νοταρίων' στήν Κωνσταντινούπολη, in: Βυζαντινά 21 (2000), S. 419-434 (mit weiteren Literaturangaben).

55 Letzte Ausgabe: A. SALAC, Novella constitutio saec. XI. medii quae est de schola iuris Constantinopoli constituenda et legum custode a Ioanne Mauropode conscripta, a Constantino Monomacho promulgata (1954).

Naturalien. Obwohl das Gesetz über die unter dem Nomophylax angestellten Professoren nichts vorschrieb, darf man aufgrund der Andeutungen im Prooimion der Novelle (s. unten) annehmen, daß auch sie ein Staatsgehalt bezogen.

Dem dispositiven Teil der Novelle wurde ein langes Prooimion vorausgeschickt, in welchem der Kaiser unter anderem seinen Vorgängern vorwarf, sie hätten die Lehre des Rechts vernachlässigt, indem sie nicht für die Errichtung einer Schule mit offiziell bestallten und vom Staat bezahlten Lehrern und mit geeigneten Hörsälen gesorgt hätten. Auf diese Weise bliebe die heilige Kenntnis der Gesetze wie ein steuerloses Boot mitten im Meer des Lebens. Da es keine einheitliche Lehre gäbe, gäbe es unter den Richtern viele Meinungen und so sei auch die Rechtsprechung zu Schaden der Rechtssicherheit in Verwirrung geraten.

Der neugegründeten Schule wurde als Sitz das schönste Gebäude des Kaiserpalastes – so der Text –, nämlich die Georgskirche der Manganen, zugewiesen. Durch die erwähnte Novelle wurde das Mitglied des Kaisergerichts, Johannes Xiphilinos (der spätere Patriarch Johannes VIII.), als Nomophylax auf Lebenszeit eingesetzt. Zur ungehinderten Erfüllung seiner Pflichten standen ihm alle Bücher der Palastbibliothek zur Verfügung.

Der Nomophylax sollte den jungen Leuten (vermutlich nach Abschluß der Allgemeinbildung) das Recht unterrichten, auf das Auftreten und Verhalten der Studenten achten und die Aufnahme von Anwälten und Notaren in die entsprechende Zunft regeln. Hier sei nebenbei bemerkt, daß eine Zunft der Anwälte nur an dieser Stelle erwähnt wird.[56] Des weiteren sollte der Nomophylax in dem Durcheinander, das bei der Auslegung des Rechts angesichts des zu niedrigen Niveaus der Lehrer eingetreten ist, Ordnung schaffen. Er war für die „Aufbewahrung der Gesetzbücher" im Sinne der verbindlichen Interpretation der Rechtsvorschriften zuständig.[57]

Die Nachfolger von Xiphilinos sollten das Recht beherrschen, beide Sprachen, Griechisch und Latein, können, und bereit sein, keine Mühe zu scheuen und auch nachts zu arbeiten.

Die Aufnahme der Schüler in die Rechtsschule sollte aufgrund ihrer Leistungen und ohne Rücksicht auf ihre Herkunft oder auf ihr Vermögen erfolgen. Der Nomophylax sollte unentgeltlich unterrichten; er durfte jedoch Zuwendungen von Hochgestellten annehmen. Es bleibt dennoch unklar, ob die Schüler nach dem Abschluß des Studiums Schulgeld zahlen mußten.

Dieser Rechtsschule wurde in der älteren Literatur zu große Bedeutung beigemessen, indem man hinter ihrer Gründung eine groß angelegte Bildungsreform

---

56 Vgl. Fn. 52. Wie SPECK, Konstantinopel (Fn. 36), S. 342 Fn. 33 Nr. 4 zu Recht bemerkt, „eine Zunft der Anwälte, ein Anwaltsverband, ist bisher nicht in der Literatur erwähnt".

57 Über die Aufgaben des Nomophylax vgl. SPECK, Konstantinopel (wie Fn. 36), S. 331 f.

vermutete.[58] In Wirklichkeit aber wollte der Kaiser durch diese vermeintliche Reform zwei auf verwandten Gebieten rivalisierende Persönlichkeiten der Mitte des 11. Jahrhunderts, Michael Psellos und Johannes Xiphilinos, die eine Zeitlang eine gemeinsame Schule unterhalten hatten, durch die Gründung zweier Lehranstalten gleichzeitig zufriedenstellen. Zunächst wurde, wie es scheint, eine Schule für Rhetorik und Philosophie unter der Leitung von Psellos ins Leben gerufen; dann war die für Rechtswissenschaft an der Reihe. Beide Gelehrte wurden in entsprechend hohe Ämter eingesetzt: Psellos als Hypatos der Philosophen und Xiphilinos, wie bereits erwähnt, als Nomophylax.[59] Den Entwurf der Novelle für die Gründung der Rechtsschule fertigte im Auftrag des Kaisers Metropolit Johannes Mauropus von Euchaita an. Das, was wir für den Novellentext halten, ist allerdings, nach Ansicht von Paul SPECK, die vorläufige Fassung dieses Entwurfs gewesen, die man im Nachlaß des Mauropus gefunden und als endgültige Fassung der Novelle publiziert hat.[60]

Die Rechtsschule ist vermutlich um 1054 untergegangen; auf jeden Fall existierte sie am 1. Januar 1064, als Johannes Xiphilinos den Patriarchenthron bestieg, nicht mehr. Das Amt des Nomophylax hat aber die Rechtsschule überlebt und wurde allmählich vom Klerus requiriert,[61] da es – allerdings in einer von der ursprünglichen stark abweichenden Funktion – mit dem geistlichen Stand kompatibel war. Das nur noch nominelle Weiterbestehen dieses Amtes hat bei manchen Autoren den falschen Eindruck erweckt, die Rechtsschule wäre im 14. Jahrhundert noch in Betrieb gewesen.[62]

Durch die Gründung der beiden Schulen wurde – zumindest theoretisch – die Grenze zwischen Rhetorik und Rechtswissenschaft gezogen. Dennoch waren die Professoren der Rhetorik nicht bereit, auf ihre traditionelle Beteiligung bei der Juristenausbildung zu verzichten, zumal die Schule von Psellos im Gegensatz zu derjenigen von Xiphilinos länger am Leben geblieben ist. So nahm Psellos oft in Grabreden die Gelegenheit wahr, die Verbindung zwischen der Rhetorik – der „Kunst der Worte", wie er sagte – und der Rechtspraxis hervorzuheben.[63] Da der Gründungsakt dieser Schule – falls es einen gab – nicht überliefert ist, wissen wir nicht, wer das Honorar an deren Lehrer zu zahlen hatte – der Staat oder die Schüler.

---

58 So etwa WENGER, Quellen (Fn. 7), S. 717 ff.

59 Vgl. W. WOLSKA-CONUS, Les écoles de Psellos et de Xiphilin sous Constantin IX Monomaque, in: Travaux et Mémoires 6 (1976), S. 223-243; DIES., L'École de droit et l'enseignement du droit à Byzance au XIe siècle: Xiphilin et Psellos, in: ebd. 7 (1979), S. 1-106.

60 SPECK, Konstantinopel (Fn. 36), S. 330.

61 Vgl. Sp. TROIANOS, Art. Nomophylax, in: Lexikon des Mittelalters VI (1993), S. 1230.

62 Nach der Ansicht von ZEPOS, παιδεία (Fn. 29), S. 743 sei die Rechtsschule des Monomachos erst durch die Eroberung Konstantinopels im Jahre 1204 zum Erliegen gekommen. Vgl. auch WENGER, Quellen (Fn. 7) S. 719.

63 Siehe P. GAUTIER, Monodies inédites de Michel Psellos, in: Revue des Études Byzantines 36 (1978), S. 83-171 (129 f. Z. 60-67).

Die Kaiser des 12.-14. Jahrhunderts bemühten sich durch mehrere Gesetze die in elendem Zustand befindliche Rechtspflege zu sanieren. Dem Text dieser Gesetze entnehmen wir, daß es zu dieser Zeit kein staatlich organisiertes Rechtsstudium gab; andernfalls hätte der Gesetzgeber versucht, durch eine Studienreform dem Mißstand abzuhelfen. Anscheinend fand die Juristenausbildung während der spätbyzantinischen Periode nicht in juristisch orientierten Lehranstalten statt, sondern in Privatschulen, wo der Unterricht den Bedürfnissen der Allgemeinbildung eher entsprach.[64]

Es ist aufschlußreich, was Metropolit Michael (Choniates) von Athen über den Studiengang seines Bruders, des Historikers Niketas Choniates, schrieb, der als Staatsbeamter im 12./13. Jahrhundert auch richterliche Funktionen ausübte. Der junge Niketas hätte, bevor er sich an weise und in der Staatswissenschaft erfahrene Männer angeschlossen hätte, die Grundkenntnisse in Rhetorik und Jurisprudenz bei ihm – Michael – erworben.[65]

Es ist mangels an einschlägigen Quellen nicht bekannt, ob das zunftmäßig organisierte Rechtsstudium nach dem Untergang der Rechtsschule von Konstantinos Monomachos wieder belebt wurde. Auf der Grundlage einer Hypotyposis von Manuel II. Palaiologos aus dem Jahre 1398 äußerte Erich Schilbach die Vermutung, „die Tabullariatszunft sei als solche erhalten geblieben“[66] – eine Ansicht, die zumindest im Hinblick auf die Ausbildung der Notare nicht allgemein akzeptiert werden kann. Denn die Verbreitung zahlreicher, in den letzten byzantinischen Jahrhunderten entstandener Sammlungen mit – nicht immer *lege artis* verfaßten – Geschäftsformularen, also rein empirischen Hilfsmitteln für den juristischen Alltag, bezeugt den meist niedrigen Bildungsstand der Verfasser dieser Urkunden.

In den allerletzten Jahrzehnten des oströmischen Reiches gab es keinen *stricto sensu* Rechtsunterricht, denn die Ausbildung der Juristen beschränkte sich praktisch auf die Vermittlung von bescheidenen Rechtskenntnissen in den für die allgemeine Bildung vorhandenen Privatschulen. Dort wurde unter anderem auch Grammatik und Rhetorik gelehrt. In derartigen Privatschulen waren anscheinend auch Geistliche tätig, bei denen umstritten war, ob sie von ihren Schülern ein Honorar fordern

---

64 Vgl. S. MERGIALI, L'enseignement et les lettrés pendant l'époque des Paléologues (1996), S. 163 f., 165 f.

65 Siehe Sp. LAMPROS, Μιχαὴλ τοῦ Ἀκομινάτου τοῦ Χωνιάτου τὰ σωζόμενα, Bd. I, Athen 1879 (Ndr. Groningen 1968), S. 349 Z. 7-16: „ ὁ δ` πρὸ μ`ν τοῦ σχολαστικοῦ καὶ ψιλὴν θεωρίαν τῶν ὄντων ἐπαγγελλομένου τὸν πρακτικευόμενον καὶ φιλόκοινον καὶ πλείονας ὑποβαλλόμενον ὕλας τοῦ φιλοσοφεῖν ἔμβια εἵλετο καὶ ἐσπάσατο· ἵνα δ` πρὸ τοῦ ἔργου αὐτῷ καὶ εὔοδα τὰ τῆς προθέσεως γένοιτο, παρασκευάζετό τε καὶ προσφόρως ἐφωδιάζετο. Καὶ μ`ν δὴ καὶ ὡς ὄργανά τινα εὐφυὰ καὶ δεξιὰ πολιτείας μετακεχείριστο ῥητορικήν τε καὶ νομοτρίβειαν, παρ' ἐμοῦ μ`ν τὰ πρῶτα σοφοῖς τὰ πολιτικὰ καὶ πολυειδήμοσιν ἀνδράσι συνιστάμενος, μετὰ δ` καὶ τυχῇ χρησάμενος“.

66 E. SCHILBACH, Die Hypotyposis der καθολικοὶ κριταὶ τῶν Ῥωμαίων vom Juni 1398 (?), in: Byz. Zeitschrift 61 (1968), S. 44-70 (67).

durften. Auf eine entsprechende Frage des Patriarchen Markos von Alexandreia antwortete im Auftrag der Patriarchalsynode Metropolit Johannes Kastamonites von Chalkedon,[67] daß nur jene Kleriker einen Anspruch auf ein Honorar für ihre Leistungen geltend machen dürften, die die Last der Lehre auf sich nahmen und die Funktion des Lehrers ganztägig ausübten. Die Höhe der Gegenleistung sollte aber im Voraus zwischen dem Lehrer und dem Schüler vereinbart worden sein.[68]

Hinsichtlich der Rechtspflege während der letzten Jahrhunderte vor dem Zusammenbruch des Reiches stellte Peter E. PIELER vor einigen Jahren allgemein folgendes fest: „Das hervorstechende Kennzeichen der byzantinischen Rechtsliteratur der Spätzeit ist die Durchdringung des weltlichen Rechts mit kirchlichen Normen. Im erlöschenden Byzanz finden wir am Richterstuhl, in der Lehre und in der literarischen Produktion nahezu nur noch Kleriker“.[69] Im Laufe dieses Prozesses gingen Rechtslehre und Rechtsliteratur in der Palaiologenzeit, anders als im justinianischen Zeitalter, eigene, ausschließlich praxisorientierte Wege.

So verwandelten sich die *sacerdotes* von Ulpian in ihrer überwiegenden Mehrheit nach einem langen Werdegang in wirkliche Priester – sowohl im Dienst der Gerechtigkeit als auch Gottes.

*

*   *

Gibt es immer noch den sakralen Charakter im Rechtsunterricht? Gewiß doch. Der Rechtslehrer im Europa des 21. Jahrhunderts muß aber nicht nur ein Priester der Gerechtigkeit sein, sondern auch – angesichts der überall in Entwicklung befindlichen Studienreform – der Beständigkeit und der Geduld und nicht zuletzt auch der Phantasie, um in der Überflutung mit Staatsgesetzen und EU-Resolutionen und Direktiven das geltende Recht ermitteln zu können.

---

67 Zur Autorschaft dieses *responsum* vgl. Sp. N. TROIANOS, Kanonistische Antworten und Abhandlungen in der Ostkirche (9.-15. Jh.). Eine Übersicht, in: Ius Canonicum in Oriente et Occidente. Festschrift für C. G. Fürst (2003), S. 403-419 (410).

68 Responsum 41: „(...)Εἰ δ᾽ ἑαυτοὺς ἐν διατριβαῖς ἐπέστησαν καὶ εἰς παιδοτρίβας ἔταξαν, πινακογραφοῦντες τὰ ἱερὰ γράμματα καὶ πανημέριοι τῇ διδαχῇ ἐγκυπτάζοντες, τοῖς τοιούτοις τὸ ἀπαιτεῖν μισθὸν ἐκ τῶν μαθητιώντων οὐκ ἀπηγόρευται, ὅσος καὶ οἷος κατὰ κοινὴν ἀρέσκειαν, τῷ δ᾽ διδασκάλῳ καὶ τῷ μαθητῇ συμφωνηθήσεται (...)“. Vgl. M. Gedeon, Θεωδώρου τοῦ Βαλσαμῶνος λύσεων κανονικῶν διάφοροι γραφαί, in: Ἐκκλησιαστικὴ Ἀλήθεια 35 (1915), S. 186.

69 PIELER, Rechtsliteratur (Fn. 3) S. 471.

So einen Priester haben wir jetzt vor uns. Wir haben uns hier versammelt, um ihm zu seinem Geburtstag unseren herzlichen Glückwunsch auszusprechen und ihm für die kommenden Jahre beste Gesundheit und viel Erfolg zu wünschen.

Wiener Studien zu Geschichte, Recht und Gesellschaft
Viennese Studies in History, Law, and Society

Herausgegeben von Nikolaus Benke

Band/Vol. 1 Richard Gamauf: Ad statuam licet confugere. Untersuchungen zum Asylrecht im römischen Prinzipat. 1999.

Band/Vol. 2 Ilse Reiter: Ausgewiesen, abgeschoben. Eine Geschichte des Ausweisungsrechts in Österreich vom ausgehenden 18. bis ins 20. Jahrhundert. 2000.

Band/Vol. 3 Franz-Stefan Meissel: Societas. Struktur und Typenvielfalt des römischen Gesellschaftsvertrages. 2004.

Band/Vol. 4 Antike – Recht – Geschichte. Symposion zu Ehren von Peter E. Pieler. Herausgegeben von Nikolaus Benke und Franz-Stefan Meissel. 2009.

www.peterlang.de